108인의 훈민정음 글모음

KB187015

108인의 훈민정음 글모음

초판발행 | 2022년 11월 13일

저　　자 | 황우여 외 107인
표지글씨 | 운곡 김동연
디 자 인 | 김미혜
발 행 인 | 박재성
공 급 처 | 사단법인 훈민정음기념사업회
출 판 사 | 훈민정음 주식회사
출판등록 | 제2020-000102호(2020.9.24)
　　　　　용인특례시 기흥구 강남동로 6,
　　　　　그랜드프라자 401호 (구갈동)

ISBN : 979-11-971940-1-6

가격 : 25,000원

108인의
훈민정음글모음

🌀 사단법인 **훈민정음기념사업회**

⟨108인의 훈민정음 글모음⟩은 훈민정음 보유국의 자존심

박재성

사단법인 훈민정음기념사업회 이사장

훈민정음기념사업회는 문화체육관광부 소관 사단법인으로 2021년 2월 25일 세계 최고의 문자 '훈민정음' 보유국이라는 확신 하나만 믿고 조그만 쪽배를 타고 꿈을 마음껏 펼칠 수 있는 바다라는 미지의 세상으로 첫 출항을 하였습니다.

두 살도 되지 않은 신생 단체이지만 훈민정음을 위한 『108인의 훈민정음 글모음』을 출간하면서 또 하나의 획을 그었다고 자부하게 되어 기쁘기 한량없습니다. 이 책으로 훈민정음기념사업회는 뿌리 깊은 나무가 되어 그 어떤 풍파가 닥쳐도 흔들림 없이 항해를 지속할 수 있는 거대 항모가 될 수 있다고 확신합니다.

미치지 않으면 큰일을 할 수 없다는 것을 잘 알기에 우리는 그동안 휴일도 없이 일하였습니다. 그냥 최선을 다했다는 말로는 부족하다고 자평합니다. 왜냐면 한 가지 일에 미치지 않으면 탐스러운 열매를 수확할 수 없다는 것을 잘 알기 때문입니다. 미친다는 말은 역설적으로 말하면 한 가지를 위해 다른 것들을 포기한다는 말과 같습니다. 조선 최고의 왕 세종이 그랬습니다. "나라의 말이 중국과 달라 문자와 서로 통하지 아니하므로 백성들이 당시의 문자인 한자를 쉽게 배우지 못함을 안타깝게 여겨" 건강을 포기했고, 세자에게 대리청정케 한 후 문자 창제에 미친 왕이었습니다.

불현듯 우리는 세종이 창제하신 훈민정음에 관한 국민의 생각을 듣고 싶었습니다. 그래서 훈민정음 언해본의 어제 서문 글자 수에 해당하는 『108인의 훈민정음 글모음』이라는 책을 훈민정음 글자 수만큼 28권으로 출판하기로 했습니다. 한때 우리는 원고를 제출하겠다는 신청자가 너무 많으면 108명만 어떻게 선정해야 할지 참 많이 고민했었습니다. 그러나 훈민정음을 알고 있는 듯하면서도 훈민정음에 대해서 잘 알지 못하는 기현상이 가져온 현실을 만나면서 그것은 기우杞憂에 불과했다는 것을 알게 되었습니다.

원고를 보내주신 108명의 용기 있는 필자분들께 먼저 진심으로 감사드리고, 축사를 보내서 격려해 주신 존경하는 반기문 전 유엔 사무총장님과 홍익표 문화체육관광위원회 위원장님, 이용호 문화체육관광위원회 국민의힘 간사님, 그리고 주호영 국민의힘 원내대표님께도 심심한 감사를 드립니다.

이 『108인의 훈민정음 글모음』이 앞으로 세계 주요 언어로 번역되어 세계인에게 훈민정음의 위대함을 알리는 책이 되기를 기대합니다. 그리고 훈민정음 기념탑을 건립하는 밑거름이 될 수 있도록 많은 분이 읽어주시기를 간절하게 소망합니다.

훈민정음의 위대함을 알리는
『훈민정음 글모음』을 기대하며

반기문

보다나은 미래를 위한 반기문 재단 이사장
서울대학교 국가미래전략원 명예원장
제8대 유엔사무총장
제33대 외교통상부 장관
대통령 외교안보 수석비서관

지구상 존재하는 약 70여 개의 문자 중에서 유일하게 창제일과 창제자, 그리고 창제원리가 알려진 훈민정음에 대해서 미국 컬럼비아 대학의 게리 레드야드 교수가 "훈민정음은 세계 문자 사상 가장 진보된 글자이기 때문에 한국 국민은 그 무엇과도 비교할 수 없는 문자학적 사치를 누리고 있는 민족이다."라고 극찬을 하고 있듯이 세계의 전문가들이 입증하는 최고의 과학적인 문자입니다.

사실, 21세기 현대를 '문화의 시대'라고 부릅니다. 문화는 문자를 통해서 표현되어 변화된다는 의미입니다. 즉, 문자가 국가 경제와 정치 등에 영향을 끼치기 때문입니다. 이에 세계 각국이 자존심을 걸고 자국 문자의 보존과 선양에 힘쓰고 있습니다.

백성을 가르치는 바른 소리. 훈민정음이 창제된 지 578년이 되도록 아직 훈민정음에 대한 국민의 다양한 의견을 모아놓은 저작물이 없다고 생각하던 차에 사단법인 훈민정음기념사업회에서 문자 민족의 자긍심을 고취하고 훈민정음에 대한 올바른 가치를 널리 알리려는 취지로 각계각층의 다양한 목소리를 한데 모아서 발간하는 『108인의 훈민정음 글모음』은 훈민정음의 이해에 획기적인 자료가 될 것으로 기대하여 기쁜 마음으로 축하드립니다.

문화체육관광부 소관 사단법인으로 설립된 사단법인 훈민정음기념사업회는 세계의 문자사에 이정표가 될 훈민정음 탑 건립과 훈민정음 대학원대학교 설립 등 중요한 목적사업을 완수하기 위하여 눈부신 활약을 하는 줄로 알고 있습니다.

대단히 뜻깊은 책을 발간하기 위해 큰 노력을 기울여 오신 박재성 이사장을 비롯한 임원진들의 헌신적인 노고에 진심으로 격려의 말씀을 드립니다.

『108인의 훈민정음 글모음』의 발간은 '훈민정음의 세계화'에도 매우 의미 있는 계기가 될 것입니다. 이 책이 각국의 언어로도 번역이 되어서 세계인에게 훈민정음의 위대함을 알리는 역사에 남는 책이 되기를 108인의 필자 및 독자 여러분과 함께 진심으로 소망합니다.

훈민정음이 널리 알려지는
계기가 되길

홍익표

국회 문화체육관광위원회 위원장
제19, 20, 21대 국회의원
前 더불어민주당 정책위의장
前 민주연구원 원장

　사단법인 훈민정음기념사업회의 『108인의 훈민정음 글모음』 출간을 축하드립니다. 훈민정음 언해본 서문의 108개 글자를 상징하는 108인 필진 여러분을 비롯해 책 발간을 위해 수고해주신 훈민정음기념사업회 박재성 이사장님과 관계자 여러분께 깊이 감사드립니다.

　세계로부터 우수성을 인정받는 훈민정음은 578년 전인 1443년 창제되어 1446년에 반포되었습니다. 훈민정음이 만들어지기 전까지 조상들은 구어체와 문어체가 다른 언어생활로 인해 많은 부분에서 불편함을 겪었습니다. 세종대왕의 훈민정음 창제를 통해 모든 백성이 쉽게 글을 배우고 자기 생각을 글로 표현할 수 있게 되었습니다. 그리고 말과 글을 통한 온전한 의사소통은 우리 민족문화가 새로운 차원으로 발전할 수 있는 계기가 되었습니다.

말과 글은 우리 문화의 밑거름입니다. 우리 언어에 담긴 우리의 이야기가 음악, 드라마, 영화 등 K-콘텐츠를 통해 전 세계로 뻗어나가고 있습니다. 세계인이 즐기는 K-콘텐츠는 자연스럽게 한국어에 관한 관심으로 이어지며 문화와 언어의 선순환 또한 이루어지고 있습니다. 이처럼 다양한 콘텐츠를 창작하고 한국문화의 저변을 넓히는데 기초가 되는 우리 말과 글의 뿌리를 기억하는 것은 중요한 일입니다.

훈민정음의 창제 과정을 되새기고 우수성을 기념하기 위해 마련된 이번 『108인의 훈민정음 글모음』 출간이 매우 뜻깊다고 생각합니다. 108명의 필자가 각기 훈민정음에 대한 생각을 담은 글을 통해 훈민정음의 훌륭함이 널리 알려지길 바랍니다. 또한 훈민정음 자모음 글자 수인 28권으로 출간될 이번 시리즈가 잘 마무리되어 훈민정음의 위대함이 전 세계에 알려질 수 있기를 기원합니다.

다시금 우리 훈민정음에 자부심을 느끼게 하는 귀한 밑거름이 되길

이용호

국회 문화체육관광위원회 국민의힘 간사
국회 예산결산특별위원회 위원
제20, 21대 남원·임실·순창 국회의원

안녕하십니까?
문화체육관광위원회 국민의힘 간사 이용호 국회의원입니다.

먼저 「108인의 훈민정음 글모음」 출간을 진심으로 축하드립니다. 이 책을 발간하기 위해 힘써주신 훈민정음기념사업회 박재성 이사장님과 사업회 관계자분들께 깊은 존경과 감사의 말씀을 드립니다. 아울러 한글을 사랑하는 마음으로 함께 뜻을 모아 참여해 주신 108인의 집필진 여러분의 노고에 아낌없는 박수를 보냅니다.

'백성들을 어여삐 여겨 새로 스물여덟자를 맹가노니 사람마다 쉽게 익혀 날마다 사용함에 편안하게 하고자 할 따름이니라' 세종대왕은 홍익인간 제세이화의 정신으로 우리 백성을 사랑하는 마음을 담아 무수한 반대와 어려움을 이겨내며 훈민정음을 창제하셨습니다. 이후 선조들은 일제 식민지 지배를 겪는 가운데 세종대왕의 뜻을 받들어 우리말과 한글을 끝까지 지켜냈습니다. 오늘날에도 우리 민족의 정체성인 한글을 더욱 소중히 하는 노력이 계속되어야 할 것입니다.

그러한 노력의 일환으로 훈민정음 글자 체계나 소리에 관한 연구가 계속해서 이루어져 왔으나 훈민정음에 대한 우리 민족의 생각을 정리해 놓은 책이나 학술적인 연구가 없었던 것이 사실입니다. 그런 의미에서 「108인의 훈민정음 글모음」의 출판은 훈민정음에 대한 국민의 관심을 다시금 높이고, 후대로 하여금 자부심을 느끼게 하는 귀한 밑거름이 될 것입니다. 나아가 이 책이 각국의 언어로 번역되어 훈민정음 창제의 위대함을 전 세계에 널리 알려지기를 기원합니다.

이번 서적 발간은 한글사에 길이 남을 장기 프로젝트의 첫 결실입니다. 이어서 진행될 27권 역시 성공적으로 추진되길 기대합니다. 저 역시 한글을 사랑하는 한 사람으로서 이 뜻깊은 사업이 끝까지 완수될 수 있도록 관심과 성원을 아끼지 않겠습니다.

끝으로 「108인의 훈민정음 글모음」 출간을 거듭 축하드리며, 훈민정음 기념사업회의 무궁한 발전을 바랍니다. 이 책을 집필하기 위해 함께해 주신 모든 분과 독자 여러분의 앞날에 언제나 건강과 평안함이 가득하시기를 기원합니다.

훈민정음의 위대함을 알리는
바이블이 되길

주호영

국민의힘 원내대표
국회 운영위원회 위원장
전) 국민의힘 비상대책위원회 비상대책위원장
전) 국회 정보위원회 위원
전) 국회 연금개혁특별위원회 위원장

　사단법인 훈민정음기념사업회의 『108인의 훈민정음 글모음』 발간을 진심으로 축하드립니다.

　발간을 위해 애써주신 박재성 이사장님을 비롯한 관계자 여러분들의 노고에도 깊이 감사드립니다.

　세계 유일 창제자, 창제일, 창제원리를 알 수 있는 문자, 가장 과학적인 표기 체계의 문자, 가장 진보된 문자, 모두 우리 한글과 함께 쓰이는 수식어들이며, 세계 유수의 언어학자들은 "한글날은 모든 언어학자가 기념해야 할 경사스러운 날"이라고 극찬한 바 있습니다.

　또한, 한글은 1997년 세계기록유산으로 지정되면서 우리 대한민국의 국보에 국한되지 않고, 세계 모두가 보존해야 할 귀중한 자산이 되었습니다.

이렇게 전 세계가 극찬해 마지않는 한글이지만, 대한민국에서의 한글은 어려움을 겪고 있습니다.

한류 문화의 확산으로 한글에 관한 관심은 더더욱 커지고 있지만, 정작 우리나라에서는 지나친 줄임말이나 외래어 오남용으로 한글을 잘 지켜내지 못하는 것 같아 참으로 안타깝습니다.

이런 상황에서 이번 『108인의 훈민정음 글모음』이 발간된 것은 매우 뜻깊은 일이 아닐 수 없습니다.

창제 578년이 지나도록 훈민정음에 대한 자국민의 의식을 집대성한 발간물이 거의 없었기에 더더욱 의미가 있다고 생각합니다.

아무쪼록 이 글모음이 훈민정음에 대한 우리 국민의 자긍심을 고취하고 역사적 정통성을 세우는 또 하나의 초석이 되고, 전 세계에 훈민정음의 위대함을 알리는 바이블이 되길 진심으로 기원합니다.

이번 발간을 계기로 사단법인 훈민정음기념사업회가 더욱 발전하시기 바라며, 함께 해 주시는 독자 여러분께도 건강과 행복이 가득하시기를 바랍니다.

| 목차 |

나랏말ᄊᆞ미듕귁에달아

ᄆᆞ촘내제제ᄠᅳ들시러펴디몯ᅟᅙᆞᆯ노미하니라

사룸마다히여수비니겨날로뿌메

나랏말싸·미듕귁에달아

훈민정음은 어디에서나 통하는 세계인의 문자다

황우여

황앤씨 로펌 대표변호사
제56대 사회부총리 겸 교육부장관
제15, 16, 17, 18, 19대 국회의원
전) 춘천, 제주지방법원 수석부장판사
훈민정음탑건립조직위원회 대표 조직위원장

훈민정음은 한자 같은 상형문자나 표의문자 또는 알파벳과 같이 오랜 변천을 통하여 발전한 독특한 형태의 자형을 갖추게 된 표음문자와 달리 한국인의 역사적 연관성을 초월하여 순수한 음운학에 기초한 과학적인 체계로 창제된 자질문자입니다.

훈민정음 서문에서 설명된 바와 같이 어디에서도 통하며 바람 소리, 닭 울음소리, 개소리까지도 모두 표현해 쓸 수 있는 세계성, 보편성이 내재하여 있는 문자입니다. 따라서 훈민정음의 창제원리에 따르면 모든 소리의 음가를 다 표기할 수 있어 어느 나라 어느 민족의 언어라도 훈민정음으로 다 쓸 수 있고, 심지어 동물의 울음소리 노랫소리도 다 받아쓸 수 있으며 물소리 천둥소리까지 표현하는 데 어려움이 없습니다.

또한 훈민정음 창제의 정신은 '백성들이 말하고자 하는 바가 있어도 능히 펴지 못하는 사람이 많음을 안타깝게 여긴 데서 쉽게 익혀 날마다 쓰기에 편하게 하고자' 창제된 것으로서 '지혜로운 사람은 아침나절이 되기 전에 이를 이해하고, 어리석은 사람도 열흘 만에 배울 수 있게'되는 쉽게 익혀 쓸 수 있는 문자입니다.

이러한 애민, 실용 정신을 넓게 펼쳐서 훈민정음을 이 나라 백성을 위한 문자로 한정할 것이 아니라, 필요가 있는 모든 백성 온 인류를 위하여서도 한글은 활용되어야 할 것입니다. 요컨대 한글을 우리 한국어만을 위한 문자로 국한 시키는 것은 인류의 소중한 보배를 우리만 누리겠다는 소아적인 발상이 아닐 수 없습니다. 우리는 마땅히 한글을 활용하려는 어느 나라 어느 민족에게나 이를 개방하여 사용할 수 있도록 배려하여야 합니다. 실제로 훈민정음 외에는 모든 언어의 음가를 자유롭고 쉽게 표기할 방법이 없기 때문입니다.

생각해보면 우리말을 한자는 물론 영어나 불어 표기법으로 써야 한다면 얼마나 불편하고 사실 불가능에 가까운 고통스러운 작업일 것입니까? 그래서 자신의 모국어를 버리고 영어나 불어를 공용어로 사용하는 나라가 얼마나 많습니까? 언어가 사라지면 그 문화도 사라지는 것이기에 언어를 바꿀 것이 아니라 한글을 사용하여 자신의 글자를 가지지 않았거나 현재 쓰고 있는 문자가 지나치게 어렵거나 부정확한 모든 나라 백성에게 한글로 자신의 언어를 표기하도록 권장하여야 하겠습니다.

이를 위하여서는 현재의 한글 자모음 24자가 아니라 창제 당시의 음운학적으로 필요에 따라 제작한 본래의 ㅿ(반시옷), ㆁ(옛이응), ㆆ(여린히읗), ·(아래아)를 포함한 28자를 복원하여 훈민정음의 무한한 표현 가능성을 되살려서 현재 한글로써는 표기할 수 없는 음가까지도 표기할 수 있도록 하여야 합니다. 특히 지금은 사용하지 않는 순경음인 ㅸ(v 발음), ㅍ(f 발음)과 ㆀ, ㅥ 같은 겹 낱자를 복원, 활용하면, 세상의 거의 모든 발음과 소리를 음가대로 표기할 수 있을 것이니 이와 같은 글자를 되살려야 함은 거듭 강조할 필요가 없습니다. 나아가 한글을 현대 한국인이 사용하는 한국어의 음가만을 표기하는 문자로서가 아니라 세계 언어에서 사용하는 음가를 모두 표기할 수 있도록, 그 방안을 지속적으로 연구하여 필요한 글자를 훈민정음 창제의 원리에 맞도록 개발해 나감으로써 모든 음가를 정확히 표기하는 문자로서의 위상을 유지 발전시켜야 할 것입니다. 이를 위하여 훈민정음 기념사업회와 한글학회를 비롯한 민관기구를 정비하여 충분하고도 지속적인 연구와 글자 확정의 절차를 마련하여 공식화할 필요가 있습니다.

또한 훈민정음과 같은 우수한 과학적인 문자를 필요로 하는 전 세계의 나라와 민족에게 적극적으로 홍보하고 공동연구를 통하여 구체적인 활용방안을 마련하면서 이를 확대 사용할 수 있도록 추진함과 동시에 적극적인 지원방안을 세종학당을 통하여 마련하여야 할 것입니다. 어찌 훈민정음과 같이 훌륭한 문자를 한국이라는 국경의 테두리 안에 묶어 놓을 수 있단 말입니까?

훈민정음은 위대하다

정성구

한국 칼빈주의 연구원장
한미 동맹 이승만 기념재단 총재
총신대학교 명예교수, 칼빈대학교 석좌교수
총신대학교, 대신대학교 총장 역임
훈민정음탑건립조직위원회 공동조직위원장

이 지구상에는 나라도 많고 문자도 많다. 문자는 문화를 만들고 역사를 만든다. 어떤 나라의 문자는 지식인들만 알고, 서민들은 모르는 경우도 많다. 또 문자가 있어도 배우는 데 엄청난 세월을 보내는 것도 있다. 이 세상에는 말만 있고 문자가 없는 나라도 있다. 특히 IT 시대에 어느 문자가 가장 효율적이고 세계적이 될는지 관건이다.

훈민정음을 창제하신 세종대왕은 우선 애민愛民사상에서 출발했다. 백성의 대부분이 무식하고 노비로 생활하는 비참한 상황에서 대왕께서는 남녀노소 사농공상 모든 이들이 하나의 백성으로서 하나의 인간으로 서로 소통하고 자유로이 글을 쓸 수 없을까를 고민하면서 만든 글자가 훈민정음이다. 말 그대로 온 백성을 위한 문자였다. 훈민정음은 가장 과학적이면서 세상의 모든 소리를 다 낼 수 있도록 만들었다.

하지만 훈민정음은 오랜 세월 동안 양반 계급에 밀려 아녀자들만이 소통하는 문자였다. 그러다가 한국의 개화기에 기독교 선교사들이 들어와서 민중을 깨우치기 위해서 성경을 우리말로 번역하고, 찬송가를 번역하고 기독교 신문과 전도 문서와 전도지를 찍어 내면서 세종대왕께서 창제하신 훈민정음 곧 한글은, 새롭게 태어나 우리 말, 우리 글로 깨어나게 되었다. 그러니 훈민정음의 새로운 도약은 바로 한국 교회의 가장 위대한 발자취이기도 하거니와 일제 치하 암흑기에도 조선말과 조선글자를 말살하기에 혈안이 되어 온갖 발악을 하던 압제에도 굴하지 않고 생명력을 유지할 수 있었던 것은 한글로 번역된 성경을 통해서 믿음 생활을 했던 선교사와 기독 신앙인의 덕분이다. 가난과 혹독한 노동을 이겨낼 수 있었던 것은 오직 신앙의 힘이었기에 세종대왕께서 훈민정음을 창제하신 목적이 이루어져서 지위고하, 지식 유무, 남녀노소를 막론하고, 대한민국의 새 역사를 쓰는 초석을 쌓게 되었다.

세종대왕께서 만약 백성을 위한 새로운 문자 훈민정음을 창제하지 않으셨다면, 이 땅의 선교는 오늘날과 같이 번성하지 못하였을 것이다. 일제 억압 36년간이 종지부를 찍고 광복의 기쁨도 잠시 오 년이 채 되기도 전에 민족상잔의 비극인 6·25가 발발하여 한 치 앞도 내다볼 수 없을 정도로 폐허가 돼버린 대한민국이 반세기 만에 선진국으로 도약할 수 있었던 원동력은 바로 훈민정음이 있었기에 우리의 글이 살아서 말이 이루어지고, 말이 생명을 얻어 글이 되어 오늘에 이르렀다. 그 훈민정음 곧 한글은 오늘과 같은 IT 시대, 컴퓨터 시대에 알파벳 못지않게 완벽하고 멋진 문자가 되었다. 과학적인 문자를 가진 나라가 세계를 선도하는 선진국이다.

 그러함에도 세계인이 부러워하고 세계적인 문자학자들이 인류가 만든 문자 중에서 가장 완벽하다고 칭송해 마지않는 위대한 문자 훈민정음을 기념하는 작은 상징물조차 없던 부끄러운 우리 앞에 홀연히 훈민정음 기념탑을 건립하겠다고 무모하게 나선 사람이 있어서 퍽 다행이라고 생각한다. 바로 훈민정음 탑 건설을 주도하고 있는 사단법인 훈민정음기념사업회 이사장 박재성 박사이다. 때마침 『108인의 훈민정음 글모음』을 기획한다는 소식을 접하고 전혀 망설이지 않고 원고를 쓰기로 작정하였다. 왜냐하면 박재성 박사의 눈물겹고, 헌신적인 노력을 치하하고, 훈민정음이 탑처럼 세계에 우뚝 솟아 대한민국의 자랑과 자존심이 되기를 바라는 마음이 간절하기 때문이다. 또 이 글 모음집이 훈민정음 탑 건설의 마중물이 되기를 바라고 또한 그렇게 될 것이라고 믿어 의심치 않는다.

세종 교육문화·건강치유 마을(특구) 조성

나기정

사단법인 세계직지문화협회 이사장
제24대 충청북도 청주시장(민선2기)
제21대 충청북도 청주시장(관선)
초대 충청북도 행정부지사 역임
훈민정음탑건립조직위원회 공동조직위원장

밝은 불빛도 장막에 가려지면 볼 수 없듯 충북 청주시 청원구 내수읍 초정리가 지닌 역사 문화적 의미와 천연자원의 세계적 가치가 무관심의 두꺼운 장막에 가려진 채 오랜 세월 방치됐다. 지역과 국가의 무관심, 행정과 정책의 외면으로 잃어버린 초정의 빛을 세계 속에 밝혀야 한다.

577년 전 세종대왕이 이곳 초정리(당시 椒水里)에 행궁行宮을 짓고 두 차례 117일을 머물며 약수로 안질을 치료하였고, 조정 신료臣僚들과 집현전 학자들까지 반대한 훈민정음을, 오로지 백성의 어두운 눈을 밝혀주려는 일념으로 병마에 시달리며 마지막 산고産苦의 작업을 한 곳으로서 초정 행궁은 인류 최고의 문자 '훈민정음'의 산실産室이다.

오늘날 우리 모든 국민이 문맹 없이 문명의 혜택을 누리며 IT산업의 강국을 이루고, 세계 경제 10위권의 대열에 진입한 원동력도 훈민정음이 없었으면 존재하지 않았을 것이고, 우리나라는 후진 문명의 나라에서 벗어나지 못하였을 것이다.

또한 초정 광천수는 세계 3대 광천수의 하나로서 문화와 관광, 건강 의료산업의 무한한 개발 가능성을 지닌 천혜의 자원이다. 우리는 역사 문화와 자원의 가치를 외면했던 지난날의 무관심과 무성의를 벗고 초정이 지닌 참 가치를 가꾸고 빛내어 장래를 밝게 기약하는 일을 시작해야 한다.

가. 초정약수의 역사

- 조선왕조실록
  - 세종실록 : 세종 26년(1444) 세종대왕 두 차례 안질 치료차 행차
  - 세조실록 : 세조 10년(1464) 세조왕 2일간 머무름
- 초정약수 문헌 : 동국여지승람(1481), 지봉유설(1614년), 청주읍지 등에 초수와 세종대왕 행차에 관해 기록
- 1912년 일제 중앙철도회사 : 청량음료 제조 시설, 오늘의 ㈜일화와 연결
- 1912년(일제 대정 1년) 토지대장 : 초정리 일대 논, 밭, 임야 창덕궁 소유로 등기, 일부 동양척식 등기
- 1921년 세계 광천학회 : "동양의 신비한 물"로 세계 3대 광천수로 인정
  * 세계 3대 광천鑛泉 : 한국 초정 광천, 미국 캘리포니아 샤스타(Shasta), 독일 아폴리나리스(Apollinaris) 광천
- 1980년 10월 미국 식품의약관리국(FDA) 효능 검사 인정 – ㈜일화 검사 의뢰

나. 세종대왕의 초정 행차와 훈민정음 창제

- 세종대왕의 초정 행차 :

1차 세종 26년(1444) 3월 2일 ~ 4월 30일 (58일간)

2차 같은 해 윤칠월 15일 ~ 9월 14일 (59일간)

• 행차 사유

 - 세종대왕은 민본애민民本愛民 정신이 투철하여 항상 정사政事에 골몰하여 건강상 문제 발생

 - 훈민정음 창제를 비롯한 학문, 예술, 국정제도 개선, 과학기술, 천문지리, 국방, 외교 등 쉴 사이 없는 일로 과로, 안질과 소갈 병으로 고생. 신료들의 적극적 권유로 거둥.

• 훈민정음 창제와 초정

 - 『세종실록』 세종 14년 11월 7일

  "이조판서 허조가 아뢰기를 '간악한 백성이 진실로 율문律文(법조문)을 알게 되오면 죄의 크고 작은 것을 헤아려서 두려워하고 꺼리는 바가 없이, 법을 제 마음대로 농간하는 무리가 이로부터 일어날 것입니다.' 하므로 임금이 말하기를 '그렇다면 백성으로 하여금 알지 못하고 죄를 범하게 하는 것이 옳겠느냐, 백성에게 법을 알지 못하게 하고, 그 범법한 자를 벌주게 되면 조삼모사朝三暮四의 술책에 가깝지 않겠는가?'"

 - 『집현전 부제학 최만리 등의 상소』에서

  "우리 조선은 조종朝宗 때부터 지성스럽게 대국大國(중국)을 섬기어 중화中華의 제도를 준행遵行하였는데 … 언문을 창작하심을 비난하여 중국에 말하는 자가 있사오면 어찌 대국을 섬기고 중화를 사모하는 데에 부끄러움이 없으오리까" "그 언문이란 국가의 위급한 사항이나 부득이 기한을 정해놓은 것도 아닌데 어찌 홀로 휴양소에서까지 몰두하시어 옥체를 조섭(몸을 보살핌) 하실 때 번거롭게 하시니, 신 등은 그 옳은 바를 찾아볼 수가 없나이다."

- 박종화 저, 『세종대왕』 제12권 훈민정음에서

　'소헌왕후는 "전하! 너무 과하십니다. 병환을 치료하러 이곳까지 내려오신 전하께서 잠깐 참지 못하십니까? … 며칠 동안만 편안히 누워 계십시오." … 전하는 이렇게 하여 눈병을 앓으면서 닿소리, 초성 열 일곱 자를 완성했다.'

- 초정리가 지닌 역사·문화적 의미
  - 세종대왕의 혼과 정신이 깃든 곳
  - 훈민정음이 태어난 역사를 가르쳐 주는 곳
  - 국민을 위한 지도자의 참모습을 체감할 수 있는 곳
  - 정치·경제·외교적 임시수도의 기능(예)
    · 토지의 등급을 결정하는 안건 논의 검토
    · 대마도주 정종성이 보낸 정태랑 접견, 위로토록 지시 등

다. 세종 교육문화·건강치유 특구(마을) 조성

- 기본방향
  - 세종대왕이 초정리 행차에서 보여준 진정한 지도자의 자세와 교훈을 역사의 현장에 되살려 국민교육장으로 만든다.
  - 훈민정의의 창제이념을 세계화할 『훈민정음 기념탑』을 건립하고, 『세계문자공원』을 조성한다.
  - 세계 3대 광천의 하나인 초정약수를 웰빙산업과 관광자원으로 개발한다.
  (1) 세종대왕 행궁 복원 (2020년 정부 및 지방예산으로 준공됨)
  (2) 『훈민정음 기념탑』 건립 : 전통 한옥 기법으로 세계 최고문자의 상징물 건축, 훈민정음과 세계 문자 관련 자료의 전시

(3) 『세계 문자 공원』 조성 : 세계의 모든 문자를 원형 및 예술 작품화하여 전시 - 서예, 전각, 조소, 공예, 조각 등 아름답고 교육적인 문자공원을 조성 (현재 자료확보 - 세계 문자 서예 작품 2,000여점, 훈민정음 11,172자를 대리석에 각자 완료)

(4) 훈민정음 교육기관 설립 : 훈민정음 대학원 대학교 추진 중 - 국내외 훈민정음 전문교육자 양성

(5) 세계 문자 비엔날레 추진 : 세계문자 상호교류, 문자와 문화의 소통

(6) 훈민정음의 세계화 : 해외 한인 네트워크 및 국내외 다원적 활동 추진

(7) 역사문화체험 마을 조성 : 전통 세시歲時풍속 - 24절기 음식과 놀이, 공예화 서예 체험, 주변의 역사 문화 자원 연계(의암 손병희 생가, 단재 신채호 사당, 운보 김기창 미술관, 구라산성)

(8) 건강과 치유사업 : 초정 광천수의 고부가 가치 산업화(기능성 제품 개발, 맞춤형 케어 시스템 개발), 초정광천수의 브랜드 관리

훈민정음 창제의 큰 뜻

이상면

서울대학교 법과대학 명예교수
전) 미국 국무부 특별 법률 고문
하버드대학교 법과대학원 법학 박사(SJD)
전) 외무부 외무관 / 인간 상록수상 수상
훈민정음대학원대학교 설립추진위원장

세계에서 〈문자의 날〉을 국경일로 정하고 하루를 쉬는 나라는 우리나라 밖에 없을 것이다. 세종대왕이 훈민정음 28자를 창제하여 거의 모든 음가를 적어낼 수 있게 되었고, 누구나 쉽게 배워서 읽고 쓰는 데 편리하게 하였으니 민족적 자긍심을 가질 만도 하다. 지금은 자모가 24로 줄어서 각종 음가를 표기해내는 것이 그때만 못한 점이 있기는 하지만, 인터넷 시대에 빠르게 타자해서 전송할 수 있으니, 서양 자모로 쳐서 자기네 글로 변용해야 하는 이웃 일본이나 중국에 비하면 얼마나 복된 일인가.

훈민정음 28자를 창제한 것은 이처럼 누구나 뜻하는 바를 소리 내는 대로 쉽게 쓰고 읽게 하기 위한 것이었지만, 한자 음을 음절에 맞추어 표기하는 것이 부수적인 목적이었다. 〈여린히읗(ㆆ)〉과 〈여린 비읍(ㅸ)〉은 우리말보다 한자 표기에 많이 사용되었던 것 같다. 〈옛이응(ㆁ)〉도 한자 표기에 많이 사용되었는데, 그런 음가를 별로 쓰지 않게 되자 차차 〈ㅇ〉으로 통합되었다. 〈반잇소리(ㅿ)〉도 그 음가가 점차 분명치 않게 되어 사라졌는데, 지금도 〈가슴〉 같은 단어에서 그 음가를 느낄 수 있다.

훈민정음 28자 중 쓰지 않게 된 4자 가운데 조선 말엽까지 애용된 것은 모음 〈아래 아(·)〉였다. 〈·〉는 원래부터 그 음가가 그리 뚜렷한 것은 아니었지만 쓰기에 편해서 그랬던지 그 오랜 세월을 두고 널리 애용되었다. 일제는 그 음가가 분명하지 않다는 이유로 1912년 이른바 〈보통학교 조선어철자법〉을 만들어서 〈·〉를 〈ㅏ〉로 대체해서 쓰게 했다. 한글 학자 주시경이 1907년에 〈·〉의 음가를 〈ㅡ〉와 〈ㅣ〉 '중간 음'으로 보고 쓰지 않아도 되는 것으로 여겨서 제거하기로 했다지만, 〈·〉를 그가 말한 '중간 음'과 차이가 큰 〈ㅏ〉로 바꾸어 쓰게 했으니, 이런저런 부작용이 적지 않게 나타났다.

〈·〉는 아직도 서울 일원에서 나이 든 이들이 〈하고〉를 〈ᄒᆞ고〉로 발음하는 등 그 음가가 남아있다. 지금도 지방에 따라서는 〈아랫마을〉을 〈아랫 몰〉, 〈위 마을〉을 〈웃 몰〉이라고 하는 등 그 음가가 존재한다. 지금도 제주도 방언에는 〈·〉가 고스란히 살아 있다.

일제가 1912년 초등학교 교육에서 〈아래 ㅇ〉를 사용하지 못하게 하자, 하늘을 받들며 천손天孫을 자부하던 우리 민족은 점차 〈하ᄂᆞᆯ님〉도 〈하ᄂᆞ님〉도 제대로 적어내지 못하고 발음도 제대로 못하게 되는 신세가 되었다. 〈하ᄂᆞᆯ님〉을 받들던 각 종교 단체에서는 〈하ᄂᆞᆯ님〉 대신에 〈하날님〉으로 쓰게 되었지만, 〈하늘님〉 〈하ᄂᆞᆯ님〉 등으로 표기하기도 했다. 발음 편의상 대개 〈하나님〉 〈하느님〉 〈하누님〉 등으로 부르게 되었다.

3.1 만세운동 후에 일제가 이른바 문화정치를 한다며 언론 출판 결사의 자유를 일부 허용하자, 〈조선일보〉와 〈동아일보〉가 창간되었고 출판사도

많이 생겨났다. 그 무렵 일제는 〈한글맞춤법통일안〉을 만들어서 각종 출판물에서 〈아래 ㅇ〉를 쓰지 못하게 했다.

일제는 3.1운동을 주도한 손병희 등 천도교 지도자를 대거 투옥하고 〈교주〉제를 폐기하고 그 대신 임기 3년의 〈교령〉제를 채택하게 했다. 〈교주〉를 받들며 신앙으로 단결하는 것을 방지하고 〈교령〉 자리를 놓고 서로 다투게 만들어 분열을 조장하려는 것이었다.

그 무렵 일제와 호응하며 천도교 개혁의 기수로 등장한 이돈화가 강연과 저술 활동을 왕성히 하면서 〈하눌님〉을 〈한울님〉으로 표기하자, 교도들은 점차 그렇게 표기하게 되었다. 그는 〈하눌님〉으로 써도 될 것을 굳이 〈한울님〉으로 쓴 이유로 〈한울〉에는 〈우리〉 〈울타리〉 〈우주〉 등 공간과 공동체 개념이 들어있어 교리를 깊게 한다고 주장했다. 당시 천도교도는 기독교도보다 신도 수가 열 배나 넘었는데, 천도교에서 〈한울님〉으로 칭하게 되면, 하늘을 숭상하는 민족정신이 흐려질 우려가 있었고, 상해 대한민국 임시정부에서 채택한 애국가에 나오는 〈하나님〉과 달라져서, 〈갈라서 통치한다〉는 일제의 정략에 들어맞는 것이었다.

수년 전 어느 학자가 동학 경전을 풀이하면서 천도교 측에서 〈한울님〉을 사용하는 것이 표준어에도 맞지 않고 촌스럽게 들린다고 평을 해서 천도교도의 빈축을 샀다. 천도교도가 습관에 익은 대로 〈한울님〉으로 부르더라도, 표기만큼은 〈하눌님〉으로 하는 것이 경전에 쓰인바 〈하눌님〉의 보편적인 뜻에 부합하게 될 것이다.

이처럼 〈하눌님〉이 여러 가지로 표기되어 혼란이 일어난 것은 일제가 1912년부터 〈아래 아(·)〉를 없애는 정책을 취했기 때문이었다. 〈·〉가 지금

껏 유지되었다면 애국가에서도 각 종단에서도 우리 고유의 발음에 맞게 〈하눌님〉 또는 〈하ᄂᆞ님〉으로 쓰고 있었을 것이니, 나라와 사회의 화합을 위해 좋은 일이 아니었겠는가.

훈민정음을 창제한 목적이 백성이 말하고자 하는 바를 소리 나는 대로 쉽게 쓰게 하는 것이었고, 부수적으로 중국어 발음을 음절로 끊어서 표기하는 데 있었으니, 지금이라도 잃어버린 4자를 회복하여 사용하면 어떨까? 〈ᆞ〉를 사용하면 〈하눌님〉〈하ᄂᆞ님〉 등을 우리 고유의 〈ᆞ〉 발음으로 회복해낼 수도 있을 것이다. 〈ㅿ〉으로 〈z〉발음을 표기하고 〈ㅸ〉으로 〈v〉를 표기하는 등 훈민정음 28자를 다 쓰게 되면, 한글 자모로 외국어를 표기할 수 있는 폭이 넓어지고, 글자가 없는 먼 나라 소수민족이 한글을 가져다 쓰는 데도 편리하게 될 것이다.

한글의 효용에서

유성종

전) 충북도 교육감
전) 꽃동네 현도사회복지대 총장
전) 주성대학 학장
전) 문교부 편수관
전) 문교부 평가원장

　　우리 한글이 세계에서 가장 우수한 문자라고, 세계의 언어학자들이 입을 모아 칭송한다는 것을 인용 주장하는 현상 속에서도, 몇 가지 아쉬움이 있다는 것을 늘 생각했다.

　　첫째, 한글전용을 비판하는 세력들이다. 그 개인적인 주장을 나무라는 것이 아니다. 한문 병용을 초등학교에서부터 중·고등학교를 거쳐 대학까지의 교과서에, 그리고 국가 공문서와 신문 잡지에 이르기까지 하여야 한다면서, 한글전용이 국가 어문정책에 큰 죄과를 저지른 것처럼 말한다.

　　그들은 대중의 일반 언어와 학자·연구자의 탐구적 언어를 구별하지 못하고 혼동하는 것이다. 필요한 사람은 한문을 배우고 중국사, 중국 문학, 그 밖의 관련학문을 연구 섭렵하면 되지 않는가? 아무도 그 영역의 학문적 접근을 반대하고 거부하는 사람은 없다. 이제 한문은 전공 교수들과 학자들이 그 연구의 목적과 도구로 배우면 되는 것이다.

그리고 국민 대중은 한글전용의 문화생활대로 누리게 하라는 것이다.

※ 우리는 올림픽을 치르면서, 중국인을 맞이하기 위하여 서울을 중심
으로 간판이나 표지에 한자병기를 한 일이 있었다. 그런데 그 한자가 우
리가 가르치는 번체자였기에, 간체자로 배운 중국인들은 한국의 한자
병기의 표지들을 읽을 수가 없었다. 얼마나 뒤떨어진 생각이고, 허망한
낭비였는가?

둘째, 우리 한글은 세계에서 가장 적은 자모(24자)이나 조합하여 만들
수 있는 문자는 3,500자에 이르고, 그런 글자 만들기의 폭넓음에서 인터
넷 사용 세계 1위의 소통 능력을 자랑하게 되었다는 것을 상기할 필요가
있다.

정보화 사회의 가장 효율성 있는 도구가 실로 한글 24자에 있는 것이다.

셋째, 우리의 국어국문학과 국어 교육학에서, 국어문법 교수의 소홀로
국어를 가르치는 교원들이 문법을 모르고 그래서 고등학교에서도 안 가르
친다는 현상이다. 제나라 문법을 몰라도 제나라 국어 소통에는 문제가 없
다는 언어 일반의 속성에서 그런지는 몰라도, 국어 교사가 국어문법을 모
르고 안 가르친다는 것은 언어정책이나 국어교육의 커다란 허구이고 맹점
이다. 이는 참으로 딱한 일이다.

외국의 석학들이 한글을 절찬하는데, 그 뜻을 모르기 때문에 그들을
수용하고 호응하지 못하는 것이다.

언어철학이나 논리학적 지향이 아니더라도, 문법만은 가르치고 알아야

한글문화의 창달을 이룰 수 있지 않을까?

넷째, 한글 창제의 뜻은 '국어가 중국 한자와 달라, 백성이 쓰기 어려워서 스물여덟 자를 만들었다.'라는 것이었다. 우리말과 중국어는 어족으로도 다르고, 수만 자에 이르는 한자를 배우기 어려워서 우리 백성을 위하여 새 우리 글자를 만들었다는 것, 세계 어디 어느 나라에 이러한 고귀한 뜻으로 만들어진 문자가 있는가?

더구나 문자의 독점으로 군림하고, 문자 제작은 강대국 제왕의 전권이라는 세상에서, 극도의 사대주의에 빠져 있던 귀족문화 전담세력의 반대를 무릅쓰고 만들어진 훈민정음인 한글, 그 이념은 진실로 '홍익인간'의 한 사상의 전개이고 선언이고 실천이었다.

다섯째, 우리는 이제 세계의 선진국이 되었다. 뭐 더는 좌고우면할 필요가 있는가? 언어도 자주독립이고 문자도 선구적이다. 우리 겨레는 세계의 모든 외국어를 발음할 수 있고, 우리 한글은 그것들을 거의 원어와 같이 표기할 수 있다.

그리고 학습의 쉬움에서, 응용의 실제에서, 문자의 가치에서, 한글은 단연 뛰어난 문자로서 세계 인류에게 개방하고 제공되어야 한다. 그러기 위하여 먼저 우리 국어를 다듬고, 우리말과 한글=우리글을 정화하여야 한다.

여섯째, 프랑스와 같은 언어 국수주의가 아니더라도, 우리말과 우리글이 세계 언어가 되기 위해서는, 우리 나름의 노력으로 우리말의 품격을 높이어 세계에 자신 있게 제공하여야 한다.

그것은 표준말의 재평가이고, 외래어의 조정 정화이며, 신조어나 은어를 선별하여야 한다. 특히 젊은 세대의 전산기기의 축약어나 기호(sign, simbol) 등은 거부랄 수는 없으나, 표준어로 대접받으려면 국어정책의 척도로 선별되어야 한다.

일곱째, 우리의 국력 신장은 우리말의 세계화와도 일치하는 개념으로 정립된다. 이것을 국가적 연구기구에서 정책과제로 삼아야 할 뿐만 아니라, 해마다 그 정화 내용을 국민에게 제시하여 여론을 수렴하여 제정하고, 국어 교과서와 교육으로, 문학 작품으로, 저작물의 기준과 수단으로 수용, 실용, 전개하여야 한다.

이제 세계에서 가장 우수한 한글이 세계의 언어로 새롭게 굳건히 퍼져 나가고 자리 잡게 하자. 국수주의가 아닌 '홍익인간의 이념'으로.

훈민정음,
혁신적 마인드와 자주·애민 정신의 산물

강창구

예비역 중장
전) 육군사관학교장
전) 육군 제8군단장
전) 제55보병사단장
전) 육군본부 인사참모부 인사관리복지차장

오징어 게임, BTS, 싸이 등 전 세계적으로 한류 열풍이 대단하다. 덕분에 외국인들의 한국에 관한 관심 증대와 더불어 한국문화와 한글을 배우려는 외국인도 많아지고 있다고 한다.

인도네시아의 한 소수민족인 찌아찌아족은 문자가 없어 한글을 표기 문자로 채택해 사용하는데, 그들은 한글을 반나절 만에 익힐 수 있어서 반나절 언어라고 부른다. 그만큼 한글은 배우고 익히기 쉬운 문자이다. 그 조합원리만 이해하면 처음 접하는 외국인도 쉽게 읽고 쓸 수 있을 만큼 체계적이고 과학적인 문자이다. 또한, 한글은 소리에 따른 사람의 발음 기관 모양을 본떠 만듦으로써 지구상에 존재하는 모든 소리를 가장 정확하게 표현할 수 있다고 한다. 이렇듯 전 세계 사람들이 한글을 쉽게 배울 수 있다는 사실은 세종대왕의 훈민정음 창제 목적과도 일맥상통한다.

1443년, 세종은 우리 민족의 독자적인 문자인 훈민정음訓民正音을 창제했다. 글자 뜻 그대로 '백성을 가르치는 바른 소리'인 훈민정음은 이전까지 사용되었던 그 어떤 문자보다도 직관적이고 배우기 쉬운 글자였다. 그러나 이런 과학적인 문자의 탄생에도 불구하고 당시 조선 사회에서 지배적인 문자 체계는 한자와 한문이었다. 그 이유는 '지식'과 '정보'가 곧 힘의 차이로 이어지기 때문이었다. 먼 옛날 문자의 등장으로부터 역사시대가 시작되었고 그로부터 법과 질서가 만들어졌던 것과 같다. 말 그대로 '읽고 쓸 줄 아는 능력'은 당대 지배층의 전유물이었고, '문자'를 통해 그들의 특권과 지배의 당위성이 보장되었다. 조선의 지배층이 훈민정음이 등장한 이후에도 오랜 시간 동안 그것을 보편 문자로 인정하지 않았던 이유가 바로 여기에 있다. 뜻을 담아내고 있는 '표의문자'인 한자와는 다르게, 말하는 소리 그대로를 적은 '표음문자'인 훈민정음은 "아둔한 자라도 일주일, 명석한 사람은 반나절이면 깨우칠" 정도로 배우기 쉬웠고, 그렇기에 사회 계층에 따른 언어적 장벽을 무너뜨리기에 충분했다.

오늘날 우리에게 익숙한 순 한글의 사용은 조선 후기 유입된 다양한 신문물 가운데 기독교와 밀접한 관련이 있다. 하늘 아래 인간의 높고 낮음이 없음을 강조하던 기독교는 당시 민중들이 큰 매력을 느끼기에 충분했다. 민중을 선교의 대상으로 삼았던 기독교는 교리인 성경을 더 많은 대상에게 보급할 필요가 있었고, 이는 일본에서 유학하던 조선인 청년들을 중심으로 성경의 한글화 작업이 시작되는 계기가 되었다. 이 과정에서 국한문 병용 등 다양한 노력이 시도되었다. 결국, 경제적인 이유와 편리성 때문에 오늘날 한자와 한문은 단어들 속에만 남아있게 되고, 특별하게 강조하는 내용을 제외하고는 일상적인 글에서는 순 한글 사용이 정착되었다.

이처럼 훈민정음의 등장은 당시 일반 민중들도 자신이 뜻한 바를 쓰고 읽을 수 있도록 만들어 줌으로써 '지식'과 '정보'의 이동을 가능케 한 혁명적 사건이었다. 그리고 오늘날 우리나라가 세계사에 유례없는 경제성장과 민주화를 이루고, 전 세계적으로 뜨거운 한류 열풍을 가능하게 만드는 성장 동력임이 분명하다.

필자는 육군사관학교장 재직 시절, 사단법인 훈민정음기념사업회 박재성 이사장의 명저인 『소설로 만나는 세종실록 속 훈민정음』을 읽을 기회가 있었다. 역사적 사실에 근거해 객관적인 시각으로 훈민정음 창제 과정을 묘사한 그 책을 통해 필자는 생생한 역사의 현장 속에서 세종대왕의 혁신 마인드와 자주·애민 정신, 그리고 수많은 어려움을 지혜롭게 극복해가는 리더의 모습을 볼 수 있었다. 그리하여 미래 대한민국의 안보를 이끌어갈 청년 사관생도들이 그 책을 통해 한글을 있게한 훈민정음에 대한 자부심은 물론, 국가와 국민에 대한 무한한 사랑을 느끼고 나아가 훌륭한 리더의 본질과 역할, 특히 변화와 혁신의 시대를 주도할 수 있는 올바른 리더십에 대한 깊은 통찰과 혜안을 얻기 바라는 마음에서 꼭 읽어볼 것을 권장했다. 이처럼 세계에서 가장 우수한 문자인 훈민정음의 올바른 창제 원리와 정신이 앞으로도 후세에 널리 알려짐으로써 민족적 자긍심을 고취하고 문화강국의 위상이 더욱 높아지기를 간절히 기원한다.

한민족 역사상 5000년 래 제1 대사건

이석연

법무법인 서울 대표변호사
제28대 법제처 처장
제4대 경제정의실천시민연합 사무총장
전) 헌법재판소 헌법연구관
전) 아시아기자협회 부이사장

일제강점기 단재 신채호 선생은 고려 인종 때에 일어났던 서경천도운동과 뒤이은 묘청의 난을 '조선 역사상 일천 년 래 제1 대사건'이라 평가한 바 있다.

나는 세종대왕의 훈민정음(한글) 창제를 한민족 반만년 역사상 제1 대사건이라고 표현하고자 한다. 세종의 최대 치적이자 우리의 위대한 문화유산이라는 평가만으로는 훈민정음 창제 의의를 부여하기에는 한참 부족하다. 만약 우리에게 언어만 있고 글이 없었다면, 또한 지금까지 글을 한문으로 쓰고 있다면 우리는 민족의 정체성이나 우수성에 대해 자부심을 가질 수 없을 것이고 아마 지금까지도 중국의 속국쯤으로 치부되었을 것이다.

현금 한국이 세계적인 IT 강국으로 발돋움한 것도 한글에 힘입은 바 크다. 컴퓨터 자판에 모두 들어가는 문명 어는 알파벳과 한글뿐이다. 한글은 휴대전화의 작은 자판으로 문자메시지를 보내거나 정보검색 등을 할 때도

타 문자보다 훨씬 능률적이다. 또한 한글의 장점 중 가장 뛰어난 것이 소리의 표현이다. 현존하는 문자중 한글만큼 다양한 소리를 표현할 수 있는 글자는 없다. 이는 훈민정음이 창제될 당시 주변 나라의 말 즉, 외국어인 중국어와 일본어, 몽골어, 만주어 등을 우리의 소리로 표현하는 것이 창제의 중요한 목적이었기 때문이다. 이는 뜻이나 모양보다 소리 내는 것에 치중한 것이다. 그 결과 현재 모음과 자음 24자만 가지고도 1만 1000에서 1만 2000 가지의 소리를 표현할 수 있는 세계 최고의 글자가 되었다.

이렇게 훈민정음(한글)은 세계에서 가장 독창적이고 과학적인 글자로 인정받아 유네스코에서는 훈민정음 창제자의 이름을 딴 상을 제정하여 문맹 퇴치에 공헌한 사람이나 단체에게 매년 '세종대왕 문맹퇴치상'을 수여하고 있다. 만약 알파벳의 창제자가 있었다면 이 상의 명칭은 알파벳 창제자의 이름이 되었을 것이다. 이처럼 훈민정음은 창제자가 알려진 유일한 글자이기도 하다.

우리는 흔히 훈민정음은 집현전 학자들이 주가 되어 만들었고 세종은 그들이 훈민정음 창제에 전념할 수 있도록 여건을 만들어 주고 관리 감독했을 뿐이라고 알고 있다. 그러나 이는 전혀 사실과 다르다. 세종실록 24년 12월조의 기록에도 "이 달에 임금께서 친히 28자를 만들었는데 그 글자는 고전을 모방했다"고 되어있다. 훈민정음 창제는 언어학자 수준의 지식을 지닌 세종이 직접 주도했고 정인지, 신숙주, 성삼문, 박팽년, 이개, 최항, 이선로, 강희안 등의 소수의 집현전 학자들과 왕실 가족들이 이를 보좌했다.

왕실 가족으로는 문종, 수양대군, 안평대군이 관여했으며 특히 세종의 딸인 정의공주가 언문으로 구결口訣을 표음하는 문제를 해결했다 해서 은

상을 받은 기록까지 보인다. 세종이 훈민정음을 만들면서 한밤중에 궁녀를 불러다 놓고 여러 소리를 내게 시킨 다음 입과 혀 그리고 목구멍의 모양을 살폈다는 일화가 전할 정도다. 세종이 훈민정음 반포(1446년) 후 불교의 진리를 예술적으로 승화시킨 최초의 국문 시조집인 '월인천강지곡'을 직접 지은 것에서도 정음 창제를 주도했음을 알 수 있다.

훈민정음 창제 과정은 실록에 어떤 기록도 남아 있지 않을 정도로 철저히 비밀에 부쳐졌다. 그 이유는 첫째 명나라에 알려질까 두려워했던 것이었고 다음으로 창제 과정에서 쏟아져 나올 신하들의 상상을 초월한 반대목소리였을 것이다. 실제로 훈민정음 창제 사실이 알려지자 최만리, 정창손 등 집현전에 오래 근무한 학자들이 상소를 올려 훈민정음 반포를 격렬히 반대하였음은 주지의 사실이다. 세종이 극소수의 집현전 학자들과 왕실 가족들만의 보좌를 받은 이유를 알 수 있다. 훈민정음 창제야말로 중국에 대한 사대에서 벗어나 민족의 주체성과 독창성을 발휘하려는 세종의 의지와 백성의 삶을 깨우치려는 애민의식의 발로 없이는 불가능한 작업이었다. 그 점에서 우리는 세종의 위대함을 새삼 되새기게 되고 더 나아가 세계적인 제왕의 반열 중 세종이 가장 선두그룹에 자리매김하여야 함을 강조하고자 한다.

세계 최강국인 미국 국민 중 거의 20%가 영어를 제대로 쓸 줄 모르는 문맹인이다. 하지만 한국에는 문맹이 거의 없다. 이 점만으로도 훈민정음 창제는 한민족 5000년 역사상 일대 쾌거가 아닐 수 없다!

세계를 아름답게,
인류를 평화롭게 할 훈민정음

김동연

(사) 세계문자서예협회 이사장
국립현대미술관 초대작가
전) 대한민국서예대전 초대작가 및 심사위원
전) 대한민국서예대전 운영위원장
전) 청주예총회장

　세계 어디를 가나 '한류'를 상징하는 기호로 로마자 'K'가 새겨진 깃발이 나부끼고 'K'를 연호하는 함성이 메아리치는 감동의 현장을 경험하게 된다. 가슴이 벅찰 수밖에 없다. 'K'는 KOREA다. 5천 년의 세월과 문화, 반만년의 인물과 업적이 아직도 살아서 생동하는 대한민국이다. 대한민국은 이제 세계의 선도국이요, 문명국이다. 음악에서, 드라마에서, 영화에서, 의료에서, 미용에서, 첨단 기술에서, 선박에서, 자동차에서는 물론, 이 밖의 여러 분야에서 세계를 휩쓰는 'K 바람'은 가히 폭풍적이다. 모든 일에는 결과를 있게 한 원인이 있는 법, 그 원인은 한글 즉, 훈민정음이다.

　훈민정음은 실용의 문자요 무한한 대상과의 교감의 문자다. 생물체와는 물론 무생물체와도 교감할 수 있는 문자인 훈민정음, 그 한글살이로 성장하여 영감을 키우고 다지고 높여 온 우리는 그 무엇과도 막힘이 없다. 다통할 수 있다는 말이다. 한국인이 손을 대면 무엇이든 이루어낼 수 있다.

그것이 'K 바람'의 진원이다.

지구상에는 76억 4천만 명의 사람이 230여 나라를 만들어서 살아가고 있다. 이렇게 많은 나라, 많은 사람이 살고 있으면서 고유의 제 나라 말씨와 제 나라 글자를 온전히 가지고 있는 종족은 얼마나 될까. 이 화두를 스스로에 던지는 순간 캄캄한 광야에 동녘이 떠오르듯 환희의 빛이 넘치는 까닭을 알 것만 같다. 역시 한글 즉, 훈민정음이 그 까닭이다. 문자가 창제되고 그 창제된 문자의 창제 동기와 운용을 해설해 놓은 글자가 세상에 훈민정음 말고 또 있을까.

그들이 '중화 문명'의 초석이라 자랑하는 중국어는 언제 어떻게 만들었는가. 복희가 황하에서 얻은 그림, 하夏나라 임금 우禹가 낙수에서 얻은 글을 종합하여 만들었다는 하도낙서기원설河圖洛書起源說, 고대 중국의 왕 창힐倉頡이 3천 년 전에 만들었다는 갑자기원설甲子起源說 말고도 결승기원설結繩起源說, 조수기원설鳥獸起源說 중 무엇을 믿어야 할 것인가. 사람이 태어나 죽을 때까지 다 못 익힌다는 문자 한문은 진정 언중의 문자인가. 그 문장 속에 자연의 소리를 담을 수 있는가. 인간과 조수의 희·로·애·락·애·오·욕의 감정을 절반만큼이라도 드러내 보일 수 있는가. 문자로서 응당 대답해야 할 의문은 한두 개가 아닌데 대답은 미궁 속에 있을 뿐이다.

또 세계인의 공통어로 대우를 받으면서 인구의 1/3가량인 20억 인구의 언어로 위세를 떨치고 있는 영어는 어떤가. 정체를 명확하게 설명하기 어려운 문자다. 그리스문자, 로마자 등 구미 언어의 표기에 쓰는 문자를 통틀어 알파벳(Alpabet)이라 한다. 앵글족이 사용한 고대영어 앵글리쉬(Aenglise)에 라틴어와 그리스어의 어휘가 더해져서 오늘의 모습을 드러낸 문자다. 성서의 보급으로 널리 전파되고 영국인의 신대륙 진출로 급속히 세력을 얻은 영어는 A부터 Z까지 26개의 알파벳으로 표기하는 인도유

럽어, 게르만어, 서게르만어 등 여럿의 이복동생들을 거느리고 있는 언어다. 단일한 언어가 아니라 알파벳의 교잡종 언어다. 앵글족, 색슨족, 쥬트족의 말씨가 이합집산한 언어다. 이는, 언어의 위상을 논할 때 훈민정음과 나란히 놓을 수 없는 명확한 이유다.

우리 문자 훈민정음은 예의 앞엣것들과는 그 태생이 다르다. 1446년에 만든이 세종에 의해 반포되고 어제 서문과 창제 실무자의 한 사람인 정인지의 후서, 그리고 문자 운용의 해설까지 명확하게 밝혀져 있다. 특히 어제 서문은 한자 원문 54자, 언해문 108자로 되어 있다. 이는 불교의 법수法數를 당겨온 것이다. 훈민정음을 통해 백성의 번뇌와 고통이 사라지고 불타의 자비가 온 누리에 가득하기를 바라는 불심을 축자역逐字譯으로 반영한 묘안이다. 문자 속에 인간이 있고, 문장 속에 자연이 살고, 문단 속에 사회가 존재함을 밝혔으니 여타의 그 무엇인들 우리 문자보다 더 절묘함이 있을까. 이는 한글과 한자를 쓰는 일로 평생을 보내면서 깨우친 터득이다.

유년 시절부터 예쁜 글씨, 바른 글씨, 높은 글씨를 소망하면서 소년기를 꿈으로 보냈고 청년기를 의지로 인내했다. 장년기를 서예 예술에 대하여 고초로 관조했으며 노년기를 맞은 이 시점에서는 체념인 듯 달관인 듯 애매하게 종잡지 못하고 있는 가운데 비로소 찾아내 얻은 것이 훈민정음 11,172자라 해도 지나친 말이 아닌 듯하다. 우연은 아니다. 한 송이의 국화꽃을 피우기 위해 봄부터 소쩍새가 울고, 천둥 번개 치는 여름을 보내고 무서리 내리는 가을을 맞아서야 겨우 갈무리한 결실이다. 개인적으로는 먼 젊음을 아픔과 고난 속에서 보내고 이제야 돌아와 겨울 앞에 선 기분이다. 모란과 국화는 김영랑과 서정주의 희망이요 보람이요 이상이었던 것처럼 지금 이루어낸 훈민정음 글자본은 반드시 맺어놓고 떠나야 할 숙명 같은 결론이었다.

우리말이 불러낼 수 있는 글자 모두를 한자리에 수용하고 보니 욕심이 생긴다. 글씨의 입체미를 살리고 싶다는 욕심이다. 곧 서각이다. 글씨를 돌에 새겨 간직하고 감상하는 석각 비림이나 목각 작품은 흔히 있다. 그러나 제3의 오브제를 활용, 예술적 형상화를 통한 서각은 본 적이 없다. 그에 대하여 심도 있는 관심을 기울여 보고자 하는 욕심을 부리는 것은 허영일까. 이상은 꿈꾸는 자의 것이라 했으니 터무니없다 하기에는 선부른 예단 같기에 새로운 설계를 도모해 보겠다. 자신을 위한 노욕이 아니라 길러준 이 땅을 위한 마지막 투자인 셈이다.

이젠 내일을 위한 꿈을 꾸고 그 꿈을 노래하고 싶다. 고단한 나그네가 길가의 정자에 앉아 목을 축이듯, 훈민정음 창제의 정자 역할을 했을 것으로 추정되는 초정리 행궁 주변에 훈민정음 탑이 하늘에 닿게 되는 꿈, 문자공원과 문자박물관이 땅을 덮어 비단처럼 고운 꽃을 피워내는 꿈, 그 아름다운 자태는 문화도시 청주의 위용을, 문명국가 한국의 위세를 드러낼 것으로 기대되는 꿈, 바로 이런 꿈을 꾸면서 찬란하게 타오르는 저녁놀의 장엄함을 노래하고 싶다. 지금 부르고 싶은 이 노래는 훗날 탑이 되고 궁전이 되고 박물관이 되고 지구상의 언어들이 한자리에 모여 꽃을 피우고 열매를 맺는 공원이 될 것이다. 세계의 언어가 한국의 청주로, 청주의 노래가 지구의 언덕 위로 바람처럼 불어갈 것이다. 이는 이 땅에 사는 우리가 받아야 할 위대한 선조들이 내려준 복이다. 평생 쓴 글씨를 바치고 훈민정음 낱자 11,172자를 완성한 것은 이 땅이 받아야 할 더 큰 복을 위해 비로소 작은 일 하나를 마무리했다는 기쁨도 무한하다.

세계를 아름답게, 인류를 평화롭게 이끌어 갈 아이! 우리의 훈민정음, 세계인이 사랑하고 극찬하는 우리의 한글, 현재 지구상에서 우리의 한글을 쓰고 있는 8,250만 명에게 하늘의 축복이 내리고 땅의 번영이 흐드러지기를 기도하는 심정으로 간절히 바란다.

큰 노랫말, 훈민정음 창제원리

– 난빛도시에서 훈민정음의 노래를 부르며 –

오치용

서북권통일문화광장추진단 대표
난빛축제조직위원장
한국기독교총연합연대 본부장
꽃섬출애굽교회 담임목사
난빛도시이야기 대학 시스템 대표

여는 말 – 〈훈민정음기념사업회〉와의 만남

2021년 한해가 다 저물어가던 12월 30일, 훈민정음기념사업회를 방문하게 된 일이 오늘 이 같은 기고문의 시작을 이루게 된 것에 먼저 감사드린다. 정성구 박사님의 소개로 노영아 교수님과 함께 사무실 입구에 들어섰을 때 환영의 뜻으로 방문자들의 이름이 박재성 이사장님의 큰 글자 친필 휘호로 나타나 있어 깜짝 놀랐다. 그날 뜻하지 않게 고문으로 위촉된 후 내게는 훈민정음에 대한 새로운 지식과 각성이 진행되었다. 집에 돌아온 후 인터넷으로 박재성 이사장님 저서 몇 권을 주문해서 읽어 보며 훈민정음의 뿌리, 중국 한자漢字와 한자韓字의 역사적 고찰 등에 대해 새로운 지식을 얻기도 했다. 그 후 이사장님의 〈훈민정음 노래〉 가사에 오병희 작곡가님이 곡을 붙이신다는 이야기를 듣게 되었다. 노래! 훈민정음 보급에 곡을 사용하는 것이 좋겠다는 생각이 들었다. 홍콩과 영국에서 지냈던 경험을 생각하며 자녀들 세대에 노래를 통해서 훈민정음을 알리는 방법을 생각하다가 곡이 하나 떠 올라서 이사장님께 가사를 부탁드렸다. 2022년 1월 7일에 이사장님께서 〈훈민정음 창제원리〉라는 제목의 28연으로 된 가사를 보내 주셨다. 가사를 읽어 보니 훈민정음 28자의 깊은 뜻을 명확히 자상하게 설명해 주셨다. 우선 내가 아는 해외 네트워크에 소개할 생각으로 곡과 가사를 맞추었고 박재성 이사장님의 재가를 받아 1월 15일 악보를 완성했다. 그 후 4월 27일 훈민정음기념사업회와 서북권통일문화광장 추진단 간에 업무 협약식 행사 때 박재성 이사장님 요청으로 다 함께 이 노래를 부르는 영광이 있었다.

그리고 그때 알게 된 것 하나는 훈민정음기념사업회가 해외에서 훈민정음 노래들을 부르는 경연을 하게 해서 국내로 초청하는 계획이었다. K-Songs를 통한 훈민정음 보급방안은 획기적으로 보였다. 나 역시 이에 부응하고 싶은 마음이 있어서 내가 대표로 있는 〈난빛축제〉(상암동 난지도와 연관된 폭넓은 지역 일대, 난지도의 빛이 비취는 도시의 축제라는 의미)에 이 노래를 소개하고자 했다. 그 결과 지난 5월 17일 월드컵공원(난지도) 서울에너지드림센터 앞 공원에서 〈2022 난빛축제〉 개최 시 오세훈 시장님, 박강수 마포구청장님, 김성동 전의원님 및 지역주민, 유지들이 참석한 가운데 퓨전 국악팀 연주로 〈훈민정음 창제원리〉가 소개되었다. 또 한 가지 기도 제목도 생겼다. 난빛도시 일대 어디엔가 〈훈민정음 거리, 훈민정음 탑〉이 설치되는 꿈이다. 이 모든 일이 훈민정음기념사업회를 만나면서 시작된 비전이요 희망이다. 금번에 『108인의 훈민정음 글모음』 원고 요청을 받으면서 사실 매우 조심스러웠다. 저명하신 분들의 글 속에 옥에 티가 될 우려가 있어서 많이 머뭇거렸다. 그러나 이사장님의 재촉과 격려 속에 〈훈민정음 창제원리〉에 주신 가사를 소개하며 몇 마디 글을 남기려 용기를 내었다. 훈민정음에 대해서 너무도 미천한 지식을 가진 때문에 박재성 이사장님이 주신 가사의 내용을 내 나름대로 이해하는 수준으로 아래와 같이 해석해 보았다.

첫 번째 – 첨단적 원리의 노래 : 만물의 형체에 소리가 통한다(양자얽힘)

천지의 변화는 본래 하나의 기운이니 음양오행으로 서로 시작하고 끝내며 / 음양의 둘 사이 만물에 형체와 소리 있어 원래 근본 둘이 아니므로 이치로 통한다. / 훈민정음 만듦에 그 모양 중요시하고 말소리가 거세질 때 획을 더해 갔으니 / 어금니 혀 입술 이 목구멍에서 나오는 말소리 이것이 초성 글자 열일곱 자로다.

[훈민정음 창제원리 1절]

1절의 가사는 훈민정음이 첨단적 원리의 문자임을 증명한다. 그리고 이 가사를 노래로 부르면서 우리는 훈민정음이 '본래 하나의 기운'에서 나온 '천지의 변화'를 '형체와 소리' 관계로 표현하는 탁월한 첨단성을 갖고 있음을 깨닫는다. 첨단문자로서의 훈민정음은 만물에 형체가 있고 그 형체에 소리가 통하는 것을 표현한다. 형체와 소리는 근본 둘이 아니므로 이치로 통한다. 그래서 훈민정음 만듦에 모양과 말소리의 관계를 따라 글자를 형성해 나갈 수 있었다. 간단한 글자로 엄청난 표현을 할 수 있는 원리이다. 내가 난지도의 땅, 상암동에 처음 인연을 맺게 된 것은 1969년, 대학 재학중이었다. 당시 딸기밭이었던 동네에 살면서 난지도에 대한 비전을 얻게 되었고 군 복무차 떠난 후 세월이 흘러 이번에는 '난지도의 빛이 비취는 도시'(난빛도시)로 바뀐 상암동 디지털미디어시티(DMC) 지역으로 이사를 오게 되었다. '디지털(Digital)미디어시티'를 거닐면서 '디지털'의 유래를 생각하던 중 독일의 철학자이자 수학자 라이프니츠(1646-1716, Gottfried Leibniz)가 모든 디지털의 기반이 되는 0과 1의 이진법 수 체계를 창안하고 다듬은 것에 관심을 두게 되었다. 그리고 중국에 와 있던 선교사를 통해 동양의 음양이론과 이진법과 통하는 '8괘(Trigram)'도형을 전달받아 이진수 창안에 도움을 받았다는 이야기도 읽었다. 0과 1, 음과 양은 창조의 첫째 날, 빛과 어두움의 분리와 조화에 연결되어 우주의 첨단성을 갖는다. '모양'과 '말소리'의 관계가 마치 양자얽힘같이 서로 연동하면서 훈민정음을 통해서 표현됨으로써 '만물의 형체에 소리가 통한다'는 창조의 원리와도 통하게 되었다(참조:시편 19편 4절 "그의 소리가 온 땅에 통하고"). 훈민정음의 소리표기로 인해, 훈민정음을 알게 된 모든 이에게는 말소리는 만물 어디나 통하며 모든 형체와 그 본질 속으로 들어갈 수 있게 되었다. 만물의 형체에 우리가 알아들을 수 있는 소리가 통하게 하는 훈민정음 때문에 감사의 노래를 부르게 된다. 이 때문에 소원이 생겼다. 첨단의 디지털 도시에 〈훈민정음 거리〉가 생기고 〈훈민정음 탑〉이 서며 디지털문화로 꾸며져서 훈민정음의 문화가 온 도시에 통하며 노래되어지는 꿈이다. 디지털 안에서 상암의 난빛도시와 청주의 훈민정음대학원대학교 마을이 양자얽힘으로 함께 연동되며 함께 〈훈민정음 창제원리〉를 노래하기를 소원한다.

두 번째 – 쉬운 원리의 노래 : 만물의 소리를 형체로 밝힌다(동양이체同樣異體)

기(ㄱ), 키(ㅋ), 이(ㆁ) 어금닛소리 혀뿌리가 목구멍 막고 디(ㄷ), 티(ㅌ), 니(ㄴ) 혓소리는 혀가 위잇몸에 붙고 / 비(ㅂ), 피(ㅍ), 미(ㅁ) 입술소리 입모양 그대로 취하였고 지(ㅈ), 치(ㅊ), 시(ㅅ) 잇소리는 이의 모양을 취했으며 / 이(ㆆ), 히(ㅎ), 이(ㅇ) 목구멍 소리 목구멍 모양이니 이 다섯 가지 뜻 알면 말소리 환해지고 또한 반혓소리 / 리(ㄹ)와 반잇소리 이(ㅿ)글자 비록 모양 취함은 같으나 몸체는 서로 다르다.

[훈민정음 창제원리 2절]

2절의 가사는 소리가 형체가 되는 원리이다. 훈민정음을 이해할수록 신기한 부분은 어떻게 소리를 형체로 표현하였을까였다. 어떻게 그런 착안을 했을까, 신기하기도 하다. 박재성 이사장님의 표현대로 "전 세계에 존재하는 70여 개의 문자 중에서 유일하게 창제자, 창제연도, 창제원리를 알 수 있는 독창성과 창작성"을 가진 훈민정음이 유네스코에 인류문화 유산으로 등재되고 세계에서 가장 우수한 문자로 인정받는 이유일 것이다. 훈민정음은 같은 모양으로 보이는 소리 형체 그 안에서 세밀하게 차이를 나누어 표현할 수 있는 문자인 점도 놀랍다. 성경에서 창조자가 창조 시 사람을 하나님의 형상과 모양으로(창1:26) 지으신 그 모습은 다 같으나同樣 동서양에서 사람들의 인격, 인체가 서로 다양하게 다르듯이異體, 훈민정음은 같아 보이는 그러나 다른 소리를 형상화 함으로써 밝게 그 다름을 이해하게 만드는데 뛰어나다. 또한 훈민정음 글자도 형체이고 사물도 형체인데 이 사이를 훈민정음이 연결하면서 서로 같아 보이는 그릇들, 예컨대 놋그릇 중에서 방짜유기를 구별해 내어 이해시켜주듯이 구분해주는 능력이 있다. 훈민정음은 수많게 같아 보이는 소리들을 더욱 더 세밀하게 나누어서 표현하며 이해하게 한다. 감사할 뿐이다. 훈민정음 글자의 형체들 28자와 그로 인해 표현되는 모든 글자는 우리가 정신적으로 흰옷 입는 백의민족이라는데 만 머물게 하지 않는다. 훈민정음 때문에 언어적으로 "말소리가 환해지고" 그러면서도 "말의 몸체가 서로 다른" 문화의 옷을 입게 함으로써 우리 민족이 밝히 세상 속에 이른바 오늘의 한류, K-Culture를 빛낼 수 있게 만들어 주었다. 큰 자부심을 느끼지 않을 수 없다. 만물의 형체에 소리로 통하면서 그 모든 소리를 이해하기 쉬운 형체로 표현하는 훈민정음의 민족이 되었다는 것은 큰 긍지이다. 그 이유는 우리가 이른바 '말씀이 육신이 되는' 성육신화의 모든 문화 소통(Cross-Cultural)에 있어서 뛰어난 민족이 되고 있기 때문이다.

세 번째 – 아우르는 원리의 노래 : 사랑의 큰 노래로 삼재를 통일한다(하나 됨 아우름)

아(·)는 하늘을 비유 가장 깊은 그 소리이며 으(_)는 땅이 평평하듯 깊지도 얕지도 않고 / 서 있는 사람 모양 이(ㅣ)자의 그 소리는 얕으니 하늘과 땅과 사람의 도가 갖춰진 삼재이고 / 오(ㅗ)는 하늘 둥긂과 평평함 합친 것 본떠 아(ㅏ)는 처음 생겼다는 뜻이며 원점이 하나이며 / 요(ㅛ)와 야(ㅑ)는 사람을 겸하여 다시 나오니 두 개의 둥근 점들 모양이 그 뜻을 나타내네.

[훈민정음 창제원리 3절]

3절은 크게 아우르는 원리를 노래하고 있다. 〈훈민정음 창제원리〉의 노래를 부르는 큰 이유의 하나는 그 놀라운 규모다. 훈민정음의 규모가 비할 수 없이 크다는 것은 글자 숫자가 많지 않음에도 불구하고 더 많은 글자를 가진 나라들의 문자 체계보다 더 크게 더 넓게 더 높고 더 깊게 하늘, 땅, 사람의 삼재ㅡㅓ를 담아서 표현하기 때문이다. 하늘과 땅, 우주를 간단한 표기로 다 담으면서 또한 사람의 존재와 중심되는 관계를 다 담아내면서 사람의 모든 환경과의 삶에 하나도 부족함이 없는 표현을 제공한다는 점은 놀랍다. 성경에 기록된 하늘과 땅, 그리고 사람의 창조 순서를 따라 훈민정음의 창제원리를 이해해 나가면 훈민정음이 마치 태초의 언어와 문자였던 것 같은 생각도 들게 한다. 히브리어와 훈민정음을 서로 통용하여도 손색이 없을 것이기 때문이다. 그리고 중요한 것은 훈민정음은 무엇보다도 모든 것을 함께 하나로 '아우르는' 문자 원리를 갖는 점이다. '아우른다'는 뜻은 하나의 원점에서 사람과 함께 두 개의 둥근 점들 모양이 나타나 조화를 이룬다는 것이다. 삼위일체의 모습으로 발전해 나가는 것이다. 그 중심에는 화합의 원리, 통일의 원리, 하나 됨의 원리가 있어서 서로 다른 표현을 다 통일하고 하나 되게 하고 있다. 그리고 동시에 '이 원리는 사랑이다'라고 외치게 만든다. 마치 성경에서 "하나님은 사랑이심이라"(요한 1서4:8)고 함축적 표현을 하는 것과 같다. 진정 크게 모두를 아우르는 힘은 사랑밖에 없기 때문이다. 따라서 〈훈민정음 창제원리〉는 아우르는 원리의 노래, 천지인 삼재를 아우르는 사랑의 큰 노래라고 할 수 있다. 세종대왕의 마음속에 있었을 경천애민 정신이 훈민정음과 같은 사랑의 큰 노랫말을 만들어 내었다고 생각하니 그분에 대한 존경심이 더해진다.

네 번째 – 가르치는 원리의 노래 : 훈민정음으로 만민을 가르친다(국제적 큰
　　　　　노랫말)

우(ㅜ), 어(ㅓ), 유(ㅠ), 여(ㅕ) 땅에서 나오는 그 모든 이치들 저절로 알 것이니 굳이 논하여서 무엇하리오 / 아(·)가 여덟 글자 소리 꿰어 글자를 이룸은 하늘의 작용이 두루두루 유통하는 바라네 / 세종대왕 창제한 훈민정음 스물여덟 자 경천애민 정신으로 백성 위해 만드니 이 세상의 온갖 소리 / 모두 다 적을 수 있는 세상의 글자 중에서 뛰어난 위대한 문자로다.

[훈민정음 창제원리 4절]

4절은 경천애민의 정신을 표현한다. 동시에 훈민정음이 '훈민訓民'의 '정음' 글자임을 강조한다. 훈민정음은 '훈민訓民', 즉 '백성을 가르치는' 소리임은 분명할 것이다. 그러나 이 문자를 받은 우리 민족, 대한민국 국민의 국제적 위상과 그 역할의 입장에서 '훈민訓民'을 다른 각도에서도 조명해 보는 것은 어떨까 생각한다. 오늘 날 한류의 발전, 대한민국의 국제적 위상의 증대 등으로 인해 한글 내지는 훈민정음을 배우려는 외국인들이 많아지고 있다. 한글을 배우려는 외국인들에게 훈민정음을 정확하게 가르쳐 주는 일은 훈민정음 28자를 창제하신 세종대왕의 뜻에도 부합하리라 여겨진다. 그리고 '가르치는 역할'은 이제 우리 국민의 몫이기도 하다. 따라서 '훈민訓民'을 '가르치는訓 민족民'으로도 활용하면 좋을 듯하다. 훈민정음訓民正音이 동전의 양면을 갖게 하는 것이다. 첫째 백성을 가르치며 따라서 가르침을 받는 의미, 그러나 여기 머물지 않고 둘째 '가르치는 백성'이 되어 우리 민족이 온 땅, 만민에 훈민정음을 가르치는 민족이 되는 역할이다. 훈민정음의 큰 뜻, 경천애민의 정신을 '사랑'이란 우리 말에 담아 온 세계에 '사랑 나라' 관계를 맺어 나가는 노력이기도 하다. 훈민정음을 통해 국제연합(UN)의 회원국들에 '사랑의 큰 노랫말'로서 훈민정음을 가르치는 대대적인 운동을 일으킨다면 우리 민족은 그런 면에서 〈사랑 나라 UN〉 국제연합을 지원하는 국제적 네트워크를 이루어 나갈 수 있을 것이다. 영어로 SarangNara를 써도 좋겠다. 〈사랑나라국제연합〉(Sarangnara United Nations)을 형성하여 반기문 사무총장님이 헌신해온 UN의 내적인 결속과 확산을 크게 지원해 주는 훈민정음 사랑 나라운동이 되었으면 한다. 만일 쓰레기 섬으로 한 때 버림받았던 난지도 일대 지역에 UN의 한 지체로서 〈사랑 나라 UN본부〉가 들어올 수 있다면 훈민정음의 사랑 나라 운동은 큰 빛을 발하며 다음 세대가 일할 큰 일터가 되게 할 수도 있을 것이다. 난빛도시에 〈훈민정음 거리〉가 세워지고 비록 작더라도 상징성 있는 〈훈민정음 기념탑〉이 훈민정음 거리 어딘가에 서게 된다면 국제연합 UN, 내지 국제연합 지체로서 〈사랑 나라 UN〉의 온 나라 시민들이 그 거리, 그 탑을 찾으며 함께 훈민정음 창제원리를 노래하게 되리라 믿는다.

매듭 말 – 사랑의 큰 노랫말 〈훈민정음〉의 국제 노래 경연 물결을 꿈꾸며

　우리 한韓민족은 작아 보여도 큰大 민족이고 많은多 민족이다. 이 말은 국수주의적이거나 편파적인 욕구의 말이 아니다. 이 말은 믿음의 언어이며 비전의 문장이다. 비전과 믿음은 작은 자를 크게 일으키고 적은 민족을 "하늘의 별과 같이 번성하게"(창세기 26:4)만든다. 우리나라의 출산율이 저조해지는 가운데 민족의 장래에 대한 염려가 많은 것이 사실이다. 그러나 비전과 축복은 민족을 일으킨다. 출산 문제는 그 안에서 해결되어 나갈 수 있다. 그것이 축복받은 민족이 경험하는 역사이다. 청년들이 결혼의 희망, 출산의 비전이 일어날 수 있는 큰 동기부여가 필요하다. 우리가 자녀를 낳아서 키워야 할 큰 이유가 민족적으로 나타나면 출산율은 놀랍게 상승할 수 있다. 따라서 먼저 "하늘의 별과 같이 번성하게" 되는 민족의 비전을 적극적으로 다음 세대에 심어주어야 한다. 그 일에 '훈민정음의 민족', 은 큰 비전이 될 것이라 여겨진다. 엄마가 갓 태어난 아기를 향해 끊임없이 말을 해 주면서 아이의 말문을 트게 하듯이 우리는 위대한 훈민정음의 언어로 우리 다음 세대 비전의 언어를 일으켜야 할 것이다. 얼마 전 영화 〈한산〉을 보면서 미처 알지 못했던 지식을 깨달았다. 한산대첩의 현장 '한산도'의 '한산'이 갖는 의미. 여러 의미가 있다고 하지만 그중에 내게 감동된 뜻은 '큰 뫼', 즉, '큰산'이라는 의미를 가진 '한'이다. 한자 표현 이전

에 우리 조상들이 부르던 섬 중의 큰 섬, 큰 뫼의 섬에서 우리는 '한'이 갖는 '큰'이란 의미에 다시 주목할 필요를 느꼈다. 그 이유는 우리 한민족이 '한'의 민족이기 때문이다. 우리는 이미 조상들이 물려준 이름 속에서 '큰', '많은'의 의미를 담은 '한민'韓民이기 때문이다. 따라서 '한민, 크고 많은 백성의 민족'으로서 훈민정음의 민족이 되도록 염원할 필요가 있다. 훈민정음으로 만민을 가르치며 사랑의 나라 대한민국으로 안내하는 '훈민'의 '한민'이 되도록 새롭게 훈민정음에 깨어나야 할 것이다. 노래는 파급력이 강하다. 훈민정음의 노래들을 다양하게 작사, 작곡하여 국제적으로 다양한 훈민정음 노래 경연대회들이 열리게 하면 좋을 것이다.

'사랑'이라고 하는 가장 큰 '훈민언어'를 배우며 가르치면서 우리 다음 세대, 국제적인 미래세대들이 '훈민정음'을 '사랑의 큰 노랫말'로 배우게 하는 것이다. 그들이 배우고 노래하며 경연하며 '훈민정음'의 '아미'들이 되도록 지원하는 것이다. 이제 훈민정음기념사업회 박재성 이사장님께 붙들려서 여기까지 오게 된 나로서는 이사장님과 훈민정음기념사업회 회원들의 염원대로 해외 교민 사회 곳곳에서 훈민정음 28자를 다시 다 회복하는 노래 운동이 일어나기를 간절히 기원할 뿐이다.

크로노스의 역사에서 카이로스의 분깃 점은 BC와 AD를 나누기도 한다. 훈민정음의 뿌리 찾기 운동이 한글 보급의 근본을 재조명하면서 그 뿌리를 튼튼히 하는 역사와 문화운동이 된다면 훈민정음의 훈민, 한민족은 세계와 UN의 역사를 훈민정음 한류이전(Before H.)과 훈민정음 한류이후(After H.)로 나눌 수도 있을 것이다. 한류의 새 물결 속에서!

훈민정음과 IT발전

성기태

고산서각아카데미 원장
전) 한국교통대학교 총장
전) 한국교통대학교 토목공학과 교수
전) 충주대학교 총장
전) 충주대학교 토목공학과 교수

60년 이상 사용한 말과 한글이지만 고마움을 생각하지 못하고 살아왔다. 세종이 훈민정음을 창제하지 않았다면, 우리는 글도, 말도 없이 지금쯤은 중국어(한문) 또는 일본어로 의사소통을 하며 사는, 언어 식민지(?)가 되지 않았을까 하는 생각을 한다.

최근 남아메리카 아이마라 부족과 인도네시아 찌아찌아족이 한글을 부족의 문자로 쓰기로 하였고, 세계 많은 대학에 한국어학과가 개설되고 있다. 한글은 배우기 쉽고 과학적이어서 세계 문자 중 가장 으뜸으로 평가받는 이유이기도 하다.

훈민정음을 백성에게 교육하려면 책이 필요하였고, 당시로서 책을 만들려면 목판본木版本으로 제작할 수밖에 없었다. 세종 28년(1446년) 훈민정음 28자를 세상에 반포할 때 찍어낸 판각 원본, 세종이 훈민정음 창제의 취지를 밝힌 어제서문御製序文, 자음과 모음자 운영 방법을 설명한 예의例儀

부분과 정인지, 성삼문, 등 집현전 8명의 학사가 훈민정음을 해설하는 해례解例 두 부분 모두 목판본木版本이다. 글자를 나무판에 서각으로 새긴 것을 목판이라 하고, 목판에 새긴 글씨를 찍어(인출) 장책粧冊하여 나온 책을 목판본이라 한다. 목판본을 찍어내기 위해서는 나무에 서각書刻 또는 刻字하여 목판을 만든다.

서각은 크게 정서각正書刻과 반서각反書刻으로 나뉜다. 정서각은 서고를 바르게 붙여서 만든 편액扁額, 현판류나 현대서각 작품 등이고, 반서각은 글자나 그림을 뒤집어 붙인 서고를 서각 하는 기법이다.

조선 시대에도 목판 인쇄술과 목활자 인쇄술이 그대로 전개되어 간경도 감刊經都監을 설치하기도 하였다. 또한 인쇄와 서적 간행을 관장하는 감인청監印廳, 교서관校書館 등을 설치하여 훈민정음 판본을 비롯하여 각종 서책을 인쇄하였다.

만약 세종대왕께서 서울에 오신다면 한국인지 외국인지 구별하기 힘들게 되었다. 거리의 간판이며 각종 상품, 아파트 이름까지 외국어로 되어있다. 더욱 걱정스러운 것은 지식인층의 말과 글에 더 많은 외국어가 남용된다는 사실이다. 인터넷 문화가 발달하면서 한글 파괴는 갈수록 심각하다. 인터넷상에 한글 축약형 비속어 남발과 정체불명의 신조어, 공영방송에서까지 이해할 수 없는 자막과 줄인 말을 남용하고 있다. 세종은 수천 년 미래를 보는 혜안을 가진 임금이었다. 26자인 알파벳은 훈민정음과 같은 소리 문자이고 조합도 쉽지만, 알파벳 위치에 따라 발음이 다르고 나라별로 독음이 다른 단점이 있다. 그러나 훈민정음이 낳은 한글은 하나의 글자가 하나의 소리만 갖는다.

한글은 기계적 친화력이 가장 좋아, 정보통신(IT) 시대에 준비된 문자다. 세계화의 잠재력이 적지 않다. 24개의 자음, 모음으로 컴퓨터 자판에서 모든 문자 입력을 해결할 수 있는 한글은 하늘의 축복이다. 휴대전화로 문자를 보낼 때 한글은 5초면 되는 문장을 중국어, 일본어 문자는 30~40초가 소요되어 비교가 안 된다.

한글의 입력 속도가 7배 이상 빠르다. 이것은 정보통신에 큰 경쟁력이다. 한글이 디지털 문자로서 세계 정상의 경쟁력이 있는 덕분에 우리가 인터넷 강국으로 성장하였다고 볼 수 있다. 일본인들은 영어식 발음 표기에 맞게 입력하면 화면에서 가나로 바뀐다. 또한 문장마다 한자가 많아서 한자 변환도 하여야 하므로 속도가 느릴 수밖에 없다. 같은 발음되는 한자는 골라주어야 한다. 언어를 여러 가지로 사용하는 국가들은 컴퓨터 입력 방식 개발부터 골칫덩어리이기에 각국에서는 한글을 선호하는 한류 열풍과 함께 한글의 우수성은 더욱 높아지고 머지않아 한글이 세계 제2 언어가 될 것을 예상하게 된다. 중국의 경우 3만 개가 넘는 한자를 모두 자판에 나열하기는 불가능할 것이다. 중국도 발음을 영어로 묘사하여 알파벳으로 입력한 후 단어마다 입력키를 눌러야 화면에서 한자로 변환된다. 한국의 인터넷 문화가 중국, 일본 등 세계 각국을 앞선 이유가 여기에 있다.

우리나라가 30~40년 만에 세계 10대 경제 대국으로 발전할 수 있었던 것은 우리 국민의 교육열과 근면 성실성에 의함도 있겠지만 한글이 경제와 교육에 미친 경쟁력과 특히 IT산업 발전에 이바지한 바가 크기 때문으로 본다.

훈민정음 정신을 다시 생각하며…

박정

21대 국회 후반기 예산결산특별위원회 간사
21대 국회 전반기 문화체육관광위원회 간사
더불어민주당 경기도당 위원장
제21대 더불어민주당 국회의원(경기 파주시 을)
제20대 더불어민주당 국회의원(경기 파주시 을)

말은 사람과 사람을 잇는 소통 창구다. 글은 그 말을 부호화한 것으로, 기록과 전달의 수단이다. 우리는 한국말을 통해 서로 소통하고, 한글을 통해 그 소통을 기록하여 더 오래 그리고 멀리 전달한다.

세종대왕께서 1443년에 훈민정음을 창제하면서 훈민정음 언해본 서문에서 창제의 취지를 이렇게 밝혔다. "나라의 말이 중국과 달라, 한문·한자와 서로 통하지 아니하다. 이런 까닭으로 어리석은 백성이 이르고자 하는 바가 있어도 끝내 제 뜻을 능히 펴지 못하는 사람이 많다. 내가 이를 가엾게 여겨 새로 스물여덟 글자를 만드니 사람마다 하여금 쉽게 익혀 날마다 쓰기에 편안케 하고자 할 따름이다."
세종대왕께서는 훈민정음을 한문이 아닌 우리 글로 뜻을 능히 펴고, 쓰기에 편안케 하고자 만들었다. 그런데 지금 우리 한글은 어떤 모습인가?

어느 날 집에서 TV를 보고 있는데, MZ세대 신조어를 맞추는 예능프로그램을 보고 충격을 받았던 기억이 떠오른다.

'알잘딱깔센/반모/반박/꾸안꾸/꾸꾸꾸/갓생'

국적을 알 수 없는 말들이 난무하고 있었다.

'알잘딱깔센'이 뭐냐고 아들에게 물어봤다. 그랬더니 '알아서 잘 딱 깔끔하고 센스 있게'라고 바로 답하는 모습을 보고 더 놀랐다. 이런 언어로 대화가 이뤄지고 있다는 자체가 신기했다. 나는 이제 이들과 어떤 언어로 대화를 해야 할까? 라는 의구심이 들었다. 카카오톡, 텔레그램, 인스타, 트위터 등 SNS가 발달하면서 말을 최대한 아끼려는 시도가 이뤄지는 것은 시대 흐름인지 모른다. 그러나 말이 그리고 글이 사람과 사람을 잇는 소통 창구인데 이런 말들로 어찌 제대로 소통할 수 있겠는가? 나랏말이 중국에 달라 문자로 서로 통하지 않기에 만든 우리의 한글이 세대가 달라 문자로 서로 통하지 않게 되고 있다는 생각에 슬픔마저 들었다.

또한 '알잘딱깔센'이라는 거친 음색이 입으로, 글로 표현하는 우리 정서는 또한 얼마나 거칠어질까 걱정이 앞섰다. 사회가 더 각박해지고, 갈등이 커지고, 개인화 파편화 되는 이 시대가 이런 말과 글의 통용에 따른 결과일 수도 있겠다는 생각도 들었다.

"소는 처음으로 굴레를 쓰고 밖에 나온 모양이다. 새로 엮은 굴레 빛깔은 햇보리같이 신선해 보였다. 소도 그러했다. 털빛이 희여끄름하여 앳된 모습이 가련하게 느껴진다. 어린 계집아이 같았다. 그것도 허약한 계집아이같이 세상을 신기로워하기보다 두려워하는 표정이었다."

2008년 세상을 떠난 박경리 선생님의 토지에 나오는 글이다. 한글의 위대함을 논할 때 소설 토지를 빼고 설명하는 이는 드물다. 굴레의 빛깔을

햇보리에 비유한 그 상상력과. 희여끄름이라는 형용사가 표현하는 그 위대한 어감을 생각해 보자. 이것이 '알잘딱깔센'이라는 글에서 찾을 수 없는 글의 품격이다. 그것이 이 땅에 훈민정음이라는 28개 글자를 만든 세종대왕의 깊은 뜻이다.

언어는 한 나라의 얼이다. 세종대왕께서 훈민정음을 만든 이유는 한민족의 얼을 기리고, 알리기 위해서이다. 그리고 우리는 그 얼로 고난의 역사를 헤쳐 나와 오늘 위대한 대한민국을 건설했다. 그런데 우리는 지금 세종대왕의 위대한 뜻을 잘 지켜나가고 있는가? 우리가 쓰는 글은 백성이 뜻을 펴고, 편한케 하고 있는가?

넓은 벌 동쪽 끝으로 옛이야기 지줄대는 실개천이 회돌아 나가고, 얼룩백이 황소가 해설피 금빛 게으른 울음을 우는 곳. 그곳이 차마 꿈엔들 잊힐 리야.

질화로에 재가 식어지면 비인 밭에 밤바람 소리 말을 달리고, 엷은 졸음에 겨운 늙으신 아버지가 짚베개를 돋아 고이시는 곳 그곳이 차마 꿈엔들 잊힐 리야…

정지용 시인의 '향수'라는 시다. 옛이야기 지줄대는 실개천이 회 돌아 나가고, 얼룩백이 황소가 해설피 금빛 게으른 울음을 우는 곳에서 갈등과 반목이 있을 수 있겠는가?

말과 글은 그 사회를 갈등으로도, 화합으로도 이끈다고 생각한다. '알잘딱깔센'이라는 말에서 오는 갈등보다는 실개천이 회 돌아가는 글에서 오는 화합과 통합의 장을 마련해야 하지 않을까 싶다. 이것이 훈민정음을 창제한 지 578년이 지난 지금 다시 세종대왕을 생각하게 하는 이유이다.

마음을 나누는 소통과 공감의 언어, 한글

서정숙

제21대 국민의힘 국회의원(보건복지위/여성가족위)
제20대 대선 국민의힘 보건의료 정책추진본부장
전) 국민의힘 혁신위원회 위원
전) 건강보험심사평가원 상임감사
제9대 한국여약사회 회장

대한민국은 6.25 전쟁의 잿더미 위에서 한강의 기적이라는 산업화에 성공하였으며, 민주화를 거쳐 세계 10위권의 경제 대국으로 발돋움하였다.

이러한 성장과 성공의 에너지를 바탕으로 이제 세계적인 문화강국으로 도약함으로써, 선진화된 대한민국의 마지막 퍼즐을 완성해야 할 일이 남아 있다.

'문화강국 대한민국'은 대장금, 겨울연가로 대표되는 한류 1.0, 싸이, BTS가 이끄는 한류 2.0에 이어서, 전통 한류가 선도하는 한류 3.0의 시대를 통해 달성될 수 있는데, 그 중심에는 우리의 '한글'이 있다.

한글은 모든 사람이 불편함 없이 쉽게 배우고 익힐 수 있을 정도로, 지구상에 현존하는 언어와 문자 중 과학성, 독창성, 합리성 측면에서 가장 우수한 문자라고 평가받고 있다.

1989년에는 유네스코에서 문맹 퇴치에 기여한 기관이나 개인에게 주는 공로상의 이름을 '세종대왕상'이라고 정하였고, 1990년대 영국 옥스퍼드 대가 세계 30여 개 주요 문자의 합리성, 과학성, 독창성을 평가해 순위를 매겼더니 한글이 1위였다고 한다.

2009년에는 이기남 훈민정음학회 이사장의 헌신적인 노력의 결과, 인도네시아 찌아찌아족이 한글을 부족 문자로 채택하여 자신들의 언어를 문자로 표기할 수 있게 되었는데, 한글은 문자가 없는 세계 소수민족이 그들의 말과 문화를 지켜나가는 희망이 되고 있다.

무엇보다도, 한자가 남성들의 언어였다면, 한글은 여성들이 객체가 아닌 주체로서, 고단한 삶의 진솔한 모습을 글로 표현하는 소통과 공감의 매개체였다.

이배용 한국의 서원통합보존관리단 이사장님은 문화강국 대한민국의 위대성에 주목해야 함을 설파하셨으며, 특히 한글이라는 우리 글을 통해 드러난 여성들의 애절한 사연들을 소개한 바 있다. 이배용 이사장님이 보여주신 높은 통찰력을 따라가다 보면, 한글은 마음을 나누는 소통과 공감의 언어이고, 여성의 언어라는 점에 공감하지 않을 수 없다.

최초의 한글 요리서인 안동 장씨 정부인의 '음식디미방'에는 어린 나이에 시집와서 양반가의 큰 살림을 책임져야 했던 여성의 고단했던 삶의 기록이 한글로 고스란히 담겨 있다.

1718년 유명천의 부인 한산이씨가 60세에 쓴 고행록에는 열여덟살 어린 나이에 스물여섯살 많은 유명천과 결혼하여 유배 생활을 의연하게 이겨내며 가문을 지켜낸 조선 여인의 강인한 면모가 서술되어 있다.

16세기 학봉 김성일이 경상도 진주 임지로 내려가던 중에 아내인 안동 권씨에게 보낸 편지에는 "살아서 서로 다시 보면 끝이 날까마는 기약하지 못하겠네...."라며 아내에 대해 애틋함을 전하고 있다.

16세기 중반, 어머니 신천강씨가 딸 순천김씨에게 보낸 한글 편지에는 시집간 딸을 그리워하는 모정과 함께 남편의 축첩에 속상해하는 마음이 진솔하게 담겨 있다.

1586년 남편 이응태(31세)를 잃은 아내(원이 엄마)가 애끓는 슬픔을 한 장의 종이에 써서 남편의 관 속에 넣은 편지는 '조선판 사랑과 영혼'으로 우리에게 널리 알려져 있다.

"둘이 한자리에 누워서 늘 제가 당신에게 이르기를, 이 보소, 남도 우리 같이 서로 어여삐 여기고 사랑할까요 남도 우리 같을까요? 라고 하며 당신에게 속삭이곤 하였지요… 내 편지 보시고 내 꿈에 와서 자세히 일러주십시오. 꿈 속에서 이 편지를 보신 당신의 말을 자세히 듣고자 이렇게 써서 관 속에 넣습니다…"(이하 중략)

실제 편지 원본에는 눈물이 떨어져 얼룩진 흔적이 보이고 황망함에 몇 번이고 고쳐 쓴 흔적이 뚜렷해, 남편의 죽음이 얼마나 애통한지 눈물을 뚝

뚝 흘리며 썼을 모습이 선하다.

　한글 편지는 이렇게 남편과 아내, 어머니와 아들딸 사이에 오고간 가족을 이어주는 소통과 공감의 의사소통 매체였으며, 어떤 면에서는 한글은 남성과 여성의 의사소통을 원활하게 해주는 양성평등의 도구가 되어주었다.

　한글은 일상적인 안부와 사랑을 전하는 편지에서 나아가 음식, 의복, 제사의 기록에 이르기까지 생활의 영역으로 확대되었으며, 한글을 수단으로 그들의 뜻을 간곡하게 또는 주체적으로 표현할 수 있게 되었다.

　여성들의 진솔한 삶의 기록인 한글은 앞으로도 여성들의 주체적이고 다양한 삶의 기록들을 담아내는 소통과 공감의 언어로서 한류 3.0 시대를 선도하는 대표적인 브랜드가 될 것으로 확신한다.

훈민정음, 세계인이 사랑하는 문화도시 서울의 경쟁력

오세훈

제39대 서울특별시 시장
제38대, 제34대, 제33대 서울특별시 시장
제16대 국회의원
전) 고려대학교 기술경영전문대학원 석좌교수/특임교수
전) 법무법인 대륙아주 고문변호사

서울의 도시경쟁력은 어디에서 오는가. 세계인이 사랑하는 문화도시 서울의 경쟁력은 한글, 훈민정음으로부터 시작되었다고 해도 과언이 아니다. 언어는 생각을 담는다. 한글이 있으므로 우리의 뜻을 온전히 담아낼 수 있고, 그 덕분에 우리 문화 콘텐츠들은 세계의 여느 콘텐츠와 구분되는 독창성을 갖게 됐다.

2006년, 서울시장으로 취임한 이후 '서울다움'을 전 세계에 가장 잘 알릴 방법을 다각도로 고민했다. 서울시는 도시경관에 영향을 미치는 다양한 요소들에 더해 서울만의 정체성을 살릴 수 있는 디자인을 개발하고 활용하기 위해 노력했다.

그 일환으로 도시의 시각적인 말씨에 해당하는 한글 서체 개발 프로젝트를 추진한 바 있다. 서울의 큰 보물인 한강과 남산의 이름을 따서 만든 서울서체(서울 한강체, 서울 남산체)는 선비 정신의 강직함과 단아한 여백, 한옥 구조의 열림과 기와의 곡선미 등 전통의 아름다움을 현대적 감성으로 담아냈다. 그리고 서울을 찾는 관광객들의 눈이 가장 먼저 닿는 곳인 표지판과 도로의 안내판에 적히는 문자의 서체를 통일해서 세계인들이 서울의 인상을 더욱 또렷하게 인식할 수 있게 했다. 이렇듯 한글 창제 555년(2007) 만에 서울 고유의 글꼴을 갖게 됨으로써 한글에 대한 자부심을 높이고 세계적인 문화도시 서울의 정체성을 표현할 수 있게 됐다.

국어학자이자 독립운동가였던 주시경 선생님은 "말은 사람과 사람의 뜻을 통하는 것"이며, "말이 오르면 나라도 오르니 나라마다 그 말에 힘쓰지 아니할 수 없다"고 하셨다. 서울시는 한글 사랑을 시민들과 함께 나누기 위해 꾸준히 노력을 기울여 왔다. 2009년 광화문광장 최초 조성 당시에 세종대왕 동상을 세우고 훈민정음 창제 이야기를 담은 '세종이야기' 전시관을 만들어 시민들이 훈민정음을 체험할 수 있도록 했다. 또한 올해 광화문광장을 재개장하면서 한글의 창제원리를 담아낸 분수 등을 만들어 한글을 몸소 체험할 수 있는 시민 여가 공간으로 구성했다.

이제는 한글 가사로 된 노래가 빌보드 차트 1위를 차지하고, 한국 영화와 드라마가 세계적인 시상식에서 상을 휩쓰는 시대가 됐다. 세계 곳곳에서 한국어능력시험 TOPIK을 치르는 지원자 수가 매년 20만~30만 명에 이른다고 하니 그 변화가 놀라울 따름이다. 얼마 전에는 프랑스, 호주, 일본, 베트남 등에 이어 홍콩에서도 한국어를 대학 입학시험 과목으로 채택하고 최초로 한국어능력시험을 대입 시험에 활용한다고 발표하며 한국어와 한글에 대한 세계의 주목도를 또 한 번 입증했다.

한글의 힘을 나라 밖에서도 경험한 적이 있다. 2014년 한국국제협력단 중장기 자문단의 일원으로 아프리카 르완다에서 머물렀을 때 수도 키갈리에서 '제1회 한국어 말하기 경연대회'가 열렸다. 당시에도 한류열풍으로 동남아시아 지역에서는 한글, 한국어 공부 열풍이 있었지만, 저 멀리 아프리카에서 한글교육을 실시하고 한국어 말하기 경연대회까지 여는 것은 극히 이례적인 일이었다. 말도 글도 다른 지구 반대편에서 만난 청년들의 한글 사랑은 아직도 가슴 깊이 남아 있다.

한글을 비롯한 우리 문화콘텐츠에 대한 세계인의 사랑은 대한민국의 수도 서울을 명실공히 전 세계에서 가장 주목받는 도시로 만들었다. '서울'이라는 이름이 요즘처럼 세계 곳곳에서 불리고 사랑받은 적은 없었고, 코로나19 팬데믹 이후 가장 찾고 싶은 관광도시로 서울을 꼽는 외국인들이 많아졌다. 음악, 드라마, 영화, 패션, 미용, 예술, 식음료 등 분야를 막론하고 서울에서 탄생한 다채로운 문화콘텐츠들은 한류를 넘어 전 세계를 하나로 만드는 저력을 보여주고 있다. 지금 서울에 주어진 소중한 기회를 최대한 살려서 서울이 매력과 감성이 살아 있고 '전통·현재·미래'가 공존하는 '세계 5대 문화도시'로 도약할 수 있도록 최선을 다할 계획이다.

훈민정음의 정신은 '약자와의 동행'을 최우선 가치로 두고 있는 서울시의 시정 운영 철학과도 맞닿아 있다. 훈민정음에는 애민 정신이 담겨 있다. 조선시대, 사농공상으로 나뉘어 계층이동이 불가능하고, 글을 몰라 더 나은 삶을 꿈꾸기 어려웠던 백성들을 안타깝게 여긴 세종대왕이 백성을 위해 만든 글자로, 사용이 쉽고 편리하게 만들어 실용적이다. 중국과 구분해 우리 고유의 글자를 만들었다는 데에서 자주성을 담고 있으며, 천지인의 정신과 발음기관을 본떠 새 문자를 만듦으로써 창조성까지 담아냈다. 세종대왕은 훈민정음을 창제하고 반포하는 과정에서 백성들이 새 문자를 쉽게 익힐 수 있도록 창제원리를 설명하는 설명서를 따로 두고, 더 빠른 한글 사용 정착을 위해 공문서를 한글로 작성하게 하는 등의 사후 노력도 아끼지 않았다.

서울시가 추진하는 모든 정책은 서울시민을 위해 만들어지고, 특히 어렵고 소외된 분들에게 더 많은 혜택이 돌아가도록 정책을 추진하고 있다. 앞으로도 서울시는 훈민정음의 애민·실용·자주·창조의 정신을 바탕으로 천만 서울시민이 행복한 도시 서울을 만들기 위해 전방위적인 노력을 아끼지 않을 것이다. 끊어진 '계층이동 사다리'를 복원해서 누구에게나 공평한 기회가 주어지는 도시, 공정한 경쟁이 이뤄지고 약자와 동행하는 매력적인 도시, 미래가 더 기대되는 희망찬 도시 서울을 만들어가겠다.

'훈민정음'에서 다시 만나고 싶은 문자

임태희

제18대 경기도교육청 교육감
제20대 대통령직인수위원회 특별고문
제7대 한경대학교 총장
전) 대통령실 실장
전) 고용노동부 장관

안녕하세요, 경기도 교육감 임태희입니다.

오늘 훈민정음을 주제로 여러분들과 함께 우리 문자의 소중함을 생각해 볼 수 있는 기회를 얻게 되어 기쁘게 생각합니다.

'백성을 가르치는 바른 소리'

경기 미래 교육을 추진하고 있는 교육감으로서 오늘날 '훈민정음'의 의미가 더욱 새롭게 다가옵니다.

여러분도 아시다시피 훈민정음訓民正音은 세종대왕 25년(1443년)에 완성해서 3년 동안의 시험 기간을 거쳐 세종 28년(1446년)에 세상에 반포한 문자입니다.

'ㄱ, ㄴ, ㅁ, ㅅ, ㅇ'의 다섯 기본자를 토대로 가획과 이체자를 사용해 17 자음 체계를 이루었고, 'ㆍ, ㅡ, ㅣ'의 조합으로 11 모음 체계를 구현하여 하늘·땅·사람을 뜻하는 높은 철학까지 담아냈으니 참으로 놀라운 문자 체계라 할 것입니다.

이렇게 총 스물여덟 글자로 당시 모든 소리를 표기할 수 있었다는 것은 언어학적으로 참으로 위대한 업적이며, 전 세계의 역사를 모두 찾아봐도 유례가 없는 일로 자랑스럽게 생각합니다.

그런데 훈민정음을 창제하던 당시 총 28자에서 오늘날에는 24자로 여린히읗(ㆆ), 반잇소리(ㅿ), 옛이응(ㆁ), 아래 아(ㆍ) 네 자가 소멸하였지요. 소실 문자 외에도 훈민정음 창제 당시에는 특정한 조건에서 사용하는 순경음(ㅱ,ㅸ,ㆄ 등)과, 초성에 여러 자음군이 들어간 표기(ㅲ, ㅳ 등)도 있어서 다양한 음운을 표현하는 것이 가능했습니다만 오늘날에는 그 자취를 찾아볼 수 없습니다.

저는 훈민정음 글모음 출판을 맞아 글을 쓰면서 미래 시대, 국제화 시대에 맞게 외국어를 자유롭게 가능한 한글 표기 방법이 도입되면 어떨까 생각해 보았습니다.

예전에 한글날을 맞아 참석했던 한 행사에서 이름만 들어도 알 만한 유명 가수를 만난 적이 있었습니다. 그때 그분께서 저에게 훈민정음 창제 시기보다 지금의 한글이 후퇴한 것 같다고 말씀하신 것을 듣고 한동안 깊은 생각을 했던 기억이 있습니다.

예를 들어 오늘날 'San Francisco'를 한글로 표기하면 현재의 외래어 표기법에 따라 '샌프란시스코'로 써야 합니다. 그러나 실제 원어민에게 영어로 이 지명을 발음해보면 표기와는 다소 다르다는 것을 발견하게 됩니다. 'Fighting'도 '파이팅'으로 표기하지만, 실제 발음은 '화이팅'하고 더 가깝게 느껴지기도 합니다. 이렇게 현재 외래어를 현재의 한글 체계로 표현할 때는 [f] 발음을 올바르게 구현하기가 참 어렵습니다. 이러한 점은 알파벳 'V'나 'Z', 'Th' 등의 발음 표기에서도 마찬가지로 나타납니다. 우리의 문자로 우리말뿐 아니라 세계 어느 나라의 언어도 세밀하게 표기할 수 있으면 좋겠는데, 현재의 체계로는 그러기에 아쉬움이 있는 것이 사실입니다.

훈민정음 창제 당시에는 '하다(多)/ ᄒᆞ다(爲)', '쓰다(書)/ 쓰다(用)'처럼 우리말의 미묘한 차이도 구분해서 사용했고, 더 나아가 중국의 한자를 원음에 맞게 표기하기 위해 동국정운식 표기 등의 방법도 있었던 것으로 압니다. 하지만 이후로 미묘한 소리의 차이를 섬세하게 표기할 수 있는 글자들이 하나씩 소실되면서 우리말뿐 아니라 외국어 원어에 가까운 말을 제대로 표현하지 못하게 된 것은 안타까운 일이라고 생각합니다.

물론 발음의 편의성을 따르는 언어의 습관이라는 것도 존재하고, 우리의 문자가 외국어를 표기하는 데 필요한 것이냐, 외국어를 구태여 원어대로 표기하는 것이 맞는 것이냐는 의견도 있을 수 있습니다. 물론 그분들의 입장도 충분히 공감합니다.

그러나 저는 앞으로 국제와 사회, 미래 시대를 살아가야 할 학생들이 국제화 시대에 걸맞도록 우리의 소중한 문자로 우리말뿐만 아니라 외국의 다양한 말도 자세한 표현이 가능하면 좋겠다고 생각합니다.

금번에 훈민정음의 소중함을 돌아볼 수 있는 계기를 마련하면서 '훈민정음' 창제 때처럼 오늘날 우리 한글이 세계화 시대에 맞는 언어를 섬세하게 표기할 수 있도록 개선해 보는 것은 어떨지 그 인식 전환의 계기가 마련되었으면 합니다. 그래서 세계 어느 나라의 언어도 우리 한글로 원음대로 표기할 수 있는 방법을 찾을 수 있도록 적극적으로 검토할 필요가 있다고 생각합니다.

적어도 훈민정음 창제 당시에 사용했으나 지금은 사라진 네 자(ㆆ,ㅿ,ㆁ,·) 만이라도 꼭 필요한 곳에 다시 사용할 수 있다면 세종대왕님께서도 기뻐하시지 않을까요.

음성학적으로 우수한 글자인데 지금의 표기로는 그 한계가 있다라는 생각에 대해 한 번 더 생각해 보는 계기가 되었으면 좋겠습니다.

제576돌 한글날을 맞아 오늘날 사라진 훈민정음의 소중한 네 자가 다시 그리워집니다.

훈민정음의 가치,
청주에서 빛을 발하다

김병국

청주시의회 의장
충북희망포럼 공동대표
전) 충북택시 대표이사
전) 충북택시운송사업조합 이사장
전) 청원군의회 의원(3선)

1. 훈민정음, 정보의 공유와 지식의 확산

세종대왕이 훈민정음을 창제할 당시, 최고의 집현전 학사였던 부제학
(집현전 책임자) 최만리 등은 훈민정음 창제를 적극 반대했다. "오직 몽골,
여진, 일본 등 오랑캐들만이 제 글자를 갖고 있는데, 우리나라가 언문諺文
을 만들어 중국을 버리고 오랑캐와 같아진다면 소합蘇合(인도의 향료)을 버
리고 쇠똥구리 환약을 취하는 것"이라는 것이다.

중국과의 우호 관계와 유교적 가치의 정통성을 논리로 내세운 것이지만,
그 이면에는 문자를 통한 지식의 확산과 정보의 공유를 두려워하는 기득
권층의 불편함도 있었을 것이다. 당시 조선 사회에서 한문과 유교적 지식
은 절대적 정보이자 권력이었고, 훈민정음의 창제는 대중과의 정보공유를
내딛기 시작하는 첫걸음을 의미했기 때문이다.

세종의 훈민정음 창제의 목적은 분명했다. 사대주의 유교 문화권에서 벗어나 우리만의 음성을 표기할 수 있는 문자로 우리 민족의 얼과 정신을 담아내고 민족의 주체성과 자주성을 지키고자 했다. 아울러 소수에게만 집중된 지식정보의 지형도를 바꾸고 일반 백성과의 소통을 통해 더 살기 좋은 조선을 이루고자 했다. 문자와 지식을 권력으로 독점했던 시대, 세종대왕이 훈민정음 창제의 판도라 상자를 열면서 정보는 공유되고 확산하며 오늘의 민주주의 사회의 첫걸음이 시작된 것이다. 그리고, 그 태동의 중심엔 청주가 있었다.

2. 초정리에서 세종을 만나다.

청주시 청원구 내수읍 초정리는 세계 3대 광천수로 알려진 초정약수와 세종대왕의 행궁 치료 이야기로 가득하다. 문자와 지식을 권력으로 독점했던 조선 시대, 모든 신하의 반대를 무릅쓰고 훈민정음을 창제하고자 했던 세종은 훈민정음 반포(1446년)를 2년 앞두고 방대한 독서 탓에 눈병에 시달렸다.

『세종실록』 등에는 그가 눈이 아파 책을 읽기도 어렵고, 한 걸음 앞에 있는 사람도 구분하기 어렵다는 대목이 여럿 나온다. 결국, 세종은 신하들의 제안으로 1444년 청주 청원구 내수읍 초정리에 행궁을 차리고 121일 동안 머물며 약수로 눈병을 치료했는데*, 이곳 초정에서 세종이 훈민정음 창제의 과업을 마무리했을 것이라는 설이 설득력 있게 다가온다. 일각에서는 '용비어천가'에 나오는 '샘이 깊은 물은 가뭄에 아니 그치고'의 샘이 초정리의 약수(우물)인 것으로도 해석하고 있다.

---

* 중앙일보 2020.6.4. 최종권 기자

세종은 초정에서 훈민정음 창제 과업을 마무리하고 주민들에게 양로연을 베풀고, 청주향교에는 책을 하사하였으며 봄 가뭄이 심해지자 백성들을 구휼했다. 아울러 우리나라 최초의 국민투표를 통해 조세법을 개정하기로 하고 인근 청안현(지금의 증평군과 괴산군 청안면)에서 시범으로 시행하기도 했다. 초정리는 백성을 사랑한 세종의 꿈이 깃든 곳이었고, 청주시는 세종의 애민정신과 훈민정음이 지향한 정보기록문화 가치를 바탕으로 세상을 변화시키고 미래를 만들어가는 정보기록문화 도시로 성장하고 있다.

3. 정보기록문화의 가치, 청주에 깃들다.

1991년, 청주시의회는 청주의 정보기록문화 정체성과 역사성을 이어 담은 '청주시 행정정보공개조례'를 발의하며 시민의 알 권리 신장을 통한 민주주의를 대한민국에 제시했다. 이 조례는 국민이 요구하는 시정에 관한 행정정보의 공개에 필요한 사항을 정하고 있는 전국 최초의 법령으로서 행정편의주의로 이뤄져 오던 행정환경을 개선하고 더 나은 행정서비스를 추구하고자 하는 청주시의회의 변혁 신호탄이라 할 수 있다.

긴 군사정권의 잔재가 남아있던 당시만 해도 행정정보는 특권층만 가지고 있었고, 이는 다시 큰 권력이었다. 상위법이 없다는 명분 아래 재의결을 요구하는 중앙부처와의 갈등과 압력, 주위의 반대와 우려 속에서 대법원 제소에 이르는 초유의 사태도 일어났다. 위기를 돌파하며 제정된 '행정정보공개'의 물결은 타 지방자치단체의 정보공개조례 제정 확산뿐만 아니라 1996년 '공공기관의 정보공개에 관한 법률', 즉 '정보공개법'의 초석이 되었다. 주민의 정보 접근권과 알 권리 보장이라는 행정서비스의 가치를 일궈

낸 청주시의회의 조례 제정은 세종이 기득권에 맞서가며 정보 확산과 소통을 위해 훈민정음을 창제한 애민 정신과 그 결을 함께 하고 있다.

4. 훈민정음과 함께 청주를 꿈꾸다.

청주시 청원구 내수읍 초정리에는 지금 새로운 물결이 넘실거리고 있다. 화재로 소실되었던 세종의 행궁을 재현한 초정 행궁에는 세종과 초정약수, 훈민정음을 기억하는 관광객들을 대상으로 문화행사와 다양한 체험 등이 끊이지 않는다. 행궁 옆에 조성 중인 치유 마을에는 세종의 치료 이야기를 담아낸 광천수 활용 치유시설과 명상 힐링센터 등의 치료 힐링센터가 들어서게 된다. 그리고, 초정 일대에 걸쳐 세종대왕의 훈민정음 창제를 기념하고 세종 정신을 함양하기 위한 세계문자 공원 조성 및 훈민정음 탑 건립이 적극적으로 추진되고 있다.

초정리에 깃든 세종과 훈민정음의 꿈, 애민 정신을 계승한 전국 최초의 행정정보공개조례 제정, 세계문자 공원과 훈민정음 탑 건립으로 이어질 '세계 정보기록문화의 중심, 청주'의 내일을 꿈꿔본다.

3억 7천만 원

최교진

제4대 세종특별자치시 교육감
제8대 전국시도교육감협의회 회장
제3대 세종특별자치시 교육감
제2대 세종특별자치시 교육감
노무현재단 대전세종충남지역위원회 공동대표

"너는 글 잘 모르니까 내가 알아서 할게!" 고마운 친구와 화장품 가게를 시작했다. 명의도 내 이름, 카드도 내 이름으로 해 준 친구가 정말 고마웠다. 어느 날 친구는 은행 대출을 해서 도망갔고 나는 3억 7천 만원의 날벼락을 맞았다. 아들 방까지 빼서 빚을 갚으며 '글만 알았어도… 글만 알았어도…' 가슴을 쳤다. 나는 기를 쓰고 공부를 시작했다. 이제는 은행도 혼자 가고 싸인도 한다. 사기당한 돈 3억 7천만 원이 글 배우게 된 값이다.

몇 해 전 '전국 성인문해교육 시화전'에 나온 김길순 할머니의 글이다. 글을 몰라 당한 억울함이 절절히 다가온다. 지금이 어느 때인데 글을 몰라 이런 일을 당하는 사람이 있겠나 싶다. 그러나 2021년 교육부 통계에 의하면 우리나라 18세 이상 인구 중 비 문해율이 약 4.5%라고 한다. 글을 모르는 사람의 대다수가 노년층이다. 70대의 비 문해율은 13.7%이며 80세 이상은 49.3%나 된단다. 한글이 세상에서 가장 배우기 쉬운 글자라는데 아직도 글을 모르는 사람이 있다니 믿고 싶지 않은 통계다.

많은 할머니, 할아버지들이 한 맺힌 사연을 안고 있다. 가난해서 못 배우고, 여자라서 못 배우고, 전쟁 때문에 못 배우고, 하루하루 먹고 살기 바빠 못 배웠다. 못 배운 탓에 멸시와 차별을 받아도 그러려니 했다. 많이 배운 잘난 사람들이 판검사가 되고 위정자가 되어 옳지 못하게 권력을 휘둘러도 아무 말 못했다. 학벌이 지위를 결정하는 세상에서 가장 밑바닥 삶을 운명으로 여길 수밖에 없었다. 못 배웠다는 이유로 인간의 권리를 빼앗기고 살았다. 3억 7천만 원 정도가 아니라 인간다운 삶을 송두리째 빼앗긴 것이다.

자식들에게는 못 배운 설움을 물려주지 않으려고 모질게 공부를 시켰다. 그 교육열 덕분에 노년층을 제외하고 우리나라의 비 문해율은 세계에서 가장 낮다. 그런데 문제는 실질적 문해력이 걱정스러운 수준이라는 것이다. OECD 국제성인문해조사(IALS)에서는 문해력을 "일상적인 활동이나 가정, 일터, 지역사회에서 문서로 만들어진 정보를 이해하고 활용할 수 있는 능력"이라고 정의하는데 우리나라 성인들의 실질적인 문해력이 매우 낮아서 일상생활에 필요한 문해력을 갖추지 못한 사람이 20%나 된다는 것이다. 글자를 알아도 그 뜻을 제대로 이해하지 못한다면 글자를 모르는 것과 다를 바가 없다.

도대체 왜 한글이라는 우수한 문자를 가진 나라가 이렇게 부끄러운 상황에 놓여 있는 것일까? 어떤 이는 학교에서 잘못 가르쳐서 그렇다고 하고, 어떤 이는 우리나라 사람들이 책을 안 읽어서 그렇다고 한다. 말할 필요도 없이 학교에서 모든 배움의 바탕이 되는 문해력을 책임지고 길러 주어야 한다. 책 읽는 문화를 넓히는 일도 필요하다. 그런데 우리가 놓치지 말아야 할 것이 있다. 바로 우리 글과 말을 누구나 알 수 있도록 쉽게 쓰는 일이다.

　김수업 선생님은 이오덕 선생님과 함께 우리 말과 글을 살리기 위해 애쓰신 분이다. 선생님이 이탈리아 여행 중에 경험한 이야기는 우리의 말글살이를 돌아보게 한다. 선생님이 이탈리아에서 병원 신세를 질 일이 있었다고 한다. 같은 병실에 있던 환자 중에 고등학생이 있었는데 회진 온 의사와 병상일지를 바탕으로 논쟁을 하더라는 것이다. 그런 일이 가능한 까닭은 병상일지를 고등학생도 알 수 있는 쉬운 말로 쓰기 때문이다. 병상일지를 보고 자신에 대한 치료 방법과 처방한 약에 대해 의견을 말할 수 있는 것이다.

　우리나라에서는 상상도 하기 어려운 이야기다. 병원뿐 아니라 법률, 학문, 정책 등 자기들만 알아듣는 어려운 말을 쓰는 것을 전문성으로 여긴다. 그 분야의 전문가만 알 수 있는 말도 있겠지만 쉽게 써도 되는 말도 어렵게 쓴다. 그 밑바탕에 깔린 생각은 훈민정음 반포를 반대했던 학자들이 가진 차별주의, 사대주의와 크게 다르지 않다. 이런 말글살이를 바꾸는 것만으로도 사람들의 삶을 바꿀 수 있다.

　세종대왕께서 '이르고자 하는 바가 있어도 전하지 못하는 백성들을 가엾게 여겨' 훈민정음을 만드신 지 580년이 다 되어 간다. 그런데 아직도 우리 글을 제대로 이해하지 못하는 사람이 많다. 세종대왕께서 훈민정음을 창제하신 뜻을 잇는 길은 모든 국민이 우리 글을 제대로 알도록 교육받을 권리를 보장하는 일과 함께 삶과 관련이 있는 말과 글을 누구나 알기 쉽도록 바꾸는 일이다. 글을 몰라 3억 7천만 원을 사기당하는 일이나, 글을 이해하지 못해 인간다운 삶을 빼앗기는 일은 일어나지 말아야 한다.

훈민정음은 인간다운 삶과 휴머니즘의 진일보에 기여하였다

이상식

법무법인 LKB 고문
전) 국무총리비서실 민정실장
제26대 부산지방경찰청 청장
제25대 대구지방경찰청 청장
전) 대통령실 민정1비서관실

1517년 10월 31일 독일 비텐베르크 대학교수 루터는 로마 교황 레오 10세가 성 베드로 성당의 수리비를 마련하기 위해 면죄부를 팔자, 이에 항의하여 비텐베르크 성당 정문에 95 개조의 반박문을 붙임으로써 종교개혁의 불을 지폈다.

이보다 역사적으로 더 중요한 사실은 그가 교황과 황제의 박해를 피해 바르트부르크에 피신해 있던 시기에 라틴어로 된 성경을 독일어로 번역했다는 것이다. 성서의 독일어 번역은 구텐베르크가 발명한 인쇄기를 이용한 성서의 대량 인쇄로 이어져, 성직자가 아닌 평범한 시민들도 쉽게 성경을 읽을 수 있게 함으로써 종교개혁이 성공할 수 있는 토대를 마련했다. 그리고 종교개혁은 종교의 자유와 개인의 각성을 가져와 중세를 끝내고 근대의 문을 열었다.

언어란 이만큼 중요한 것이다. 언어는 인간의 사상과 감정에 결정적인 영향을 끼친다. 그러면 이보다 약 80년 전 이루어진, 세상에서 가장 훌륭한 문자 체계라고 자타가 공인하는 훈민정음은 우리에게 어떤 의미가 있는 것일까?

한마디로 훈민정음은 사람들에게 하여금 감정과 생각을 이전보다 훨씬 더 자유롭게 표현·소통하고 공유할 수 있도록 함으로써 그 이전보다 더 인간다운 삶을 가져왔다고 말할 수 있을 것이다. 감정과 생각을 표현하고 전달하는 것은 인간다운 삶에 있어서 필요불가결한 것이고 또 지금은 공기와 물의 존재처럼 당연한 것으로 여겨지지만 훈민정음 이전 시대에는 지금처럼 쉽지 않았다.

한자를 배우지 못한 평민들은 가족이나 마을 사람들 외에 공간적으로 떨어져 있는 사람들에게 감정과 생각을 전달하는 것이 불가능했다. 이들에게는 서한이 유일한 소통의 수단이었지만 한문으로 편지를 쓸 수 있는 평민들이 몇이나 되었겠나. 사랑하는 정인이나 떨어져 있는 가족들이 겪어야 했던 답답함과 괴로움은 현대를 사는 우리는 가늠할 수 없을 것이다. 정도의 차이는 있어도 한자를 아는 양반이나 사대부들도 답답하고 불편하기는 마찬가지였을 것이다. 우리 문자가 아닌 한자로 어떻게 감정과 생각을 섬세하고 풍부하게 전달 할 수 있을 것인가.

그러나 훈민정음이 창제·반포되고 통용되자 모든 것이 가능해졌다. 평민들은 자유롭게 의사소통을 할 수 있게 되었고 사대부와 양반들도 한문으로는 도저히 표현할 수 없었던 미세한 개인의 감정과 생각들을 있는 그대로 표현하고 전달할 수 있게 된 것이다.

훈민정음 반포 후 몇 년이 지나지 않은 1453년(단종 1년)에 궁녀가 언문 연애편지를 주고받다가 적발되어 혼이 났다는 기록이 있다. 궁녀가 한문으로 연애편지를 보낼 수 있었을까 싶다. 그리고 한문으로 된 연애편지가 얼마나 와 닿을지도 모를 일이다.

최근 안동에서 발견된 '원이 엄마'의 편지(1586년), 사대부의 부인이 상중에 언문 소설을 읽다가 집안 어른에게 꾸지람을 당했다는 기록 등을 보면 양반이나 사대부 부녀자들 사이에서도 언문이 광범위하게 쓰이기 시작했음을 알려주고 있다. 그 이유는 한문보다는 언문이 훨씬 감성과 생각을 표현하기가 쉬웠을 것이기 때문으로 짐작할 수 있다.

아래 사설시조들을 보면 사랑하는 사람들을 향한 옛사람들의 감성이 그대로 현대를 사는 우리에게 생생하게 전달되는 것을 느낄 수 있을 것이다.

창밖이 어른어른커늘 님만 여겨 펄떡 뛰어 뚝 나서보니
임은 아니 오고 으스름 달빛에 열 구름 나를 속였구나
마초아 밤일세망정 행여 낮이런들 남 우일 뻔하여라

모시를 이리저리 삼아 두루 삼아 감삼다가
가다가 한가운데 뚝 끊어지었거늘 호치단순으로 흠빨며 감빨아
섬섬옥수로 두 끝 마주 잡아 비부쳐 이으리라 저 모시를
우리도 사랑 끊어져 갈 제 모시같이 이으리라

한문으로는 아무리 명문이라 한들 위 시조들처럼 생동감 있게 사랑하

는 마음을 온전하게 표현할 수 있을 것 같지 않다. 훈민정음이 있었기에 가능한 일이었다.

조선 후기에 들어서면서 언문 소설이 큰 인기를 끌게 되었다. 이들 언문 소설의 주제는 권선징악 같은 전통 유교 윤리에 부합되는 것도 있었지만 남녀상열지사 같은 은밀한 개인적 욕망과 그 해소를 다룬 것들이 더 유행했다고 한다. 또 언문 소설을 빌려주는 오늘날의 서점과 같은 세책방도 성황을 이루었다고 하니 이제 한글이 한문보다 일상생활에서 더 사용되는 형편에 이른 것이다.

언문 소설과 사설시조 등의 유행은 당시 유교 전통 윤리에 속박된 개인이 부분적으로나마 해방되는 중요한 계기가 되었으며 나아가서 개인으로서의 주체를 자각하는 계기가 되었다고 볼 수 있다. 그리고 이러한 개인의 발견과 자각은 인간성의 고양을 핵심으로 하는 휴머니즘의 확산을 가져왔다. 이러한 점은 서구에서 개인의 발견과 자각을 주된 내용으로 하는 르네상스가 결국 종교개혁과 근세로의 이행을 촉진한 것과 맥을 같이 한다고 볼 수 있다. 결론적으로 훈민정음은 개인의 감정과 사상의 소통과 공유를 가능케 함으로써 더 인간다운 삶을 가져왔고 결과적으로 휴머니즘의 확산에 기여하였다.

초정 행궁과 충북교육

윤건영

제18대 충청북도 교육감
제18대 청주교육대학교 총장
한국윤리학회 충북지회 지회장
전) 한국윤리학회 부회장
전) 충북개발연구원 충북학연구소 편집위원

충청북도에는 도민들에게는 친숙하지만, 외지인들은 잘 모르는, 그 위치와 명성은 알아도 역사적 사실과 의미는 잘 모르는 그런 곳들이 여럿 있습니다. 그중에서도 가장 평가가 절하된 곳으로 청주 내수의 초정을 꼽을 수 있습니다. 세계광천학회가 꼽은 세계 3대 광천수의 하나이자 세종대왕께서 눈병을 치료하기 위해 방문했을 정도로 뛰어난 광천수로만 알려져 있습니다. 실제 한동안은 이러한 광천수의 효력과 명성에 힘입어 많은 사람이 찾는 관광지로 자리매김을 한 적도 있었습니다.

그러나 이런 이면에는 우리가 간과했던, 아니 제대로 알지 못해 그에 걸맞은 대접을 하지 못했던 점이 있습니다. 바로 우리 대한민국 문화의 최정점이자 가장 큰 자랑거리인 훈민정음이 창제된 곳이라는 것입니다.

지금 우리가 사용하고 있는 한글의 모태이자 원천源泉이 훈민정음이라는 점은 모두 알고 계실 것입니다. 그러나 그 훈민정음이 어떻게 한글이란 이름으로 우리에게 정착되었는지, 훈민정음의 정확한 창제 과정은 어떠했는지, 초정 행궁이 이 과정에서 어떤 위치에 있었는지 등에 대해서는 모르는 이들이 훨씬 더 많은 게 현실입니다.

이 중에서도 우리의 역사가 제대로 조명하지 못한 부분이 바로 초정 행궁입니다. 당시의 관련 기록과 주변 여건을 보면 세종대왕께서는 눈병 치료를 내세워 초정 행궁으로 거처를 옮기는 방법으로 반대하는 사대부들 감시의 눈을 피해 훈민정음을 완성한 것이 분명해 보입니다. 역사적 고증이 충분하지 못하다는 이유만으로 초정 행궁의 역할과 가치를 낮춰서는 안 될 일입니다. 그러기에는 한글, 즉 훈민정음이 우리 문화에서 차지하는 비중이 너무 지대하기 때문입니다. 더구나 지금까지 드러난 사실만 보아도 초정 행궁이 훈민정음의 탄생에 결정적인 역할을 했다는 점에 대해서는 의심할 여지가 없습니다.

훈민정음은 세계 문자 사상 가장 진보된 글자이고, 지구상의 문자 가운데 가장 과학적이고 체계적인 표기 체계, 가장 독창적인 창조물이란 평가를 받는 대한민국의 자랑이자 우리가 길이 아끼고 번창시켜나가야 할 유산입니다.

그래서 한 세계적인 언어학자는 훈민정음을 두고 "대한민국의 국민은 문자학적 사치를 누리고 있다"는 표현으로 극찬하는 한편 문자를 통한 탁월한 우리의 문화적 기반을 부러워하기도 했습니다.

전 세계 문자 중에서 유일하게 모든 언어를 표현할 수 있는 위대한 문자, 훈민정음의 창제국이자 보유국인 대한민국은 이 같은 훈민정음의 위대함을 전 세계에 분명하게 널리 알릴 필요가 있습니다.

그런데도 정작 이 같은 호사를 누리고 있는 우리 자신들은 훈민정음 창제의 업적과 훈민정음의 역사와 가치를 제대로 돌아보고 살펴보는 일에 소홀했습니다. 훈민정음이 창제된 지 600여 년이 다 되어가지만, 세종대왕의 창제 정신인 애민愛民에 대한 우리의 생각을 정리한 책 한권이 없으니 소홀한 정도가 아니라 아예 외면했다고 보는 편이 맞을 것입니다. 그런 까닭에 우리는 지금이라도 우리 문화의 기반이자 세계가 부러워하는 역사적 자산인 한글에 대해 알고, 알리고, 발전시키는 일에 적극 나서야 할 것입니다. 한글에 앞서 훈민정음의 창제 과정과 그 원리 등에 대해 좀더 체계적이고 효율적으로 전파할 수 있는 공간과 시스템을 갖추는 일은 그 첫 번째 과제가 될 것입니다. 바로 그런 일을 하기에 가장 적합한 곳이 바로 청주 초정인 것이고 이제 충북인들이 그 일을 수행하는 데 앞장서야 할 것입니다.

이에 발맞춰 충청북도교육청에서는 훈민정음 창제와 관련된 초청의 역사적 가치와 의미를 살리고자 이곳에 있는 초정 행궁을 한글 세계화의 명소로 만드는 일에 힘을 보태고자 합니다. 큰 틀에서 먼저 한글 사랑을 위한 기본적인 활동으로 독서의 중요성을 강조하고 이를 충북교육에 특화하기 위한 여러 구상을 진행할 계획을 하고 있습니다.

위대한 문자인 훈민정음을 더 많은 세계인에게 알리는 일에는 세종대왕 훈민정음창제 학교 운영이 한몫을 할 수 있을 것입니다. 우리의 아이들을 비롯해 한글 교육을 보다 체계적으로 확대하고 이를 활성화할 수 있는 다양한 방법들을 찾아보고 실천하는 일들이 훈민정음의 탄생지 초정 행궁을 중심으로 이뤄지고 확산할 수 있도록 노력할 것입니다.

더 나아가서는 지역별로 출신 위인이나 명소를 기반으로 한 지역자원 연계 창의 예술 교육 사업과 연계해 전 세계를 휩쓸고 있는 한류 문화 기반의 발원지發源地로써 초정의 이름을 드높이는 활동으로 발전시켜 나가고자 합니다. 이를 제가 교육감으로서 추진하고자 하는 시군별 출신 위인이나 명소를 기반으로 한 지역자원 연계 창의예술 교육 사업과 연계한다면 우리 충북에 더 큰 보탬이 될 수 있다고 확신합니다.

이와 같은 충북교육의 활동과 역할이 더해진다면 훈민정음의 탄생지 초정의 가치는 더 높아질 것이며 초정 행궁 등의 관련 시설들도 더 많은 역할을 할 수 있게 될 것입니다. 여기에 더해 훈민정음기념사업회에서 구상하는 '훈민정음창제기념 탑' 건립 등 명소화 사업이 이뤄진다면 훈민정음의 우수성과 이를 창제하신 세종대왕의 애민 정신을 전 세계에 알리는데 크게 기여할 것입니다. 또한 훈민정음의 위상을 새롭게 정립하게 될 이런 일들 하나하나는 그 파장이 한글에 그치지 않고 대한민국 한류의 깊이와 그 가능성을 더 깊고 넓게 만드는 한편 초정은 물론 충북을 세계에 각인시킬 것이기에 그 시작에 앞서 벌써 훈민정음의 내일과 이를 활용한 충북교육의 내일을 향한 꿈을 부풀게 합니다.

훈민정음 의미와 한글 사랑

김동영

새용산신문 발행인
서울경기행정신문 발행인
이봉창의사 선양회 이사장
전) 올림픽문화센터 전무이사
전) 도고호텔 전무이사

'훈민정음訓民正音'에는 두 가지 뜻이 있다. 하나는 조선의 4대 왕인 세종이 1443년(세종 25) 음력 12월에 창제한 글자의 공식 이름으로 오늘날 흔히 한글이라 부르는 우리말 표기 체제이다. 세종대왕이 새로 만든 글자에 '훈민정음'이라는 이름을 붙인 뜻은 '월인석보月印釋譜'의 책머리에 실려 있는 「세종어제훈민정음世宗御製訓民正音」에 잘 드러나 있다. 이는 '백성을 가르치는 바른 소리'라는 의미이며, 28개의 낱자로 구성되어 있다.

다른 하나는 이 새로운 글자를 설명하기 위해 세종의 명으로 1446년(세종 28) 정인지 등 집현전 학사들이 집필한 한문 해설서 제목이다. 이 책은 해례解例가 붙어 있어 『훈민정음해례본解例本』이라고도 한다.

세종은 우리 글자 훈민정음을 만들고, 이 문자를 만들게 된 원리와 이론적 근거, 실제 운용 예 등에 대해 상세히 설명한 책 『훈민정음』을 만들도록 하였다. 세계 문자사에서 문자를 만들고 그 원리 등을 기록한 설명서가 함께 있는 경우는 『훈민정음』이 유일하다.

1446년 9월 『훈민정음』(일명 『훈민정음해례본』)을 펴냈다고 할 수 있다. 이 『훈민정음』 해례본은 현재 간송미술관에 보관되어 있는데, 국보 제70호인 동시에 1997년 유네스코 세계기록유산으로 등재되어 있다.

훈민정음인 한글도 '언문諺文', '반절反切', '암클' '가갸글' 등으로 불리며 천한 대접을 받기도 했다. 옛날 사람들은 사대주의에 빠져 중국의 글자인 한자만이 최고의 문자로 생각하였다. 말하는 것을 그대로 글로 옮겨 쓸 수 있는 편리함에도 불구하고 한글을 천시했었다. 현재는 '크고 바른 글'이라는 의미로 '한글'이라는 이름만 남았다. 한글의 '한'은 '하나' 또는 '큰'의 뜻이다.

한글날은 훈민정음 반포를 기념하고 한글의 연구와 보급을 장려하기 위한 날이다. 현재의 한글날인 10월 9일은, 『해례본』 정인지 서문의 날짜를 양력으로 환산하면 10월의 상한이니 대략 10월 9일쯤으로 잡자고 하여 정해진 날짜이다.

한글이라는 이름은 한힘샘(크고 맑은 샘의 뜻) 주시경이 만들었다. 훈민정음을 만드신 분은 세종대왕이고 거기에 '한글'이라는 이름을 붙인 이는 주시경이다.

세종실록에는 훈민정음 창제와 관련하여 2건의 기사가 실려 있을 뿐이다. 1443년(세종 25) 계해년 12월 기사와 1446년(세종 28) 병인년 9월 29일 기사가 그것이다. 여기에 하나를 더하자면 1940년 발견된 『훈민정음해례본』의 정인지 서문에 적힌 '1446년(세종28) (음력) 9월 상한上澣'이라는 날짜이다. 그러나 훈민정음을 정확히 언제 완성하고 반포하였는가와 관련해서는 실록을 비롯한 그 어디에서도 구체적인 언급이 없다. 현재 학계에서는 세종실록의 기사에 따라 훈민정음이라는 문자가 창제된 것은 1443년 계해년이고, 그 해설서인 『해례본』이 완성된 것을 1446년 병인년으로 보는 것에 큰 이견이 없는 것으로 보인다.

독립신문은 1896년 창간된 우리나라 최초의 민간 신문(일간지)이자 최초의 순 한글 신문이다. 국문판과 영문판으로 구성되었으며, 서재필은 사장 겸 주필이었고, 주시경은 부책임자로 국문판의 편집과 제작을 담당하였다. 최초의 근대적 신문은 1883년 한성순보로 한문으로 작성, 발행되었다.

지금까지 한글로 쓰인 한국 최초의 잡지로 알려져 왔던 것은 시인 최남선이 1908년 11월에 발간한 '소년'이다. 한국잡지협회는 이날을 '잡지의 날'로 지정해 기념해 오고 있다. 그러나 '소년'이 최근 '독습일어잡지'보다 발간 시기가 3년 7개월 남짓 늦다는 사실이 밝혀졌다. 1905년 4월에 창간호가 발간, 잡지라고 하는 이름을 가진 한글 발행본으로서 최초의 것"이라고 한다.

오늘날 한글은 과학적이고 독창적인 글자로 세계에서 인정받고 있다. 언어는 그 나라의 얼굴이라고 한다. 그런데 우리나라 안에서는 한글이 푸대접을 받는 것 같아 안타깝기도 하다. 영어로 된 간판이나 노래 등 넘쳐나는 것이 그렇다. 우리 젊은이들이 한글을 더욱 아끼고 자부심을 느끼길 바란다. 우리 한글을 잘 다듬어 익히고 전 세계에 통용된다면, 한글의 세계화로 우리 문화는 더 강성해지고 우리 국격도 욱일승천할 것으로 기대된다.

금속활자로 찍은
《훈민정음해례본》의 출현을 기대한다

김종춘

다보성고미술전시관 대표
전) (사) 한국차문화협회 부회장
(사) 한국고미술협회(18대~24대) 회장
경기대 경영대학원 총동창회 이사(前)
법무부 서울지방검찰청 범죄예방위원회 운영위원 역임

최근 한류 문화에 대해 세계인의 관심이 높아지는 가운데 훈민정음에
관한 관심도 함께 높아지는 것 같아서 다행이라고 생각합니다.

훈민정음은 세종대왕이 물려준 가장 소중한 민족 유산입니다. 우리는
이러한 소중한 유산을 매일 접하면서도 제대로 알지 못하고 있는 것 같습
니다.

올해 6월 29일 서울 종로구 인사동에서 훈민정음 창제 당시 표기가 반영
된 가장 이른 시기인 조선 전기에 제작된 훈민정음 금속활자 1600여 점이
발견되었듯이 우리 대한민국은 세계인이 인정하는 금속활자 강국입니다.

우리는 직지심체요절을 현재 금속활자로 인쇄된 책 중에서 세계에서

가장 오래된 책으로 알고 있습니다. 그것은 직지심체요절이 2001년 9월 4일 세계기록 유산으로 등재되었기 때문에 국민적 관심이 높아졌기 때문입니다.

그러나 직지심체요절을 찍은 금속활자보다 138년 이상 앞선 금속활자가 현존하고 있는데, 안타깝게도 국가의 무관심으로 아직 국가지정문화재로 지정을 받지 못하고 있습니다.

이 금속활자는 다름 아닌 「증도가자證道歌字」입니다. 즉, 남명천화상송증도가南明泉和尙頌證道歌를 찍어낼 때 사용한 금속활자를 말합니다. 남명천화상송증도가의 금속활자본은 현존하지 않으며 1239년(고종 26년)에 제작된 목판본을 삼성출판박물관이 소장하고 있는데 1984년 5월 30일 보물 제758호로 지정되었습니다. 바로 이 목판본에 기록되어 있기를 '금속활자본이 있었으나 전하지 않아 목판으로 복각했다'라고 적혀 있습니다.

이 금속활자 「증도가자」는 필자가 대표로 있는 〈다보성고미술〉에서 소장하고 있으며 2010년에 남권희 경북대학교 교수를 통해서 공개했습니다.

그리고 2011년 증도가자에 대해 국가지정문화재 지정 신청을 해서 문화재청 산하의 국립문화재연구소가 연구 용역을 통해 다보성고미술이 소장하고 있는 증도가자 101점과 함께 고인쇄박물관이 소장하고 있는 7점을 비롯한 국립중앙박물관이 소장하고 있는 1점 등 고려의 유물로 추정해왔던 금속활자 109점에 대한 검증을 시작했습니다. 그 결과 용역 연구팀은 109점의 활자들이 모두 고려 활자일 가능성이 크고, 그중에서 다보성고미

술이 소장하고 있는 증도가자가 직지심체요절보다 138년 이상 앞선 금속
활자로 볼 수 있다는 결론을 내렸습니다.

 이렇듯 우리 민족은 금속활자로 출판한 세계에서 가장 오래된 금속활
자본 직지심체요절뿐만 아니라 그보다 138년 이상 앞선 세계 최고_{最古}의
금속활자인 증도가자를 현재 소장하고 있는 금속활자 강국이지만 여러
가지 정치적인 이유 같지 않은 이유로 국가지정문화재 지정을 미루고 있는
안타까운 현실을 직시해야 합니다.

 이처럼 세계가 인정한 最古의 금속활자 강국에서 이상하게도 세종대왕
이 창제한 훈민정음의 원리를 기록해 놓은 『훈민정음해례본』이 목판본으
로 남아 있다는 것이 선뜻 이해하기 어렵다고 생각합니다. 분명히 왕의 창
작물인 훈민정음이라는 위대한 문자를 풀이한 서적은 금속활자로 출판하
였을 것임은 앞서 인용한 대로 훈민정음 금속활자 1600여 점으로 출판하
였으리라는 것은 활자에 대한 문외한 일지라도 미루어 짐작할 수 있을 것
입니다.

 세종대왕의 지혜와 숨결이 깃들어 있는 훈민정음을 사용하다 보면 가
끔 가슴이 벅차오를 때가 있습니다. 28자로 이루어진 자모음으로 세상의
어떠한 소리도 적을 수 있다는 것을 생각할 때면 신비함마저 느껴집니다.
이 소중하고 자랑스러운 민족의 영원한 문화유산의 원형을 찾아내어 잘
보존하고 가꾸어서 우리의 조상들이 그랬듯이 우리의 후손들에게 온전히
물려주어야 하는 것이 우리의 소명이 아닌가 생각합니다.

《훈민정음 해례본》
당신은 누구입니까?

박재성

사단법인 훈민정음기념사업회 이사장
훈민정음탑 건립조직위원회 상임조직위원장
훈민정음대학원대학교 설립추진위원
전) 서울한영대학교 교수
전) 중국 산동대학교 합작지도교수

《훈민정음해례본訓民正音解例本》이여 당신은 대체 누구이기에 당신을 태어나게 하신 분의 역사를 기록해 놓은 『세종실록』에 단, 한 줄도 당신에 대해서 언급되어 있지 않았을까요? 당신을 태어나게 하신 분 이후를 포함하여 『조선왕조실록』을 전부 뒤져봐도 당신의 이름은 어느 곳에서도 찾아볼 수 없을까요? 더욱이 훈민정음을 연구한 조선 시대 학자들마저도 어찌하여 당신의 이름을 직접 언급한 사람은 단, 한 사람도 없을까요?

더욱더 궁금한 것은 지금 우리가 국보 제70호라고 떠받들고 있는 당신은 표지에도 당신의 떳떳한 이름 《훈민정음해례본》이라고 밝히지 못하고 〈훈민정음〉이라고만 기록되어 있을까요?

아무리 생각해봐도 이해가 되지 않는 것이 한둘이 아닙니다. 첫 번째 궁금한 것은 성군이라고 칭송받는 당신의 주인이신 세종대왕께서 인류 역사 상 전무후무한 위대한 문자 훈민정음 창제원리와 사용법을 기록한《훈민 정음해례본》당신을 왜 목판본으로 간행하였을까요? 당시 국가사업으로 만든 책은 거의 모두 활자본으로 간행하였을 뿐만 아니라 세계에서 가장 오래된 금속 활자로 인쇄된 책이라고 유네스코 세계 기록 유산으로 등재 된《직지심체요절》을 발간한 문자 강국인데 말입니다.

또한, 올해 6월 29일 서울 종로구 인사동에서 훈민정음 창제 당시 표기 가 반영된 가장 이른 시기인 조선 전기에 제작된 훈민정음 금속 활자 1600 여 점이 발견됐는데도 어찌하여 당신을 누가 어떤 이유로 목판본으로 태 어나게 했을까요? 뒤에서 언급하겠습니다만, 세종 5년(1423)에 승문원承文 院에서 당신의 주인님께 "〈지정조격至正條格〉10부와〈이학지남吏學指南〉15부 와〈어제대고御製大誥〉15부를 인쇄하기를 청합니다."라고 계啓하였더니, 오 히려 "각각 50부씩 인쇄하라."라고 명하셨던 분이신데, 어찌하여 당신같이 가장 아끼는 분을 목판본으로 존재시킨 것도 이상하지만 목판본이든 금 속 활자본이든 인쇄하라고 명령했다는 기록조차 찾아볼 수 없을까요?

두 번째 궁금한 것은 당신은 언제 태어났을까요? 세종실록에는 세종 28 년 9월 29일 자 기록에 '이달에 훈민정음이 이루어졌다'라고 하였는데, 훈 민정음해례본의 끝부분에 기록된 정인지 서문 혹은 정인지 후서에는 어찌 하여 당신의 출생신고일을 '정통 11년 9월 상한上澣'이라고 두리뭉실하게 표현해 놓았을까요?

세 번째 궁금한 것은 위대한 문자의 해례를 기록해 놓은 당신을 애초에 많이 인쇄하지 않았던지 훈민정음을 창제한 1443년으로부터 497년 동안 이나 어디에 꼭꼭 숨어있다가 1940년에 와서야 나타났는가요? 아직도 당 신의 존재는 안동본과 상주본 단 둘뿐인데, 혹시 다른 곳에서 숨어지내지는 않는가요?

　그래서 저는 천학 비재를 무릅쓰고 이런 추측을 해 봅니다. 지금 국보 제70호이자 1997년 10월 유네스코 세계기록유산으로 등재된 당신의 진본이나 혹은 초기 복제품이 임진왜란과 정유재란 때 왜놈들에게 납치되어 일본의 어느 서고에서 갇혀있으면서 구원해달라고 외치고 있지는 않은지 애절한 생각에 잠을 이룰 수가 없습니다.

　왜냐하면, 우리에게는 1940년에야 발견된 당신의 존재가 당신만이 알 수 있는 "차청전탁 불청불탁次淸全濁 不淸不濁" 등의 내용을 인용하여 일본 학자 '히라다 아쓰다네平田篤胤'가 1819년에 지은 『신자일문전神字日文傳』에 표기된 것을 근거로 추정하고 있습니다. 그렇게 추정하는 합리적인 이유는 얼마 전에 국외에서 활동하고 있는 문화재재단이 국내에서는 전해지지 않는 15세기 금속 활자본 즉, 1423년(세종 5년) 제작된 '경자자庚子字'라는 금속 활자로 발행한 〈이학지남〉이라는 책을 일본 도쿄 와세다대학교 도서관에서 찾아냈다는 보도가 있었기 때문입니다.

　결론적으로 모두가 칭송해 마지않는 당신의 존재를 부정하려고 하는 것이 아닙니다. 오히려 정반대로 당신의 위대함을 자손만대에 정확하게 계승시켜주기 위해서 당신의 존재를 바르게 알려야겠다는 사명감으로 우리는 사단법인 훈민정음기념사업회를 설립하였으며, 문화재청과 국회 문화체육관광위원회에 이의 규명을 위한 학술토론회를 포함하여 일본 어느 곳엔가 지금까지 감금되어 있을 당신을 찾아 나설 수 있도록 관심을 가져달라고 요청하였지만 받아들여지지 않고 있다는 답답함을 알리고 싶기 때문입니다.

임금 세종과 인간 세종

박화연

사단법인 훈민정음기념사업회 이사
(사) 한국문자교육회 이사
(사) 한중문자문화교류협회 이사
훈민정음(주) 이사
전) 아이미래기획 대표

"소리 나는 대로 적을 수 있는 글자가 있어야 한다. 또 그것은 누구나 쉽게 익혀서 쓸 수 있는 글자이어야 한다."

이 문장부터 세종대왕이 백성을 이해하고 아껴주는 분이라는 것을 알 수 있었다. 이런 마음씨 덕분에 세종대왕이 훈민정음을 만들 수 있었지 않았을까?

사단법인 훈민정음기념사업회 이사로 활동하면서도 『소설로 만나는 세종실록 속 훈민정음』을 읽기 전에는 훈민정음이 어떤 노력으로 만들어졌는지 정확히 알고 있지 않았다. 『108인의 훈민정음 글모음』 원고 요청을 받고서 무엇을 써야 할지 무척 망설이다가 꺼내든 두껍지 않은 이 책을 읽으면서 훈민정음 창제 당시의 상황이 눈에 그려지듯 알 수 있었기 때문에 비로소 컴퓨터 앞에 앉을 수 있었다.

우리가 사용하는 한글을 있게 한 훈민정음 28자의 자음과 모음, 글자 하나하나에는 세종대왕의 정성이 마치 자식을 돌보는 부모님처럼, 자신의 모든 것을 쏟아서 작품을 만드는 예술가처럼 바로 눈앞에서 보는 것처럼 선명하게 보이기 시작했다.

하루도 쉬지 않고 글자를 어떻게 만들지 생각하고 또 생각하는 세종대왕의 모습과 책을 통해 만나게 된 인간 세종의 모습은 다른 느낌으로 다가왔다.

"개구리가 못에서 개굴개굴 우는데 처녀 아이가 돌을 던지니 퐁당 하는 소리가 울리고, 노을 진 하늘에서는 까마귀가 까옥까옥 울며 지나간다."

인제야 미국에서는 동물들의 울음소리를 '미야우', '오잉크', '바우와우'라고 적지만 우리나라는 동물들의 울음소리를 적을 때 귀에 들리는 대로 '야옹', '꿀꿀', '멍멍' 하고 적을 수 있다는 것을 알게 되었다. 바로 소리 나는 대로 글을 쓸 수 있도록 지혜롭게 만들었기 때문에 현재 우리는 세상에서 가장 위대한 문자를 쓰고 있다는 것을 깨달을 수가 있었다.

세종대왕이 고된 노력으로 만든 초성자는 소리가 나는 부분의 원리에 따라 어금닛소리, 혓소리, 입술소리, 잇소리, 목구멍소리 이렇게 다섯 가지 소리를 통해 만들었다. 관심이 있는 만큼 보인다는 말이 있는 것처럼 세종대왕도 소리에 관심을 가지다 보니 이런 글자가 나온 것이지 않았을까?

두 번째로 만든 중성자는 하늘, 땅, 사람을 생각해내어 만들었다. 이를 통해서 훈민정음의 모음은 쓰기 쉽도록 가장 간단한 점과 선으로 만들어졌다.

무엇인가 문제를 찾고 생각하기는 쉽지만, 그것을 실천하기란 무척 힘이 든다. 문제를 해결하기 위해서는 꾸준히 노력해야 하지만 너무 힘들어서 포기하게 되는 일이 많다. 하지만 세종대왕이 포기하지 않고 온갖 병마와 싸우면서 어리석은 백성들을 위해 훈민정음 28자를 완성하였지만, 최만리 등 사대 모화에 젖은 신하들은 새로운 문자의 창제를 반대한다.

세종대왕은 신하들에게 화를 내고 벌을 주기도 하지만 단순히 자신의 노력을 알아주지 않아서가 아니었다. 신하들이 글을 읽고 쓰지 못하는 백성의 어려움을 알지 못하는 것에 화가 난 것이다. 1446년 백성을 가르치는 바른 소리 〈훈민정음〉이 반포되고 직접 첫 문장을 쓴다.

"나라말이 중국과 달라 서로 통하지 아니하므로… 사람으로 하여금 밝게 익히어 날마다 쓰는 데 편하게 할 뿐이다."라고 쓴 세종대왕은 어떤 기분이었을까?

훈민정음의 위대함을
더욱 느낀 사연

선승주

주식회사 큐로솔 대표
사단법인 훈민정음기념사업회 이사
훈민정음 해설사
훈민정음(주) 이사
(사) 한국문자교육회 이사

2020년 11월 10일에 발행된 『세종어제훈민정음총록』 이 책은 사단법인 훈민정음기념사업회 박재성 이사장님이 출간한 책으로 『훈민정음해례본』의 영인본을 탑재하여 훈민정음을 더 친근하게 느끼게 해 주고 있다. 처음 이 책의 편집위원으로 참여해달라는 요청을 받고 책이 주는 무게감 때문에 많이 망설였지만, 인생을 살면서 이러한 기회는 두 번 다시 오지 않을 것이기에 부족한 능력이지만 최선을 다해서 자료를 모으고 분석하는 역할을 담당하며 편저자가 책을 집필하는 데 있어 자그마한 일조를 하게 되었다. 자료를 분석하고 모으는 역할을 하다 보니 자연스럽게 훈민정음에 대해서 깊이 알게 된 계기가 되었다.

우리가 모두 알다시피 세종대왕께서 훈민정음을 창제한 목적과 원리는 1940년에 발견된 『훈민정음해례본』에 상세히 설명되어 있다. 국내에서는

1962년에 국보 70호로, 해외에서는 1997년 유네스코 세계기록유산으로 지정된 『훈민정음해례본』은 크게 두 부분으로 나누어져 있는데 누가 기록 했는지 저자의 여부에 따라 세종대왕이 직접 지은 〈어제 서문〉, 〈어제 예의〉가 한 부분이며, 집현전 학자들이 새로운 문자의 제자 경위, 특성, 사용 방법 등을 설명하고 그 용례를 보여주고 있는 다섯 개의 '해解'〈제자해, 초성해, 중성해, 종성해, 합자해〉와 한 개의 '례例'〈용자례〉, 정인지가 쓴 '서(序)'〈정인지 서문〉이 다른 한 부분이다.

이를 조금 더 구체적으로 살펴보면 〈어제 서문〉은 훈민정음의 창제목적을 밝혔으며 〈어제 예의〉에서는 새 글자의 음가, 운영법을 설명하였다. 용례를 보여주고 있는 해례解例의 〈제자해〉는 훈민정음의 제자 원리와 방법, 새로 만든 글자의 특성 등을 설명하고 있으며 〈초성해〉는 초성이 무엇인지를 다시 설명하고 있으며 〈중성해〉는 중성이 무엇인지를 다시 설명하고 있으며 중성 글자의 합용법을 제시하였다. 〈종성해〉는 종성의 본질과 사성 등을 설명하고 있으며 〈합자해〉는 초성·중성·종성 글자가 합해져서 음절 단위로 표기되는 보기를 보이고, 중세국어의 성조에 대해서 설명하고 있다. 〈정인지 서문〉에서는 훈민정음의 창제이유, 창제자, 훈민정음의 우수성, 이 책의 편찬자, 편찬연월일을 분명히 밝히고 있다. 특히 〈제자해〉에서는 자모음 글자의 창제 원리를 '음양오행, 삼재'와 같은 성리학적 사상을 들어 설명하고 있으며, 중국의 말소리를 연구하는 학문인 성운학을 우리말의 소리에 접목하여 설명하고 있다. 이러한 이유로 성리학과 성운학에 대한 배경지식이 없는 일반인들이 『훈민정음해례본』의 내용을 이해하기는 매우 어려운 점이 있었으며 더군다나 한문으로 기술되어 있기에 한문학자의 시각에서 바라보고 표현하는 것은 매우 중요한 일이었다. 기존의 『훈민정음해례본』의 해석은 국어학자나. 문자학자의 시각에서 바라보고 해석이 된 것들이 많아서 번역의 한계가 있었던 것이 사실이다. 이에 한문학박사인 박재성 이사장의 탁월한 해석을 바탕으로 『훈민정음해례본』에 대해서 자세히 기술된 『세종어제훈민정음총록』을 통해 많은 사람이 훈민정음을 올바로 이해하고 세종대왕께서 만드신 훈민정음의 위대성을 다시 한번 느끼게 되길 염원하는 마음이다. 2022년을 살아가는 우리 모두 훈민정음의 원리를 이해해 보는 것을 제안해 본다. 처음에는 어려울 수 있으나 여러 차례 정독하면서 읽다 보면 그 뜻을 분명하게 알게 될 수 있을 것이다. 나아가 모든 분이 훈민정음에 담긴 철학과 과학적 원리를 깨달아 문자 훈민정음에 대한 합리적인 자부심을 가질 수 있게 되기를 바란다.

이 책 이후에 누구나 쉽게 훈민정음의 창제 과정과 내용을 알아볼 수 있도록 훈민정음기념사업회에서 출간된 『소설로 만나는 세종실록 속 훈민정음』 도서도 같이 읽으면 훈민정음이 얼마나 위대하고 훌륭한 문자인지 우리 민족이 얼마나 축복받은 민족인지 우리들에게 있어 세종대왕의 훈민정음을 통한 경천애인敬天愛人의 마음이 느껴질 것이다.

끝으로 훈민정음기념사업회에서는 훈민정음의 위대성을 전 세계에 알리는 목적사업의 하나로 진행하고 있는 「훈민정음 기념탑」이 훈민정음 자모음을 상징하는 28층에 훈민정음 언해본 서문의 글자 수를 의미하는 108M 높이로 건립되면 세계적인 랜드마크가 될 것이라고 확신하면서 대한민국 국민이라며 누구나 참여하여 역사적인 자리에 함께할 수 있기를 희망한다.

'엉겅퀴'라고 적을 수 있는 문자 훈민정음

심재석

임실생약 영농조합법인 대표이사
제35호 대한민국 최고농업기술명인(특작분야)
제192호 한국신지식농업인
농촌융복합산업인
사단법인 훈민정음기념사업회 이사

'엉겅퀴'는 국화과의 여러해살이풀인데 식물 전체에 하얀 털이 나 있으며, 보랏빛에 삽주 비슷하게 생긴 꽃으로 "독립심이 왕성한 사람 스스로에게 엄격하고 앞날을 정확하게 내다보는 사람"이라는 의미를 담고 있다.

보라색 꽃이 예쁘게 피는 풀이지만 가시가 엄청 많아 '가시나물'이라 불리고 피를 엉겨 지혈한다 하여 엉겅퀴라고 하는 이름은 순우리말로 '큰 가시'라는 뜻이 있다.

이 엉겅퀴를 꺾으면 하얀 즙이 나온다고 해서 유럽과 북미에서는 밀크시슬(Milk thistle)이라고 이름한다. 그런데 여기서 주목할 것은 thistle이라는 단어이다.

스코틀랜드의 국화國花를 thistle이라고 하는데, 바로 엉겅퀴라는 뜻이다. 이 thistle의 발음기호를 적어보면 [θɪsl]인데, 미국식 발음과 영국식 발음이 다르다는 것을 알 수 있다. 더욱이 이 꽃 이름 앞의 철자인 th의 발음은 this에서는 [ðɪs]이고, the에서는 [ðə;]나 혹은 [ði]로 발음되어 동일한 표기 th의 발음이 제각각임을 알 수 있다.

하지만 우리는 세종대왕 덕분에 전라도에서도 '엉겅퀴', 제주도에서도 '엉겅퀴', 평양에서도 '엉겅퀴'라고 적고 '엉겅퀴'라고 읽을 수 있는 행복을 누리고 있다.

『훈민정음해례본』에서 정인지가 서문에 표현한 것처럼, 바람 소리, 학의 울음소리, 닭의 홰치는 소리, 개 짖는 소리도 모두 전하께서 새롭게 만든 스물여덟 글자로써 적을 수 있다고 하였듯이 세계에서 가장 과학적이고 정확한 표음문자인 훈민정음을 가지고 있는 자랑스러운 민족이다.

그런데, 2022년 대한민국은 세종대왕이 만들어 주신 훈민정음을 자랑스러워하기보다는 파괴하지 못해 안달이 난 것처럼 보이는 것은 필자의 지나친 염려일지 모르겠다.

아파트의 이름은 '퍼스티지', '더포레스트', '에듀', '파크' 등 국적 불명의 이름이 난무하고, 거리의 간판은 더욱 가관이어서 고유의 한글 이름까지 영어로 고쳐 사용하는 상점들뿐만 아니라 카페의 간판은 물론 안내판까지 영어로만 적혀 있는 등 정체불명의 외래어 간판이나 외국어 간판이 점령하여 이곳이 한국인지 아니면 미국인지 헷갈릴 정도가 되어버린 것 같다.

임실의 한적한 시골 마을에서 엉겅퀴를 재배하면서 엉겅퀴의 약효를 연구하여 다양한 엉겅퀴 관련 건강식품을 개발 생산하고 있는 필자는 국민의 건강에 일익을 담당한다는 자부심을 갖고 생활하면서 다양한 단체의 요청에 따라 전국적으로 강연하러 다니다 보면 초청자와 차 한 잔을 나누거나 때로는 홀로 커피 한 잔 마시려고 해도 무슨 뜻인지 모르는 낯선 외국어 단어나 표현으로 소통에 애를 먹어 당황스러웠던 적이 여러 번 있었다.

옥외광고물 등의 관리와 옥외광고산업 진흥에 관한 법률 시행령에는 '광고물의 문자는 원칙적으로 한글맞춤법, 국어의 로마자표기법 및 외래어표기법 등에 맞춰 한글로 표시해야 하며, 외국 문자로 표시할 때에는 특별한 사유가 없으면 한글과 병기해야 한다'고 명시돼 있음에도 앞서 제기한 외국어 간판뿐만 아니라 공공기관부터 무분별한 외국어 사용을 앞장서고 있는 것 같아서 씁쓸한 느낌을 떨칠 수가 없다.

정겨웠던 '동사무소'가 '동주민센터'로 경찰 파출소는 '치안센터', 119 소방 파출소도 '119안전센터'로 바뀌었고, 서울지하철공사는 아예 회사 명칭을 '서울메트로'로, 한국철도공사는 '코레일'로 바꾸는 등, 우리 공공기관들은 앞다퉈 외래어 바꾸기 시합을 하는 것 같다.

훈민정음이 낳은 한글의 우수성은 세계적으로 인정받고 있지만 무분별한 외국어 사용은 명백한 문자 사대주의이기에 국제화를 핑계로 너무 쉽게 우리의 말과 글자를 포기하고 있는 오늘의 대한민국을 세종대왕은 어떻게 보고 계실까 궁금해진다.

한글은 훈민정음이 아니었다

김보영

주식회사 더 해빙 대표이사
사단법인 훈민정음기념사업회 이사
아울앤피 대표
훈민정음 경필쓰기 검정위원
훈민정음 해설사

학교를 졸업한 지 오래되어서 기억이 가물가물하지만 그래도 한글날 노래 가사 중 일부분은 지금까지 또렷이 기억하고 있다.

"거룩한 세종대왕 한글 펴시니 ~ 볼수록 아름다운 스물넉 자는 ~"

이처럼 우리는 학교에서 훈민정음에 대해서 보다는 한글에 대해서 배웠고, 그 한글은 세종대왕이 만들었고 한글은 24자라고 교육을 받고 그렇게 알고 있었다.

그런데 우연한 기회에 사단법인 훈민정음기념사업회에서 주최하는 훈민정음 해설사 연수교육을 받게 되면서 이제까지 틀림없다고 믿고 있었던 세종대왕이 만든 문자는 훈민정음으로 지금의 한글과는 다르다는 사실을 알게 되었다.

한글은 24자이고, 훈민정음은 28자라는 글자 수도 놀라웠지만, 한글은 주시경이라는 젊은 국어학자가 우리 국어를 부르는 이름으로 지은 것이고, 세종대왕은 한글이라는 이름조차도 알지 못한다는 사실을 처음 듣는 순간 충격이었고 혼란스러웠다.

그리고 이어지는 새로운 사실들…. 훈민정음 창제 당시에 집현전 학사로 훈민정음해례본의 정인지 서문에서 언급한 '풍성학려風聲鶴唳' 바람 소리와 학의 울음소리까지 적을 수 있고, '계명구폐鷄鳴狗吠' 닭의 울음소리와 개 짖는 소리까지 모두 적을 수 있다고 강조했던 소리글자 훈민정음의 우수성은 지금의 한글 24자로는 불가능하다는 것도 알게 되었다.

세종대왕이 창제한 훈민정음의 자음 17자와 모음 11자 합쳐서 모두 28자의 글자 수가 우연이 아니라 하늘에 떠 있는 별자리 28수를 의미한다는 설명을 들을 때는 알쏭달쏭해서 뭐가 뭔지 잘 몰랐었지만, 연수 과정을 모두 마치고 나니 한글에서 사용하고 있지 않은 창제 당시의 네 개 글자, 옛이응(ㆁ), 반치음(ㅿ), 여린히읗(ㆆ), 하늘 아(•)가 왜 없어졌는지 궁금해졌다.

인터넷을 검색해 보아도 네 개 글자가 없어진 이유를 명확하게 알 수 없이 그저 세월이 흐르면서 점점 사용하지 않게 되었다는 것이다. 이처럼 사용할 필요가 없었다면 세종대왕은 왜 처음부터 24자만 만들지 28자나 만들었을까?

세상의 모든 소리를 적을 수 있도록 우주 원리와 자연법칙을 바탕으로 만들었기 때문에 가장 우수한 글자라고 하는 훈민정음이 변해서 24자로 둔갑한 한글은 세상의 모든 소리를 적을 수 없을 것이라는 생각에 잃어버린 4개 글자를 하루빨리 복원해서 훈민정음 창제 정신을 바탕으로 한글을 더욱더 발전시켜야 한다고 생각하게 되었다.

훈민정음 해설사 연수 교육을 받으면서 알게 된 또 다른 놀라운 것은 이제까지 기역, 니은, 디귿, 리을, 미음, 비읍, 시옷, 이응, 지읒, 치읓, 키읔, 티읕, 피읖, 히읗이라는 한글 자음의 이름도 세종대왕이 만든 것이 아니라 훈민정음이 창제된 지 80여 년이 지난 뒤에 최세진이라는 통역관이 어린이들에게 글자를 익히게 하려고 지은 책 '훈몽자회'에서 처음 언급했다는 것을 알게 되었다는 것이다.

이처럼 우리는 한글과 훈민정음의 차이에 대해서 잘 알지도 못할 뿐만 아니라 관심조차 없는 것으로 생각한다. 물론 나도 훈민정음 해설사 교육을 통해서 바르게 알게 되었듯이, 이제부터라도 훈민정음에 대해서 바르게 알고 계승시켜야 할 것이다. 지금 중국에서는 동북공정이라고 하여 '김치'도 자기네들이 원조이고, '한복'도 자기네들의 의상이었던 것을 우리가 개량해서 입고 있는 것이라고 우길 뿐만 아니라, 조선이 명나라의 속국이었다고 억지 주장을 펼치고 있는데, 우리는 세종대왕이 물려주신 세계에서 가장 훌륭한 문자인 훈민정음을 체계적으로 교육해서 자랑스러운 대한민국의 문화유산으로 꽃피워야 할 것으로 생각했기에 박재성 이사장님이 훈민정음기념사업회 이사로 추천한 것을 거절하지 안 했다.

나는 일찍이 사업가로서 활동해 오던 중 훈민정음과 인연을 맺게 된 것은 우연이 아니라 필연이라고 생각하기 때문에 이제는 훈민정음기념사업회 이사로서 훈민정음 탑이 당당하게 건립되어서 세계적인 관광명소가 될 수 있도록 작은 힘이나마 보태기 위해 최선을 다해야겠다고 다짐했다.

그리고 훈민정음 대학원대학교도 설립되어 세계의 문자학도들이 한국에 와서 훈민정음의 우수성을 배우고 한국의 문화를 익혀서 다시 그들의 나라로 돌아가 한국을 널리 알리는 민간 외교관을 양성할 수 있는 일에도 적극적으로 참여할 것이다.

그래야 훈민정음을 만드신 세종대왕의 위대한 업적이 영원히 빛을 발휘하게 될 것이기 때문이다.

훈민정음 탑 건립에 대한 제언

장현석

㈜현석종합건축사사무소 대표건축사
문화재 수리기술자(보수)
문화재 수리기술자(실측 설계)
경복궁 건청궁 복원(2006)
난계 박연 선생 생가 복원(1998)

'훈민정음'이란 말만 들어도 가슴이 설레는 우리의 자존심이요 긍지 높은 문자다.

훈민정음, 즉 한글을 배우고 쓰며 성장해온 우리의 삶이야말로 엄청난 행운과 보람이다. 세계의 언어학자들이 훈민정음은 인류 문자 사상 가장 진보적이며, 가장 과학적인 글로 평가하고 있다.

'훈민정음, 세종대왕, 대한민국, 위대한 겨레'를 함께 떠올리게 하는 어휘이다.

세종대왕은 조선조 1397년, 태종과 원경왕후 민씨의 소생으로 세상에 태어났다. 1418년 6월 왕세자에 책봉되고 같은 해 8월에 태종의 양위를 받아 21세에 즉위하여 32년간 재위하고 53세에 승하하신 임금이다. 세종대왕은 재위 기간 위민정치, 과학 입국, 문화 치세, 이상 실현의 정치적 기틀을 마련하여 태평성대를 이룩한 찬란한 왕조였다. 1420년에 집현전을 설치하여 많은 인재를 양성하고 정치의 기반이 되는 법령 정비는 물론 의례제도儀禮制度를 가다듬고 방대한 편찬사업을 지속적으로 촉진하여 교육 문화의 르네상스를 꽃피운 시기였다. 훈민정음의 창제, 농업과 과학 기술의 발전, 의료 제약의 향상, 공평무사한 법제의 완비, 공병의 제정, 변방 수호의 안정화 등 수많은 사업을 통하여 민본국가의 기틀을 확고히 했다. 이 가운데서도 그 으뜸은 세계에서 가장 과학적이고 우수한 훈민정음의 창제라 할 것이다.

당시 훈민정음을 창제하는 데 중요한 역할을 맡았던 신미대사信眉大師는 많은 사람의 추앙을 받던 혜각존자慧覺尊者로써 본관은 영동이고 속명은 수성守省이며, 호는 등곡燈谷이다. 복천암 월성 큰스님의 자료에 의하면 '속리산 복천사에 주석해 있던 신미대사는 세종대왕의 초빙을 받아 집현전에 나아갔다. 신미대사는 범어에 능통하여 모음, 자음 소리글을 범서에서 착안하여 훈민정음으로 만들고 시험할 때 해인사에서 자경을 간인하여 법화경, 금강경, 반야심경 등의 토를 달아보고 번역도 하여 시험을 끝내고 1446년 9월 상달에 우리글을 훈민정음이라 반포하였다.'라고 일렀다. 신미대사는 세종께서 훈민정음 창제에 뜻을 두고 그를 부르기 전까지 복천사에 있었다. '나라를 돕고 세상을 이롭게 할祐國利世' 훈민정음 창제의 달빛은 복천의 물만큼 맑고 투명하게 이울기도 하고 가득 차 오르기도 했다. 퍼내도 마르지 않는 천지인 삼재의 오묘하고, 가늠할 수 없는 물줄기가 스며들고 있었다. 세종이 오래전부터 계획해 오고 있던 새로운 문자 창제의 실마리를 찾기 위해 수양대군을 복천사로 내려보내 임금의 뜻을 대사에게 전했다. 신미는 고려대장경을 통해 익힌 구결口訣의 비의祕義와 패엽경貝葉經 속의 범어梵語 주역의 삼재三才:천지인를 통합하면 길이 열릴 수 있다는 의견을 개진했다. 이두吏讀와 삼재에 정통했던 외조부 이행의 훈습이 세종을 만나 빛을 발하기 시작한 것이다. 이처럼 훈민정음 창제에 초석이 되었음에도 신미대사가 훈민정음을 창제했다는 역사 기록이 없음은 숭유억불의 체제에서 스님의 이름을 기록하지 못하였을 것이나, 복천사의 왕실 지원이나 간경도감의 설치 등 당시 정황으로 보아 신미대사가 훈민정음 창제에 지대한 공헌을 했음은 주지의 사실이다.

사단법인 훈민정음기념사업회에서는 훈민정음 탑 건립 조직위원회를 조직하여 문자 강국 대한국인의 자긍심을 담는 훈민정음 탑 건립 범국민 서명운동을 전개하고 있다. 세계인의 상징물인 프랑스 에펠탑, 미국 자유의 여신상처럼 대한민국은 훈민정음 탑을 건립하고자 함은 참으로 반가운 일이다. 건립 예정 부지는 세종대왕이 초정에 머물며 훈민정음 창제를 마무리한 초정 행궁의 인근 초정리 산 48-5번지 일원으로 독지가인 나기정 전 청주시장님이 희사한 땅이다.

필자는 건축사이며 전통 건축을 전공한 문화재 실측기술자로서 훈민정음 탑 건립에 대한 기본계획의 안을 제안하고자 한다.

전체 배치의 구상은 출입구 좌측에 대형 주차장을 배치하고 주차장과 시설물 사이 완충공간에 만남의 광장을 설치함이 좋을 듯하다. 주차장 측면에 단지 관리를 위한 시설과 관람객의 편익을 위한 화장실, 휴게 매점을 전통 한식 양식으로 건립한다. 만남의 광장 측면에 화강석의 원주 높이 12m의 표면에 훈민정음을 디자인 글자로 새긴 훈민정음 기념물 배치가 바람직하다. 상징 메인 건축인 훈민정음 탑은 중앙 상부의 작은 돌기가 있는 혈의 부지를 계획하고 초입 광장에서 탑에 오르는 길에는 현재의 수목을 제거하고 자연스러운 경사를 활용하여 산책 체험로를 개설한다. 체험로 측면에는 세계 문자 비림을 조성하도록 구상해 볼 수 있다. 세계 문자 비림을 모두 체험한 후 정점의 위치에 훈민정음 탑을 건립하여 세계 문자의 정점에 우리 한글 훈민정음이 있음을 상징적으로 보여줄 수 있다. 훈민정음 탑은 1층 면적을 108평(357㎡)으로 하여 서문 글자 수인 108자를 상징한다. 탑의 높이는 108m에 28층으로 구상하여 훈민정음 28자와 서문 글자 수인 108자를 상징하도록 구상하였다. 탑의 건축 구조 양식은 주요 구조는 철골구조에 외형은 훈민정음 제작 시기인 조선 시대의 목조 건축 양식으로 이익공二翼工 겹처마 팔각지붕으로 하여 한국의 목조 건축에 전통 단청을 입히도록 구상하였다. 훈민정음 탑 지하 1층에는 기계, 전기, 통신을 계획한다. 지상 1층부터 28층까지는 세종대왕이 이룩한 천문과학 학술 저서 등 모든 업적을 관람할 수 있는 세종 박물관을 비롯하여 세계의 문자 박물관을 계획하고 상부층에 세계의 특징 전통 음식점과 옥상층에 전망대를 배치 계획 구상하였다. 실 중앙에 코어로 장애인용 엘리베이터를 두고 일반 관람객은 모두 걸어서 올라가고 걸어서 내려오도록 계단을 분리 설치하여 전망대인 28층에 오르도록 계획 구상하였다. 108m의 높이를 힘들게 정상에 올라가서 세계 최고의 문자임을 세계의 만인이 체험할 수 있게 계획하였다. 훈민정음 탑 상부 위치에는 회음 벽을 설치하여 운곡의 서예로 훈민정음 글자 11,172자를 오석烏石에 각자하여 건립한다. 진입로 좌측에는 당시 집현전의 기능을 수행하는 학술 연구기관으로 훈민정음 대학원 대학, 세종교육관, 세계 문자 연구소 등을 한국 전통 건축 양식으로 계획 배치한다. 본 단지 주변의 숲에는 기존 수목을 정비하고 한국 전통 재래 수종의 나무를 심고 체험 휴식 산책로인 세종 나들잇길을 조성한다.

　훈민정음 탑과 세종대왕의 업적이 프랑스의 에펠탑이나 미국의 자유의 여신상에 못지않은 세계인의 명품임을 자랑하고, 세계인이 찾고 싶은 관광 명승지가 되도록 계획되어야 할 것이다. 이 계획이 마침내 성사되어 세계인이 주목하는 청주 초정이 되기를 갈망해 본다.

대한민국의 랜드마크로서 '훈민정음'과 '훈민정음 탑'은 최고의 가치이다

김용태

4차산업행정뉴스 사장
사단법인 훈민정음기념사업회 부총재 겸 경기동부지회장
㈜ 큐로솔 전무이사
(사) 효도회 사무총장
전) 티제이 엠텍 대표

    랜드마크(영어: landmark) 또는 경계표境界標 혹은 탐험가나 여행자 등
이 특정 지역을 돌아다니던 중에 원래 있던 장소로 돌아올 수 있도록 표식
을 해둔 것을 가리키는 말로써 오늘날에는 뜻이 더 확장돼 대표되는 건물
이나 타워, 문화재, 상징물, 조형물 등이 어떤 곳을 상징적으로 대표할 때
랜드마크라고 칭합니다. 일반적으로, 각 나라의 랜드마크를 공식적으로 지
정하지는 않지만 자연스럽게 지정이 된 경우가 많이 있습니다. 예를 들면
말레이시아의 수도인 쿠알라룸푸르에 있는 건물인 페트로나스 트윈 타워
는 높이는 451.9m이며 타이베이 101에 자리를 내주기 전까지 세상에서
제일 높은 건물의 칭호를 유지하였으며, 타이베이 101의 완공 이후에도 아
직 세계에서 가장 높은 쌍둥이 건물이라는 칭호를 유지하고 있습니다. 이
집트 카이로 기자에 있는 대피라미드는 가장 크고 오래되었는데 기원전
2560년 무렵에 세워진 쿠푸의 피라미드로, 완공에는 약 20년이 걸린 조

형물입니다. 미국 뉴욕에는 자유의 여신상이 있는데 이는 미국 뉴욕 리버 티섬에 있는 건축물로, 뉴욕을 넘어 미국을 상징하는 대표적인 건축물이 며, 세계를 밝히는 자유(Liberty Enlightening the World)라는 이름으로, 프랑스가 19세기 말에 미국의 독립 100주년을 축하하기 위해 제작한 동상으로 세계인이 가장 많이 찾는 랜드마크 중 하나입니다.

또한 프랑스의 에펠탑은 1889년에 프랑스 혁명 100주년을 맞이하여 파리 만국 박람회를 개최하였는데 이 박람회를 상징할만한 기념물로 에펠탑을 건축하였으며 박람회가 열린 마르스 광장에 출입 관문에 있고 프랑스의 대표 건축물인 이 탑은 격자 구조로 이루어져 파리에서 가장 높은 건축물이며, 매년 수백만 명이 방문할 정도로 파리에서 빼놓을 수 없는 세계적으로 유명한 관광명소로 랜드마크가 되어 있습니다. 이 밖에도 이탈리아의 피사의 사탑, 브라질의 구세주 그리스도상, 영국의 빅벤 등 그 나라를 대표할 만한 랜드마크 들이 있어 세계에서 관광객을 불러 모으고 있습니다. 또한 최근에는 사실상 생긴 지 10년도 안 된 새로운 조형물임에도 불구하고 자유의 여신상과 리오의 예수상이 비교적 오래된 명물들인데 견줘 영국의 "북쪽의 천사"가 랜드마크로 자리매김하고 있습니다. 이처럼 역사와 문화가 있는 각국의 랜드마크도 있지만 새로 만들어지는 랜드마크가 주목을 받기도 합니다. 이러한 것을 볼 때에도 "훈민정음 탑"은 전 세계인의 랜드마크로서 자리매김할 수 있을 것이라 확신합니다.

『훈민정음』訓民正音은 국보 제70호로 세종대왕께서 창제한 문자의 명칭이자 훈민정음의 창제 원리와 사용법 등을 해설해 놓은 책의 제목이기도 합니다. 세종 25년(1443년)에 창제된 후 1446년(세종 28년)에 반포된 훈민정음의 뜻을 보면 '백성(民)을 가르치는(訓) 바른(正) 소리(音)'라 할 수 있겠습니다. 총 28개의 낱자로 구성되어 있으며 소리글자이기에 배우기 쉽고 읽고 쓰기에 편리한 장점이 있는 세계 최고의 문자이지만 이것을 누구나 알 수 있을 것으로 착각하는 분들이 너무 많습니다. 아직도 훈민정음과 한글을 제대로 구분하지 못하는 사람들이 많은 것도 현실입니다. 훈민정음은 반포 후 조선 시대까지는 널리 사용되지 못하다가 구한말부터 본격적으로 사용돼 21C 정보화 시대에 와서 그 꽃을 활짝 피우고 있습니다. 우리말의 아름다움을 훈민정음이 아니면 표현할 수 없는 것들이 너무 많이 있습니다. 이러한 때에 BTS 등 K-POP과 한류드라마 등을 통해 전 세계인들이 열광하는 언어가 되었습니다. 전 세계에 한국어과가 생기고 한국어 열풍이 불고 있습니다.

　전 세계인들이 대한민국 하면 떠오르는 자랑스러운 우리 글자 훈민정음을 대한민국의 랜드마크로서 만들 수 있는 훈민정음 탑을 만들어야 합니다. 왜냐하면 세계 문자 중에서 유일하게 창제연도와 창제 원리 및 창제자를 알 수 있을 뿐만 아니라, 세상의 모든 소리를 적을 수 있는 뛰어난 문자 훈민정음 창제를 기념하는 탑을 세우는 것은 단순 상징물을 만드는 것이 아니라 랜드마크로서의 가치가 충분하기 때문입니다. 이러한 때에 사단법인 훈민정음기념사업회에서는 훈민정음 탑 건립을 통하여 대한민국의 랜드마크를 만들기 위해서 노력하고 있습니다. 28층 108m 높이로 계획되고 있는 이 사업은 관람객이 기념탑 내부에 들어가서 함께 공감하는 문자박물관은 물론 집현전 8 학사 기념관, 학술관, 훈민정음 명장 전시장을 비롯한 다양한 체험공간이 배치되는 명소를 만드는 계획도 함께 진행되고 있는데 각계각층의 성원과 지지가 필요합니다. 과거 500여 년의 훈민정음 역사를 앞으로 다가오는 1,000년 이상의 역사를 내다보는 우리가 되어 대한민국의 랜드마크로서 훈민정음 탑 건립에 앞장서 주시기를 희망합니다. 세계에서 가장 가보고 싶은 랜드마크가 될 것이라고 확신합니다.

위대한 문화유산 훈민정음,
새로운 문화 창조의 근원이 되다

김재관

가운 누리 인재교육원 대표
한국 크리스토퍼 리더십 강사
한국청소년유해물중독예방협회 경북본부장
비영리민간단체 365 청소년지원단 총괄기획국장
사단법인 훈민정음기념사업회 경북 지회장

    훈민정음이라는 단어를 접하게 될 때마다 큰 자부심과 많은 문화적 사치를 누린다는 생각이 있지만, 한편으로는 아직도 훈민정음이라는 우리의 문자 체계와는 그렇게 친숙하지 않다는 것이 개인적인 견해이다.

    태어나서 지금까지 글을 사용하면서 훈민정음이 아닌 한글로만 알고 있었고 그것이 전부인 것으로 알고 있었다. 그러다 알게 된 훈민정음!!

    좀 더 많은 사람에게 한글에 앞서 우리는 훈민정음이라는 우리만의 고유한 문자를 가진 자랑스러운 대한민국 국민이라는 것을 알리기 위해 사단법인 훈민정음기념사업회 경북 지회장이라는 직함을 가지게 되었다.

    그리고 다행히 필자가 소속된 비영리민간단체 365 청소년지원단에서 경상북도와 경상북도 인재평생교육진흥원에서 주최하는 공모사업에 선정되어 경북 북부지역에서 20여 명의 훈민정음 해설사를 배출하였고, 그분들을 통해 좀 더 많은 사람에게 훈민정음을 올바르게 알리기 위해 5개 지역 7곳의 지역아동센터와 업무협약을 통해 훈민정음에 대한 올바른 이해와 인식, 그리고 나아가 고운 말과 바른 글을 사용함으로써 학교폭력 예방과 디지털 시대에 문제가 되는 무분별한 댓글, 사이버 언어 문자 폭력 예방을 위해 훈민정음 해설사들을 파견하여 교육을 진행하고 있다.

이러한 교육을 진행하면서 한 가지 아쉬운 점은 이러한 역사적 문화적 가치를 더 많이 알리고 그 소중함을 알게 하는 일에 우리 모두가 소극적인 것 같다는 점이다. 특히 훈민정음에 대한 우리들의 생각이나 태도 역시 마찬가지가 아닐까 하는 생각을 하게 되었다. 모두가 잘 알다시피 훈민정음 해례본은 1940년 안동 와룡의 긍구당에서 발견돼, 1962년 국보 제70호로 지정됐으며, 1997년 10월 유네스코 세계기록유산으로 등록되었으며, 현재 간송미술관에서 소장하고 있다. 이 소장본을 정본으로 삼아 목판으로 새겨 영구 보존하기 위해 2016년에 경상북도와 안동시, (사)유교문화보존회가 공동으로 복각한 것을 '안동본'으로 명명하고 있다.

그런데 이 목판은 아주 특별한 행사에서만 가끔 볼 수 있다는 것이 많은 아쉬움을 가지게 한다. 필자가 기억하기로는 2016년 즈음에 안동시에서 복각을 완성하였으며 2016년 복각 기념전시, 2018년 국회 전시, 2021년 한글날 행사 혹은 그 외 특별한 행사에서만 볼 수 있으며, 그 후에는 안동에 소재한 한국국학진흥원에 보관되고 있는 것으로 알고 있는데 문제는 국학진흥원에 방문하여도 훈민정음해례본 목판은 관람할 수 없다는 것이다. 물론 문화재적인 가치로 보면 보관에 치중하여야 한다는 것이 이해가 가는 부분이지만 많은 아쉬움이 있는 것은 사실이다.

이러한 시점에서 한 가지 제안을 해본다. 다름이 아니라 훈민정음의 창제목적에 부합하는 문화유산을 기반으로 하여 새로운 문화를 창조하는 것은 어떨까? 수장고에 있는 목판은 목판대로 잘 보존하고 새로운 목판을 만들어 그 목판을 지역마다 찾아다니면서 좀 더 자주 전시하여 많은 사람이 훈민정음에 대한 올바른 이해를 통해 우리글에 대한 자긍심과 더불어 바른 글을 사용하는 그러한 문화를 만들어 가기를 소망한다. 안동으로 와야만 볼 수 있는 문화유산이 아니라 가까운 곳에서 보고 느끼는 그래서 우리가 우리의 소중한 문화유산을 통해 4차 산업혁명 시대라고 말하는 디지털 시대에 새로운 문화(고운 말과 바른 글 사용문화)를 만들어 갔으면 좋겠다는 생각을 해보게 된다. 가치가 크고 보존의 중요성과 활용을 하자는 부분이 조금은 상충이 된다면 사) 훈민정음기념사업회에서 주관이 되어 새로운 목판을 만들어서 대한민국 곳곳을 다니면서 전시를 하고 필요에 따라 탁본 체험까지 할 수 있었으면 좋겠다는 생각이 들었다.

또한, 사단법인 훈민정음기념사업회에서 배출한 훈민정음 해설사들의 해설을 듣고 또 체험함으로써 우리 문자문화에 대한 새로운 생각과 그러한 생각들이 모여진다면 분명 우리는 올바른 문자문화를 만들어 갈 수 있다고 확신한다. 그도 아니라면 "한국 정신문화의 수도"라는 구호를 가진 도시의 격에 맞게 안동시에서 이러한 활동을 통해 훈민정음해례본의 보존 도시로서 새로운 문화를 만들어 가는 그래서 훈민정음과 기록문화 유산의 도시로서 그 위상을 새롭게 만들어 가는 것이 어떨까? 하는 개인적인 견해를 밝혀본다. 보존에만 몰두할 것이 아니라 우리가 사용하는 문자이기에 우리가 모두 올바르게 활용하려는 마음을 가질 수 있도록 해서 정말 우리의 말과 글이 우리의 아름다운 삶이 될 수 있도록 그러한 기획과 행정이 되었으면 하는 바람이다.

세종대왕께서 훈민정음을 창제하신 목적이 널리 알려서 모든 사람이 제 뜻을 올바르게 펼칠 수 있도록 하는 것이었던 것처럼 이제 우리도 훈민정음에 대한 올바른 이해를 통해 고운 말과 바른 글을 사용하는 새로운 문화를 만들고 그러한 문화가 세계 곳곳에 이어지도록 그 근원이 우리나라가 우리나라로 말미암아서 세계에 실현되기를 원하는 김구 선생님의 글처럼 우리가 새로운 문화를 만들어 갔으면 하고 바란다.

훈민정음과 한글

이금로

바이오헬스메디컬(주) 부회장
시민방송용인 본부장
금융과나눔 부대표
사단법인 훈민정음기념사업회 운영위원
전) 국민은행 지점장

우리나라의 가장 자랑스러운 문화유산은 누가 뭐라 해도 '훈민정음訓民正音'이라고 할 수 있다.

훈민정음은 1443년 창제된 글자 그 자체를 가리키는 것과 글자의 내용을 적어 놓은 책의 이름으로 나뉜다. 훈민정음의 판본은 한문본과 언해본이 있다.

한문본에는 원본이라 부르는 '해례본'과 세종실록에 실린 '실록본' 등이 있다. 언해본은 훈민정음 본문(예의)에 대한 번역이고, '세종어제훈민정음(서강대학본)', '희방사본', '박씨본' 등이 있다.

1446년 음력 9월에 반포된 훈민정음 판본에는 1443년에 창제된 훈민정음을 공표하는 조선왕조 제4대 임금 세종(재위 1418-1450)의 반포문頒布文이 포함돼 있다.

훈민정음은 문자 체계의 혁명을 불러왔다. 한자로는 쓸 수 없던 한국인의 말까지 완벽히 표기할 수 있게 된 것이다. 한자는 중국인을 위한 문자 체계이며, 음운 체계와 문법 구조가 한국어와는 완전히 달랐다.

세종 시대에 창제해 쓰던 글말은 28자의 훈민정음 문자 체계로 쓴 것이고, 오늘날 쓰고 있는 글말은 28자 중에서 넉 자를 제외한 24자의 한글 문자 체계로 쓰는 것이다.

훈민정음 문자 체계는 자연의 원리에 따라 사람의 말소리를 음소 단위로 분석하고 그에 걸맞은 모양의 기호를 배치했다. 입으로 말하고 귀로 들을 수 있는 말소리를 손으로 쓰고, 눈으로 볼 수 있는 글 소리로 쓸 수 있게 한 것이다.

훈민정음은 28개의 음소를 활용해 말소리 생성원리와 일치하게 글자를 만드는 문자 체계이고, 한글은 28자의 훈민정음에서 잘 쓰지 않는다는 4개의 음소를 없애고 24개의 음소만으로 사람의 말소리를 표현할 수 있게 만든 문자 체계다.

단순히 음소의 개수만 차이 나는 것이 아니라 연서, 병서, 합용 등의 여러 운용체계도 뒤바꾸거나 없애버린 것이다. 즉 말소리 생성원리와 일치하지 않는 부분이 여기저기 생겨나면서 말소리와 글 소리가 제대로 통하지 않게 됐다.

훈민정음 창제 후 제대로 된 문자 교육이 이루어지지 않았고, 일제강점기 조선어학회에서 24자의 한글맞춤법으로 표준화한 것은 훈민정음 창제자의 의도와는 맞지 않는다.

우리나라 고유의 글자를 '한글'이라고 한다. 그런데 한글은 훈민정음, 정음, 반절, 언문, 암클, 중글, 본문, 상말글, 아문, 국문, 조선문, 조선글, 한국글, 배달글, 우리글 등의 여러 가지 이름으로 불렸거나 불리기도 한다.

'한글'이란 △큰 글자 △세상에서 좋은 글자로는 이 '한글' 밖에 없다 △쉽고 조리 있기로 세계 으뜸 △한韓나라의 글자 등으로 해석할 수 있는데, 고유명사로 부르거나 보통명사로 불러도 적합한 이름으로 더할 나위 없다.

독창성과 대체 불가능의 문자인 훈민정음, 오늘날의 한글은 세계적으로 인정받은 한국인의 훌륭한 문화유산이다. 전 세계인의 언어를 표기하는 국제음성기호로 부족함이 없고, 세계 인류가 좀 더 잘 소통하는데 '한글'만큼 좋은 문자가 없다고 생각한다.

소설가 이인화는 인공지능이 인간을 지배하는 2061년 미국 워싱턴과 1896년 조선 제물포를 오가며 펼쳐지는 타임슬립(timeslip) 소설인 장편소설 '2061년'을 2021년 출간했다. 여기서 세종이 창제한 훈민정음이 인공지능의 소리와 생각을 표기하며 2061년 세계 공용문자가 된다고 설정했다.

소설 속 현실이 k-한류를 타고 성큼 다가오는 것 같다. 그 과제를 해결하기 위해 국민의 지혜를 모으고 연구 발전시켜야 하지 않겠는가?

훈민정음으로 주고받은 연모 편지

홍수연

무선조종지도사(드론2급)
실버인지관리지도사
훈민정음 해설사
사단법인 훈민정음기념사업회 기획처장
훈민정음 경필쓰기 검정위원

세종대왕이 훈민정음을 창제하시기 전까지 한자라는 문자만 사용해 왔던 우리는 한자와 정음을 함께 사용할 수 있는 이중 문자의 시대가 시작되었습니다. 새로 스물여덟 자가 창제된 이후 조선 시대 양반 계층이었던 사대부들의 소통에는 한자가 주로 사용되었고, 세종께서 어엿비 여겼던 중류층 이하 백성들과 대부분 여성들은 언문을 배워 쓸 수 있는 것이 보편화되었습니다.

그러나 한자만 써왔던 조선 시대 상류층 남성들도 점차 훈민정음의 활용성과 용이성에 대한 매력을 느끼게 되면서 어머니, 아내, 딸 등과 편지를 주고받는 등 사용범위가 점점 넓혀져 갔습니다.

조선 시대 여성은 극히 일부의 여인들을 제외하고는 문자 교육을 받지 못했습니다. 그래서 왕비나 대비들은 물론이고 궁녀에 이르는 여성들은 언문으로 문서를 주고받는 일을 당연한 것으로 여겼습니다. 특히 왕실에서 왕비나 대비들은 한문을 알더라도 왕이나 신하들과 언문으로 소통을 했습니다. 예를 들어 중전 윤 씨를 폐위시키는 데 결정적 역할을 했던 대비로부터의 교서도 언문으로 작성된 것이었습니다.

궁녀들은 한 번 궁으로 들어오면 평생 궁에서 벗어날 수 없을 뿐만 아니라, 사사로운 연애도 금지되어 있었습니다. 그런데 외로운 궁녀들이 별감 등에게 연모의 감정을 품고 연애편지를 쓰다가 들키는 때도 있었습니다. 연애편지가 발각된 이유 하나로 궁녀들은 관비가 되고, 별감은 관노가 되었을 뿐만 아니라 심지어 사형을 당한 일도 있었습니다. 이렇듯 애틋한 감정을 주고받은 편지가 사형을 당할 죄에 해당하기도 했지만, 반대로 남매 지간에 우애를 돈독하게 하는 편지를 쓸 수 있게도 하였습니다.

국립청주박물관에서 '숙명신한첩淑明宸翰帖'이라는 언문 편지 모음집을 만날 수 있었습니다.

이 책은 효종(1619~1659) 임금의 셋째 딸 숙명공주(1640~1699)가 주고받은 언문 편지를 모아서 엮은 것입니다.

숙명공주의 어머니 인선왕후가 보낸 편지가 54통으로 가장 많고 효종, 현종, 장렬왕후 등의 편지로 구성되어 있습니다.

이 언문 편지 모음집을 통해서 17세기의 언문 필체로 적힌 왕실 가족의 대화를 바로 옆에서 보는 느낌입니다.

너는 시집에 가 (정성을) 바친다고는 하거니와 어찌 고양이만 품고 있느냐?

　행여 감기 걸렸거든 약이나 하여 먹어라.

　이 글 속에는 고양이만 안고 있지 말라고 질책하면서도, 이른 나이에 시집간 딸에 대한 아버지의 투박한 애정이 고스란히 전해집니다.

　또 다른 편지에서는 욕심 없는 딸을 안타까워하는 마음을 생생하게 느낄 수 있습니다.

　너는 어찌하여 이번에 들어오지 않았느냐?

　어제 너의 언니는 물론 동생 숙휘까지 패물을 많이 가졌는데 네 몫은 없으니, 너는 그사이만 하여도 안 좋은 일이 많으니 내 마음이 아파서 적는다.

　네 몫의 것은 아무런 악을 쓰더라도 부디 다 찾아라.

　아버지 효종이 내린 어떤 답장 글에는 딸 숙명공주가 보낸 편지의 빈 여백에 적혀 있는 것을 자료를 통해 검소한 생활을 한 효종의 성품도 엿볼 수 있지만, 시집간 딸이 보내온 숙명공주의 편지를 한 번이라도 더 보고 싶어서 빈 여백을 활용하여 답 글을 써내려간 친정아버지의 애틋한 애정을 고스란히 느껴 볼 수 있습니다.

　다시 공주에게 돌아온 편지에는 고양이를 좋아한 숙명공주의 단정한 글씨체와 버럭하는 부왕 효종의 애정 어린 글씨가 나란히 남아있습니다.

숙명공주에게 보내온 동생 현종의 언문 편지에서는 왠지 더욱 더 반가움을 느낄 수 있었습니다.

밤사이 평안하셨는지요?
오늘은 정이 담긴 편지도 못 얻어 보니 (아쉬운) 마음 그지없습니다.
이 홍귤 일곱 개가 지극히 적고 보잘것없사오나 정으로 모은 것이라
보내오니 적다마시고 웃으며 잡수십시오.

누나인 숙명공주가 받은 귤 봉지에 담겨 온 편지에는 당시에 귀했던 일곱 개의 귤을 보내는 한 살 아래 동생 현종의 따스한 마음도 실려 있습니다. 제가 보내드린 귤이 일곱 개밖에 안 되어 보잘 것 없지만 수량이 적다고 타박하지 마시고 즐거운 마음으로 맛있게 드시라고 합니다. 이 글에서는 일곱 개의 귤이라도 누이에게 보내는 동생과 귤을 받아 본 공주가 함께 동봉된 편지를 읽으면서 한 번 더 즐거워졌을 왕실 남매의 다정함이 묻어나오는 언문 편지입니다.

약 600여 년 전 세종대왕께서 훈민정음을 창제하지 않으셨다면, 우리는 이렇게 애틋한 마음을 어떻게 전달하였을까 궁금해집니다. 물론 훈민정음이 없었다면 한자로 편지를 주고받았겠지만, 우리의 속마음을 표현하는 데는 한계가 있었을 것입니다.

훈민정음 訓民正音

이왕신

SG영상디자인 그룹 명예회장
영농법인 (주) 수목토 회장
제2대 지방자치의원
전) 대통령 직속 민주평화통일 자문위원
전) 국제문화예술협회 진흥회장

『훈민정음訓民正音』이란 '백성을 가르치는 바른 소리'라는 뜻이다. 훈민정음 창제 당시 한글은 없었기 때문에 '훈민정음訓民正音' 원본은 당시의 문자 언어인 한문으로 적을 수밖에 없었음은 당연한 일이다. 훈민정음 언해본에는 제자의 원리가 실려 있지 않았기 때문에 훈민정음 창제에 대한 구구한 추측들이 난무하다가 1940년에 훈민정음해례본이 발견되면서 계통적으로 독립적인 동시에 당시 최고 수준의 언어학, 음성학적 지식과 철학적인 이론이 훈민정음에 적용되어 있다는 것이 증명된 것이다.

훈민정음해례본은 세계기록유산임과 동시에 또한 국보 제70호로 지정되어 있다. 해례본은 훈민정음이 어떤 원리를 바탕으로, 어떤 과정을 통해 만들어졌는가에 대한 설명이 실려 있으므로 훈민정음처럼 독창적으로 새 문자를 만들고 한 국가의 공용문자로 사용하게 한 것은 세계적으로도 유례가 없는 일이며, 이 해례본의 발견으로 인해 훈민정음의 원리에 대해 많은 것들이 확인되고 알려지게 되었다.

훈민정음은 소리글자에 속하며, 배우기 쉽고 읽고 쓰기에 편리하다. 훈민정음의 자음은 발음 기관의 모양을 본떠 만들었고 모음은 하늘과 땅과 사람의 모양을 본떠 만들었다고 기록되어 있다. 쉽고 간단한 원리로 만들어진 훈민정음은 슬기로운 사람은 하루아침을 마치기 전에 깨우치고, 어리석은 사람이라도 열흘이면 배울 수 있다고 하니 이 또한 얼마나 자랑스러운 일인가. 전 세계적으로 문맹이 가장 낮은 나라가 바로 훈민정음이 낳은 한글을 사용하는 대한민국이라는 사실이 이를 말해주고 있다.

이 훈민정음은 세계 어디에도 없는 우리 고유의 문자이다. 그런 연유로, 자기 언어를 가지고 있지 않은 세계의 여러 민족 사이에 배우기 쉽고 읽고 쓰기에 편리한 문자로서 가장 선호하는 글자가 바로 대한민국의 한글로, 한글을 자기들의 문자로 사용하겠다는 나라가 늘고 있다니 얼마나 자랑스러운 일인가.

이 훈민정음에 대하여 『환단고기』에서는 다음과 같은 이야기를 한다. 비록 상형, 표의문자인 진서가 있어도 열 가구 정도 모인 마을에서도 말이 통하지 않는 곳이 많고, 땅이 백 리가 되는 나라에서는 서로 문자를 이해하기 어려웠다.

이에 대해 "훈민정음의 시원과 고조선의 원형 문자 금석학의 측면에서 보면 『환단고기』의 이른바 가림토 문자라는 것은 이외의 문헌에는 단 한 번도, 단 한 자도 제대로 등장하지 않는다. 단 한 줄의 문장도 없고, 음도 없다. 그러면서도 우리 사회 일각에서는 이에 열광하는 이상스러운 현상이 빚어지고 있다. 아무리 생각해 보아도 우리 민족의 고대 문자가 있었음이 분명하다고 해도『환단고기』의 가림토 문자는 고대 문자와는 전혀 관련이 없는 문자로 판단된다."라며 가림토와 훈민정음의 관련성이 없음을 이야기 한다.

그러나 나는 그렇게 생각하지 않는다. 고조선이 개국 되기 훨씬 전인 신시 배달 건국 때부터 우리 민족은 이미 문자 생활을 영위하였고 그 종류도 다양했다. 배달국 환웅 천황은 신지, 혁덕에게 명하여 녹도문을 창제하였다.

세종실록 25년 12월 조에 "이달에 임금께서 언문 28자를 지으시니 그 글자는 고전을 모방하고 있다."라고 하였고, 최만리의 상소문에도 "글자의 모습은 옛 전문을 모방했지만, 음을 쓰는 것과 글자를 배합한 것은 다 옛 것과 반대이다."라 하여 예전의 전서를 모방했음을 밝히고 있다. 한국의 한글학자들은 훈민정음의 창제가 독창적이었다는 틀을 벗어나지 못하여, 여기에 나오는 옛 전문을 몽골 파스파 문자나 한자 자체의 하나인 전서 또는 범자(산스크리트 문자)를 모방한 것 등으로 해석하고 있다. 그러나 훈민 정음은 몽고문자나 전서, 범자와 닮은 데가 전혀 없다. 인류 문명사에서 훈민정음처럼 고도의 체계를 가진 문자가 어느 날 갑자기 한 인물에 의해서 발명된 사례는 지구촌 어디에도 없다.

최근 강상원 박사는 우리 한글의 뿌리를 찾는 일에서 훈민정음 28자 '신미대사학회'를 창립하고, 한자를 실담어로 음역한 저서 "한자는 동이족 문자 주석"을 발간하였으며,『세종대왕 창제 훈민정음의 주역 혜각존자, 신미대사』라는 책을 발간하여 신미대사가 당시 산크리스트어를 연구하여 훈민정음 창제에 관여하였다는 놀라운 사실을 발표하여 학회의 지대한 관심을 기울이게 하고 있다. 강상원 박사는 세계언어의 뿌리가 우리 언어라고 하는바 이는 곧, 한글이 세계언어의 본원지라는 말이니 『훈민정음』이야말로 세계 어느 나라에 내놔도 자랑스럽고 자랑스럽기에 대한민국 국민의 한 사람으로서 필자는 세종대왕님에게 감사드리며 가슴 뭉클함을 감출 수가 없다.

훈민정음과 한글의 차이를 아세요?

박남숙

전) 용인특례시 4선 의원
현) (사) 아이펙 조정 중재센터 조정위원
현) 사랑의 장기기증 운동본부 용인시부회장
현) 한국국제기아 대책기구 용인시부회장
제1호 훈민정음 해설사

　1년 전 지인을 통해 훈민정음기념사업회를 알게 된 뒤 한국인으로서 훈민정음과 한글에 대한 바른 지식이 없었음을 알게 되어 부끄러운 생각이 들어 관심을 두게 되었다. 그러던 어느 날 훈민정음 해설사 공부를 하게 되고 1호 해설사가 되었다. 아직은 깊이 있는 지식이 있는 건 아니지만 바르게 알고자 노력하는 마음이 생기게 되어 지금도 여전히 조금씩 부족한 노력을 하게 된다.

　대부분 많은 사람이 훈민정음을 누가 만들었는지 물어보면 '세종대왕'이라고 대답한다. 그러면 한글은? 하고 물어보면 그것도 '세종대왕'이 아니냐고 하며 대답을 얼버무린다. 여기에 자신 있게 대답할 국민이 얼마나 될까 하는 생각이 든다.

한글은 훈민정음 28자의 해설서인 《훈민정음해례본》의 존재조차도 알지 못했던 1927년경 주시경 선생이 한글 즉 한(韓)나라의 글이라는 뜻으로 개명한 것일 뿐만 아니라, 자음 17자 모음 11자로 모두 28자의 초·중·종성으로 구성하되 종성은 초성과 같은 글자를 사용한다는 것과 연서 규칙 및 병서 규칙을 사용해 세상의 모든 소리를 담을 수 있도록 창제한 훈민정음을 자음 14자와 모음 10자 등 모두 24자에 초·중·종성으로 구성되는 삼성 법과 병서 규칙을 제한적으로 사용하고 연서 규칙은 전혀 사용하지 않고 있어서 세상의 모든 소리를 담을 수 없게 돼버린 탓에 훈민정음과 한글은 차이가 확연하다. 그래서 잃어버린 네 글자를 정확히 알려주는 교육이 선행되어야 한다는 생각도 든다.

문화체육관광부 소관으로 설립된 사단법인 훈민정음기념사업회가 2년밖에 지나지 않았지만, 그동안의 박재성 이사장님께서 밤낮없이 몸을 던져 희생하며 열심히 일하고 계시는 걸 옆에서 지켜보았다. 마치 600여 년 전에 훈민정음을 만드신 위대한 세종대왕께서 환생하시어 어리석은 백성에게 바르게 가르쳐 주시기 위해 오신 것인지, 아니면 세종대왕이 꿈속에서 지시하시는 건 아닐까 하는 재미있는 상상을 할 정도였다. 그래서 필자도 훈민정음기념사업회 일원이 된 것에 대해 자부심을 느끼게 되고, 의미 있고 보람 있는 일이라 생각하여 평생 함께해야 하는 일이라는 확신도 갖게 되었다. 나보다 먼저 동참하신 분들도 많았지만, 점점 같은 뜻을 함께 해주시는 분들이 늘어나는 것을 볼 때마다 힘이 절로 날수밖에 없다. 마치 함께 애국하는 동지라는 마음도 든다.

대표적으로 반기문 전 유엔 사무총장 같은 분도 진정한 마음으로 적극적으로 함께 해 주시는 것을 볼 때, 무척 긍정적인 미래에 대한 비전을 우리가 모두 갖게 된다. 유엔 마당에 '훈민정음 기념탑'도 세워지는 모습이 현실화하길 기대하며 상상을 해보게 된다. 훈민정음 기념사업은 세계 속에 빛나는 우리나라 미래 백년대계를 바라보고 해야 한다는 많은 사람의 염원을 반드시 꼭 이뤄내야만 한다.

또한, 훈민정음 해설사가 벌써 80명이나 탄생 되었다. 이들 훈민정음 해설사들이 더욱더 정진하여 훈민정음의 28자를 창제하신 위대한 세종대왕의 깊은 뜻을 잘 전달하길 기대한다. 아울러 훈민정음기념사업회가 목적사업으로 추진하고 있는 훈민정음 과거시험, 훈민정음 독후감 대회, 훈민정음 경필 쓰기 범국민운동, 국회 세미나 및 전시회, 출판기념회 등이 순조롭게 잘 진행되기를 응원한다.

초정약수로 유명한 청주시 초수리에 위치한 세종 행궁 인근의 약 4만 3천 평이나 되는 부지를 기부받았기에 세계 최고의 문자인 훈민정음을 기념하는 상징탑을 높이 108m 28층 규모로 건립할 예정이라고 한다. 이 훈민정음 탑이 완공되면 세계적인 명소가 될 것이라고 기대해본다. 그리고 박재성 이사장님이 작사하고 오병희 교수가 작곡한 〈훈민정음 노래〉가 전국 방방곡곡에서 불리기를 기대한다. 기왕이면 '훈민정음 기념일'도 국가에서 지정하여 주면 좋겠다는 생각도 하였다.

이 모든 계획은 누구 개인을 위한 일도 아니고 국가적인 차원에서 더 적극적이어야 하고, 훈민정음 기념탑 하나 없는 부끄러운 나라에서 벗어나 대한민국이 세계 속에 가장 위대한 문화적 자산을 가진 것에 대해 이제부터라도 자부심을 되찾고 더 자랑스러운 나라가 되었으면 한다.

잃어버린 훈민정음 4글자로
우리 고유 얼을 되찾자!

조정상

NDT랜드(비파괴검사 전문) 대표
한국산업기술협회 수석교수
KBS스포츠예술과학원 주임교수
사단법인 훈민정음기념사업회 이사
훈민정음 건강치유 명장

1974년부터 수어를 익혀서 청각장애인들을 40년 이상 통역해 왔고, 1997년에는 수어통역평가위원회 위원으로 그리고 수어 통역사 출제위원이 되어, 많은 수어통역사를 배출한 경험으로 볼 때, 청각장애인들에게는 수어가 얼마나 중요한지를 실로 많이 깨달은 바 있습니다. 청각장애인들은 외국인과 같습니다. 청각장애인들은 크게 3가지가 다른데, 첫째는 언어가 다르고, 단어 수도 많이 부족합니다. 부족한 수어를 많이 개발하였고, 이제는 청각장애인들이 서로 의사소통할 때, 예전보다는 어려움이 많이 해결되었습니다. 둘째는 사고방식이 다릅니다. 예를 들어, 수어로 통역할 때는 어순(불완전 = 완전 + 아직)이 달라서, 그대로 직역해서는 청각장애인들의 얼, 의미, 정신, 느낌, 감정들을 정확하게 전달할 수가 없는 것입니다. 셋째로는 생활 습관이 많이 다르므로 청각장애인들의 얼, 의미, 정신, 느낌, 감정이 정확하게 전달이 되지 않아서, 오해도 많이 발생합니다.

훈민정음의 경우, 1909년 국문연구소에서 논의하고, 1912년 보통학교용 언문 철자법으로 "·"가 사라지고, 1933년 조선어학회 한글맞춤법통일안에서 나머지 3글자도 제외한 이후부터, 한국인 고유의 얼, 의미, 정신, 느낌, 감정을 세밀하고, 정확하게 제대로 표현하기가 어려웠던 겁니다.

만일 훈민정음 28자를 전부 사용해 왔다면, 한국인의 얼, 의미, 정신, 느낌, 감정들이 모두 정확하게 전달되었을 것이고, 글로벌로 나아가는 데에도 많은 도움이 되었으리라 봅니다. 잃어버린 훈민정음 4글자로 영어의 발음을 정확하게 표시하고 발음하고, 기록하는 데 어려움이 없었을 텐데, 아쉽게도, 글로벌로 나아가는데 필수요소인 영어를 제대로 정확하게 표시하기가 어렵고, 정확하게 발음도 않되고, 서로 의사소통하는 데에도 많은 어려움이 있게 되어, 한국인의 얼, 의미, 정신, 느낌, 감정을 정확하게 전달되지 않아서 큰 손해가 있게 되었습니다.

1988년부터 1999년까지 11년간 세계 최초로 디지털 초음파 장비를 개발한 미국 PANAMETRICS 회사에서 저를 스카웃하여, Ultrasonic Specialist로 일해 온 경험을 볼 때, 이러한 점들은 매우 중요함을 상당히 많이 겪었습니다. 스카우트 당할 때는 영어를 전혀 말할 수 없었기 때문에, 나의 얼, 의미, 정신, 느낌, 감정들을 외국 회사에 정확하게 제대로 전달하지 못해서 나중에 알게 되었는데, 10억 원 이상의 손해를 본 적이 있었습니다. 결국 2년 후에 미국 본사에서 세계 최첨단기술 교육받을 때, 영어를 말할 줄 모르는 저에게는 통역사가 필요하며, 통역비는 5천 달러(US $5,000.-)를 내야 하였는데, 미국 가기 2달 전부터 혼자서 부지런히 영어 회화를 익힌 결과, 통역사 도움없이도 첨단 기술교육을 무사히 받을 수 있게 되었습니다. 단지 2달 동안 연습하였는데 영어로 대화하는 데 어려움이 없었던 이유는 영어회화를 기존의 방식이 아닌 전혀 다른 방법으로 해결하였는데, 영어의 원리를 정확하게 파악하고, 전혀 다른 방법으로 익힌 결과로 2달 만에 영어 회화가 가능해졌습니다. 영어와 마찬가지로, 훈민정음도 잃어버린 4글자를 되찾아야만 우리의 고유한 얼, 의미, 정신, 느낌, 감정을 정확하게 전 세계에 널리 널리 알릴 수가 있게 됨을 확신합니다.

훈민정음 중에서 잃어버린 4글자(ㅿ:반시옷, ㆁ:옛이응, ㆆ:여린히읗, ㆍ:아래아)*를 사용하면, 모든 소리는 물론, 정확한 외국어 발음 표기가 가능합니다. 한국인들이 영어를 발음할 때 정확하게 발음할 수 없는 것은 b와 v, f와 p, l과 r 등이 있는데, b는 'ㅂ'으로, v는 'ㅸ'으로, f는 'ㆄ'으로, p는 'ㅍ'으로, l은 'ㄹㄹ'로, r은 'ㄹ'로 표시가 되고, 정확한 발음이 가능합니다. Zebra는 'ㅿᅦ브러', Cotton은 '코흔'으로 표시됩니다. Drag는 '드러그'로 표시가 됩니다.

훈민정음 서문에는 '지혜로운 사람은 아침나절이 되기 전에 이를 이해하고, 어리석은 사람도 열흘 만에 배울 수 있게 된다' 또한 '어디에서도 통하며 바람 소리, 닭 소리, 개 소리까지도 모두 표현해 쓸 수 있다'고 되어 있습니다. 우리 고유의 얼, 의미, 정신, 느낌, 감정을 올바르게 표시하기 위해서는 잃어버린 4글자의 도입은 필수적입니다.

부디 일제의 식민 아래 빼앗긴 훈민정음의 잃어버린 4글자를 되찾고, 부지런히 사용하여 우리의 고유한 얼, 의미, 정신, 느낌, 감정을 정확하게 전 세계에 알립시다.

---

* 아래아한글에서 ㅌ+[한자]키를 누르면, 특수문자목록에서 입력이 가능합니다.

훈민정음을 올바르게 알아야 문자 강국이 된다

권혁중

국민의힘 중앙위원회 문화관광분과 부위원장
시정일보 논설위원
전) 문화체육관광부 부이사관
전) 국립세종도서관 기획관리과장
전) 문화체육관광부 체육관광정책실 관광개발지원과 서기관

우리는 세계에서 가장 과학적이고 우수한 글자를 가진 민족이라고 자랑한다. 특히 세종대왕께서 우리 글자를 만드셨다는 것을 모르는 한국 사람은 아무도 없다. 그런데 세종대왕께서 창조하신 글자를 대부분 국민은 한글로 알고 있다는 사실이다. 세종대왕께서 만드신 글자는 '훈민정음訓民正音'으로 '백성을 가르치는 바른 소리'라는 의미이며, 지금 우리가 한글이라고 하는 우리 문자의 본래 이름이다. 이것을 1912년 일제시대에 주시경 선생이 위대한 글, 큰 글이라는 뜻으로 한글로 이름 지었다고 한다.

그렇다면 세종대왕께서는 왜 훈민정음을 창조하시게 되었을까?

세종대왕은 일반 백성이 글자 없이 생활하면서 자신이 인간의 권리를 제대로 찾지 못하고 있음을 마음 아프게 여기셨다. 그들 백성은 관청에 호소하려 해도 호소할 길이 없었고, 억울한 재판을 받아도 바로잡아 주기를 요구할 도리가 없었으며, 편지를 쓰려고 해도 그 어려운 한문을 배울 수가 없었다. 또한, 농사일에 관한 간단한 기록도 할 방법이 없었다. 세종대왕은 백성들의 이러한 딱한 사정을 매우 안타깝게 여겼던 성군으로, 주체성 강한 혁신적인 성격이었다. 한문은 남의 글이므로 한자를 빌려 우리말을 적더라도 매우 어색하여 뜻을 제대로 전할 수가 없었다. 그 밖의 다른 나라 글자들은 도저히 빌려 쓸 만한 것이 못 된다고 생각하셨다. 특히 집현전에는 세종대왕의 새로운 글자 창제 정책을 도울 만한 많은 학자가 모여 있었다. 아울러 중국과의 외교 관계를 원만히 이루어 나가기 위해 중국말의 통역관을 길러야 했는데, 그들을 과학적으로 교육하기 위해서는 중국말의 소리를 체계적으로 연구할 필요가 있었다. 이에 따라 중국 운학을 연구하게 되었는데, 이 운학의 체계는 새 글자를 만들어 내는 데 큰 도움이 되었다. 이러한 상황에서 세종대왕은 1443년(세종 25) 음력 12월에 세계 역사에 일찍이 찾아볼 수 없었던 우리의 고유문자이며 표음문자인 '훈민정음'을 만드셨고, 1446년(세종 28)에 반포하셨다. 훈민정음은 17자의 자음과 11자의 모음인 28자로 구성되어 있다.

훈민정음의 의미가 '백성을 가르치는 바른소리'이다. 이때의 소리는 글자와 통한다. '바른'이라는 꾸밈말을 붙인 이유는, 한자를 빌려 쓰는 것과 같은 구차한 것이 아니라, 우리말을 제대로 적을 수 있는 글자라는 뜻을 나타내기 위해서이다. 훈민정음을 '암클'이라는 이름으로도 쓰였으니, 이는 부녀자들이나 쓰는 글이라는 뜻이다. 선비가 쓸 만한 글은 되지 못한다는 뜻이 함축되어 있다. '한글'의 '한'은 '하나' 또는 '큰'의 뜻이니, 우리글을 '언문'이라 낮추어 부른 데 대하여, 훌륭한 우리말을 적는 글자라는 뜻으로 권위를 세워 준 이름이다. 이는 세종대왕이 '정음'이라 부른 정신과 통한다고 할 것이다.

인류의 참된 역사는 언어의 기록으로부터 시작된다. 기록이 없는 시기는 역사 시기가 되지 못한다. 훈민정음이 만들어지기 전의 우리나라에도 언어의 기록이 없었던 것은 아니다. 그러나 우리말을 한자로 적은 기록들은 그 양이 매우 적을 뿐 아니라, 그것마저 기록 당시의 언어를 복원하기가 무척 어려운 형편이다. 따라서 훈민정음 창제는, 참된 우리 겨레의 역사 시대의 출발을 의미하는, 우리 겨레 역사상 가장 중요한 획을 긋는 사건이라 할 수 있다

언어는 역사성과 사회성을 가지고 있다. 세종대왕이 창제하신 훈민정음도 같은 길을 걷고 있다. 분명한 것은 훈민정음이 한글이고 한글이 훈민정음이라는 것이다. 우리는 한글날은 잘 기억하고 있다. 그러나 훈민정음 창제일이나 반포일은 모른다. 이제 우리는 세계에서 가장 우수한 글자인 '훈민정음'과 관련되어 있는 날을 확실하게 기억해야 하고 이를 국가기념일로 정하는 일부터 추진해야 훈민정음을 올바르게 이해하는 것이며 실질적인 문자 강국의 되는 초석이 될 것이다.

훈민정음과 군軍

김경중

육군 제15보병사단장 소장少將
전) 육군본부 인사참모부 인사기획근무차장
전) 국방부 인사복지실 인사기획관리과장
전) 제8기계화보병사단 제10기계화보병여단장
전) 제8기계화보병사단 138기계화보병대대장

2021년, 탈레반은 30만 명에 달하는 정부군을 물리치고 넉 달 만에 아프가니스탄을 장악했다. 미국이 20년 넘게 100조 원이 넘는 돈을 투자하고, 가장 현대적이고 정교한 장비를 가진 정부군이 무기력하게 탈레반에게 밀려난 모습은 전 세계에 큰 충격을 안겼다. 그렇게 된 데는 많은 이유가 있겠지만 그중에 커다란 한 가지 이유는 바로 비 문해율(문맹률)이다. 놀랍게도 미군에서 훈련 시킨 아프가니스탄 정부군 중 불과 5% 남짓만이 초등학교 3학년 수준의 읽기가 가능한 수준이었으며, 대부분 숫자 세는 법과 색깔까지 일일이 가르쳐야 하는 정도였다고 한다. 비 문해율이 군軍과 큰 연관성이 있다고 볼 수 있는 대목이다. 이에 나는 훈민정음이 군軍의 영역에 기여한 바, 그리고 군인으로서 훈민정음에 기여할 바를 생각해 보았다.

전쟁은 무기체계만으로 승리할 수 없다. 무기체계를 운용하기 위해 교리에 대한 이해도 필요하다. 그러나 단지 교리에 대한 이해만으로도 한계가 있다. 빠르게 변화하는 사회와 과학기술의 발전 속도에 맞춰 끊임없이 이해하고 운용하며 창의적으로 적용해야 하는 것이 현실이다. 무엇보다 전쟁은 군軍만 수행하는 것이 아닌 국가 총력전이므로 국가의 전 영역을 통합해야 하기 때문이다. 이러한 상황에서 미군이 아프가니스탄군에게 숫자와 색깔까지 가르치고 훈련을 시켜서 전투력을 창출하는 것은 대단히 어려웠을 것이며, 많은 한계점이 노출될 수밖에 없었을 것이다.

다행스럽게도 대한민국 국군의 상황은 아프가니스탄군과 매우 다르다. 우리나라의 문해율은 세계 최고 수준으로 이는 세종대왕님께서 훈민정음을 창제하신 덕분이다. 이로 인해 군軍은 다양한 정보와 축적된 경험을 바탕으로 교리를 이해하고 발전시킬 수 있었으며, 현재는 세계 최강인 미군이 포함된 한미연합부대를 미국과 협력하여 우리 군이 지휘하기 위해 전환하는 과정에 있다. 한미연합사단도 운영되고 있는데 이는 초급부사관들까지 교리를 이해하고 소통할 수 있을 정도로 문해율이 높기 때문이다. 더욱이 연합작전에서는 상호 국가의 문화 또한 이해해야 최고의 전투력을 발휘할 수 있는데 이 또한 우리의 문해율이 높기에 충분히 가능한 일이다.

훈민정음이 창제되지 않았다면 군의 지휘와 상황 조치는 어떠했을까? 군인에게 문자는 소통하기 위해 없어서는 안 될 매우 중요한 존재이다. 6·25전쟁 당시 우리 군은 한자 위주로 명령을 하달했지만, 현재는 한국어로 하달하고 있다. 이 덕분에 지휘관부터 말단 병사까지 더욱 일사불란하게 움직일 수 있게 되었다. 부대의 가장 최소 단위인 분대의 책임 지역이 더욱 확장되고, 도시지역 작전 등에서 분대 단위 전투를 수행하는 경우가 많아지는 현재 상황에서 한국어를 바탕으로 무전과 메시지를 통해 소통하는 것은 더욱 중요해지고 있다. 훈민정음의 창제가 싸워 이기는 강한 군대를 양성하는 데 큰 도움을 주고 있다.

군인은 누구와 싸워야 하고 왜 싸워야 하는지를 아는 것이 중요하다. 먼저, 싸울 대상은 직접적인 적과 향후 생길 수 있는 잠재적인 적이 있다. 이러한 적은 상황에 따라 달라질 수 있으므로 군인은 평소 잠재적인 적까지 생각하고 대비를 해야 한다. 이렇게 변화되는 상황과 관계없이 싸워야 할 대상을 식별하는데 가장 명확한 기준은 바로 국가의 얼魂이다. 국가의 얼을 잘 인식하고 있다면 우리의 안전보장과 국토방위를 위해 누구와 싸워야 하는지를 명확히 판단할 수 있다. 그래서 국가의 얼을 교육해야 한다. 국가의 얼은 우리 국가의 자랑스러운 역사와 문화를 내면화함으로써 자긍심을 가질 때 만들어진다. 세계가 최고라고 인정하는 훈민정음에 대한 이해를 통해서도 국가의 얼을 형성할 수 있는 것으로 교육이 필요하다.

싸우는 이유 또한 중요하다. 헌법 제9조에 '국가는 전통문화의 계승 발전과 민족문화의 창달에 노력해야 한다'고 명시한 바와 같이 우리는 자랑스러운 역사와 문화를 인식하고 계승하기 위한 여건을 보장해야 할 것이다. 일제 강점기에 우리는 한국어를 사용하지 못하고 창씨개명을 강요당했던 아픈 경험이 있다. 실화를 바탕으로 제작한 영화《말모이》는 학교에서 한국어를 사용하지 못하게 하며 문화를 말살하려는 일제에 맞서 목숨을 걸고 한국어를 살리고자 투쟁하는 선열들의 상황을 보여준다. 여기에서 우리는 우리의 문화를 보호하고 계승, 발전시키기 위해 군軍이 안전보장을 해야만 하는 이유를 알 수 있다. 우리는 한때 훈민정음을 지키지 못했던 과거의 잘못을 되풀이하지 않도록 해야 하며, 이제는 세계유산이 된 훈민정음을 지키기 위해 더욱 국가의 안전을 보장해야 한다.

군軍은 민족문화의 계승 및 발전을 위해 노력해야 한다. 과거 비 문해율이 높았던 시절, 정부에서 한글 교육을 활성화하였을 때 군에서도 그에 발맞춰 장병들의 한글 교육을 실시해서 문해율 증가에 기여한 바 있다. 우리는 이제부터라도 훈민정음을 제대로 이해하는 기회를 가질 필요가 있다. 그러기 위해선 세계가 인정하는 유네스코 유산인 자랑스러운 훈민정음의 가치를 전 장병에게 알리어 자긍심을 갖도록 해야 한다. 그래서 우리 생활 곳곳에 스며있는 공기 같은 우리글의 고마움을 느끼도록 해야 할 것이다. 우리 국가의 얼을 면면히 계승하는데 군軍도 반드시 기여해야 할 것이다.

마지막으로, 훈민정음의 창제이념에는 홍익인간의 이념과 애민정신이 있었다. 세종대왕께서 당시에는 조선의 백성을 생각하셨겠지만, 지금 이렇게 세계화에 발맞춰 훈민정음이 세계인에게 혜택을 주는 것을 보면 무척 기뻐하실 것이다. 우리나라는 전 세계 84개국 244개소에 '세종학당'을 설치하고, '온라인 세종학당'도 운영하며 한국어를 가르치고 있다. 군軍 역시 세계평화를 위해 평화유지군(PKO)으로 활동하면서 한국어를 교육하고 있다. 군軍은 앞으로도 평화 유지 활동 간 더욱 활발한 교육과 홍보를 통해 세계인 속의 훈민정음이 되도록 많은 힘을 쏟아 훈민정음의 세계화에 큰 보탬이 되어야 할 것이다. 세종대왕님께 감사드리며, 이미 군軍에 크게 기여하고 있는 훈민정음을 잘 지키고 사랑하며 세계로 확산하는데 기여하는 군軍이 되기를 소망한다.

문해율이 낮은 훈민정음 보유국

문선영

훈민정음(주) 대표이사
훈민정음 신문 발행인
훈민정음(주) 출판사 대표
전) 일신한문학원장
전) 일신서예학원 부원장

"역사에 만약이란 것은 없다"지만 만약 세종대왕이 어리석은 백성을 나 몰라라 하고 훈민정음을 창제하지 않았다면 오늘날 우리는 어떤 문자 생활을 하고 있을까? 아마도 아직 모든 공문서와 서책은 물론이고 일상에서의 표현도 한자를 쓰고 있을 것이다. 그러나 다행스럽게도 "지혜로운 자는 이른 아침이 되기도 전에 이해하고, 어리석은 자도 열흘이면 배울 수 있는" 스물여덟 자 훈민정음 덕분에 세계에서 가장 우수한 문자를 사용하고 있는 국가로 인정받아서 타국의 부러움을 사고 있다.

이처럼 우리는 하늘이 내리신 성군 세종대왕께서 만들어 주신 위대한 문자 훈민정음 28자의 조합능력으로 "어디를 가더라도 통하지 않는 곳이 없어서, 비록 바람 소리와 학의 울음소리는 물론, 닭 울음소리나 개 짖는 소리까지도 모두 표현해 쓸 수가 있게 되었지만", 뜻밖에도 우리나라의 문해율은 OECD가 실시한 국제성인 문해력 조사 결과, 문해력이 최저수준인 사람의 비율은 한국이 38%로, 회원국 평균인 22%보다 두 배 가까이 많다는 사실이다.

왜 그럴까? 세계의 수많은 문자 중에서 가장 과학적이고, 가장 우수한 문자라는 훈민정음이 가져다주는 커다란 복을 '한글 24자'로 왜곡하고 무시하면서 무분별한 외래어와 정체불명의 외국어를 우선시해 온 결과 정작 훈민정음에 대해 모르는 것이 너무 많은 데서 이유를 찾아야 할 것 같다.

그렇다면 '문해율'이란 무엇인가? 문자를 이해하고 문자로 소통할 수 있는 능력을 갖춘 성인의 비율을 뜻한다. 그래서 흔히 '비非문해율'이라고 하면 단순히 글자를 읽고 쓰지 못하는 '문맹' 뿐만 아니라 글을 읽어도 그 내용을 이해하지 못하는 경우까지 다 포함되는 것이다. 지식 기반 사회로 접어든 최근에는 다양한 정보들을 해득하는 일이 중요해지면서, 선진국일수록 기초 문해 능력을 강조하는 경우가 많다. 하지만 체계적인 문자 해득 교육이 뒷받침되지 않으면 그 나라의 문해율도 낮아질 수밖에 없는데, 이처럼 받아들이기 어려운 결과에 대해 전문가들은 전반적으로 부실한 기초 '국어 교육'이 중요한 원인 가운데 하나라고 지적한다.

즉, 우리나라 국민은 글을 아는 걸 당연하게 생각하는 사람들의 인식과 다르게, 실제 문자를 이해하고 소통할 수 있는 능력을 갖춘 사람의 비율이 그리 높지 않은 이유는 학교에서 놓치고 있는 기초 한글 교육이 성인들의 문해력에까지 영향을 미친다는 점이다.

예를 들면, '한글은 24자이고 세종대왕이 만든 글자'라고 교육하고 있기에 창제 당시의 28자 중 잃어버린 4개 글자가 없어도 언어사용에 불편함이 없다고 착각하게 되었을 뿐 아니라, 필자가 만난 사람들 소위 말하는 식자층은 물론이고 대학을 졸업한 젊은이나 초등학생에 이르기까지 '낫 놓고 ㄱ자도 모른다.'라는 속담에 나오는 'ㄱ' 자에 대해 '기역'이란 이름을 붙인 사람이 누구인가를 물어보았더니, 약속이나 한 듯이 하나같이 세종대왕이 아니냐고 반문할 정도로 훈민정음 교육은 현재 진행형으로 왜곡되고 있다는 점이 초라한 문해율 저수준의 시발점이라고 생각한다.

이제부터라도 한글의 원형인 훈민정음 28자를 체계적으로 기초부터 학습하고, 훈민정음 창제 정신을 바르게 가르쳐나간다면 공교육인 국어 교육의 신뢰를 회복할 수 있고 최고의 문자를 보유한 국격에 맞게 문해율 상위국이라는 평가도 받을 수 있을 것이다.

ᄆ·ᄎᆞᆷ내제ᄠᅳ들시러펴디
몯ᄒᆞᆶ노미하니라

내 아들의 모국의 자랑스러운 문자, 훈민정음

르로이 플로리안

BUSCH 엔지니어
한국인 박신애의 남편
아담이 아빠
프랑스인
프랑스계 회사 한국지사 파견근무

좋은 기회가 되어 한국에서 5년 동안 거주했습니다. 프랑스에서도 다수는 아니어도 K-문화에 열광하는 사람들이 몇몇 있습니다. 그들은 한국 드라마를 보고 한국의 대중가요를 들으면서 한국어에 관심이 생겨 한국으로 언어를 배우러 오기도 합니다. 반면, 저는 교환학생, 언어유학생이 아닌 프랑스계 회사의 한국지사에서 일하는 회사원으로서 한국어의 기역, 니은, 디귿도 모른 채 한국에서의 생활을 시작했습니다. 일주일에 한 번 한 시간 정도 회사에서 제공하는 한국어 수업을 들으면서 몇 마디 외우는 정도였습니다. 제 모국어인 프랑스어, 제2외국어인 영어와는 생김새도 문법도 완전히 다른 한국어를 이해하고 배우는 데는 한계가 있었습니다.

거주 당시 친했던 한국인 친구에게 한국어 단어의 뜻을 물어볼 때마다 그 친구는 이렇게 설명해 주곤 했습니다. 예를 들어, '냉수'라는 단어는

'냉'은 한자로 '차갑다', '수'는 한자로 '물'이라는 각각의 글자가 만나서 생긴 단어야. 그 설명에 저는 바로 궁금해졌습니다. 그럼 일상생활에서 사람들이 쓰는 '물'이라는 단어는 '수'랑 달라? 제 질문에 친구는 미소를 띠며 '물'은 순우리말, 한글이야.' 한국어는 한글을 바탕으로 생긴 언어이고, 그 한글은 곧, 훈민정음이라는 세계에서 제일 과학적인 언어라는 사실을 나중에 알게 되었습니다.

　주말이 되면 서울 이곳저곳을 탐방하기도 했는데 그 중 인왕산이 병풍처럼 둘러싸여 있고 아름다운 경복궁이 보이는 광화문 광장은 서울에서 가장 좋아하는 곳 중 하나입니다. 이순신 동상 뒤편에는 세종대왕 동상이 세워져 있었습니다. 많은 왕 중에 왜 세종대왕이 선택되었을까? 그건 아마 세종대왕이 창제한 훈민정음 덕분에 지금 한국인들이 쓰는 글자, 한글이 존재할 수 있게 하였기 때문에 중요하지 않았을까 나름 추측해 보았습니다. 한 나라가 존재하기 위해선 그 나라의 문화가 있어야 하고 그 문화의 바탕에는 고유의 언어가 있어야 합니다. 그런 의미에서 한국의 후손들에게는 아름다운 훈민정음을 영원히 잊지 말자는 메시지를, 한국을 방문하러 오는 외국인 관광객들에게 이러한 우수한 훈민정음을 알리자는 취지에서 이 세종대왕 동상은 그 어떤 한국 위인들의 동상들보다 중요하지 않을까 생각합니다.

　하지만 안타깝게도 언어를 전공하거나 한국어를 심층적으로 배우지 않고서, 한국에 거주하면서 한국어 혹은 한글 외에 훈민정음에 대해 배울 기회는 좀처럼 없었습니다. 당시 직장생활을 같이한 몇몇 프랑스인 동료 중 과거 교환학생 프로그램으로 대학교에서 한국어를 배운 동료가 있었지만, 수업 중 선생님이 훈민정음을 언급한 적은 한 번도 없었다고 합니다. 한국 어린이, 학생들은 학교 국어 수업 시간에 훈민정음에 대해 얼마나 배우고 알고 있을지 궁금합니다.

저는 현재 다시 프랑스에 살고 있지만, 한국인 부인과 사랑스러운 두 돌 되는 아들이 있습니다. 제 아들은 아버지의 언어인 프랑스어와 어머니의 언어인 한국어, 두 언어를 사용하는 사람으로 자라나고 있지만, 자라는 환경이 프랑스어권이다 보니 어쩔 수 없이 한국어를 배우고 사용하는 데는 큰 한계가 많을 것입니다. 그래도 아버지로서의 작은 바람은 살면서 항상 제 아내의 모국의 문화, 언어, 글자에 대해 언제나 자부심을 느끼며 커가는 사람이 되었으면 합니다.

나라의 보물 훈민정음

김성동

국민의힘 마포(을)당협위원장
제18대 국회의원
전) 국회의장 비서실장
전) 한세대학교 교수
전) 새누리당 통일위원회 위원장

　국제사회에서 대한민국은 "현대사의 기적을 이룬 나라"로 불립니다. 세계인들은 1950년대 지구촌 최 극빈국에서 불과 반세기 만에 경제 강국으로 도약한 한국의 변모를 경이로운 눈으로 바라봅니다. 아울러 대변혁의 원동력이 된 우리나라의 교육에 대해 주목합니다. 전문가들은 "교육을 통해 한 국가가 어떻게 발전할 수 있는지를 극명하게 보여주는 사례가 바로 한국"이라고 말합니다.

　실제로 개발연대 교육에 대한 국가적 배려는 눈물겨웠습니다. 빈한한 국가재정 형편에도 초등학교 의무교육제를 도입했습니다. 6.25 한국전쟁과 같은 국가 존망의 갈림길에서도 교육만은 멈추지 않았습니다. 대부분의 교육시설이 파괴나 징발을 당했음에도 산속과 해변을 가리지 않고 '노천교실', '천막 교실'을 만들어 수업을 계속했습니다. 피난처에서 운영된 '전시연합대학'은 세계적으로 유례없는 일이었습니다. 한 사람의 병력이 아쉬운 상황임에도 전후 복구의 자원이 된다는 이유로 대학생들에게는 재학 중 병역 유예 혜택이 주어졌습니다.

오늘의 대한민국은 이런 선배 세대들의 선견지명을 토대로 건설된 것입니다. 경제학자들은 "50년대 교육개혁의 결과 대량 배출된 한글세대가 60년대 이후 산업화의 주역이 되었다"고 평가합니다. 그렇기에 단기간에 산업화·민주화·정보화를 모두 이룬 '한국의 기적'은 곧 '교육의 기적'이라 말할 수 있습니다. 그리고 이 '교육혁명'의 못자리가 된 것이 바로 자랑스러운 우리의 '한글'입니다.

실로 한글은 빛나는 문화유산이며 고귀한 문화자산입니다. 여러 '소리글자' 중에서도 가장 발달한 음소문자입니다. 열 자의 모음, 열넉 자의 자음, 27종의 받침을 활용해 수천 개의 말을 표현할 수 있습니다. 아울러 발음기관과 발음 작용을 본떠 만들어진 한글의 과학성은 정보화 시대의 진전에 따라 더욱 빛을 발하고 있습니다. 일례로 휴대전화의 자판을 보면 하늘을 뜻하는 '·', 땅을 뜻하는 'ㅡ', 사람을 뜻하는 'ㅣ' 석자로 수십 가지의 모음을 다 적을 수 있습니다. 자음은 동일한 자판을 한 번씩 누를 때마다 예사소리(ㄱ)→거센소리(ㅋ)→된소리(ㄲ) 순으로 변환돼 결국 간단한 조작으로 모든 글자를 쉽게 표현할 수 있습니다. 이런 간결성은 다른 어떤 언어에서도 찾아볼 수 없는 한글의 탁월한 편이성을 입증해 주는 사례입니다.

세계 역사를 살펴볼 때 한글처럼 특정한 인물이 주도해 새 문자를 발명하고 국가 공용문자로 사용토록 한 경우는 매우 드문 일입니다. 특히 문자를 만든 취지와 원리, 또 사용에 대한 구체적인 해설을 정연하게 담은 기록, 곧 『훈민정음』을 함께 출판한 것도 유례를 찾기 힘듭니다. UNESCO가 1997년 10월 이 서책을 '세계 기록 문화유산'으로 선정한 이유도 여기 있습니다.

이 『훈민정음』의 서두에서 세종대왕은 훈민정음 창제의 동기를 명확히 피력하고 있습니다. 즉 "나라의 말이 공용되는 한자와 통하지 않아 백성들이 나타내고 싶어도 제 뜻을 능히 표현하지 못하는 실정임을 긍휼히 여겨 쉽게 익혀 편리하게 사용할 수 있는 스물여덟 자를 새로 만든다"는 내용입니다. 이 같은 세종대왕의 숭고한 애민 정신이 반영되어 훈민정음은 구성 원리가 간단하고 배우기 쉽습니다. 우리나라가 세계가 주목하는 '문맹 퇴치 신화'를 이룩한 배경도 여기에 있습니다.

이처럼 소중한 한글임에도 근래 우리 사회의 한글 홀대는 도를 넘고 있습니다. 온갖 은어, 비어, 속어, 정체불명의 약어, 합성어가 난무하고 있습니다. 인터넷은 물론 공공 방송에서조차 한글 규범 파괴가 공공연히 자행되고 있습니다. 영어 등 외국어에 대해서는 조기 교육, 해외 연수, 유학 등의 명목으로 엄청난 경비를 쏟아붓고 있는데 비해 우리말과 우리글을 갈고 닦는데 사용되는 비용은 극히 미미합니다. 그뿐만 아니라 분단 77년의 세월은 남북한 간의 언어를 갈수록 이질화시키고 있습니다.

이와 대조적으로 나라 밖에서는 한류 확산의 영향으로 아시아는 물론 중남미, 유럽, 아프리카에 이르기까지 우리말과 우리글을 배우려는 사람들이 폭발적으로 늘어나고 있습니다.

이러한 때 '(사)훈민정음기념사업회'에서 『108인의 훈민정음 글모음』을 출간하는 것은 참으로 시의적절한 일입니다. 겨레의 보물인 한글과 훈민정음에 대한 국민적 자긍심을 일깨우고, 바르고 윤택한 말글살이를 북돋우는 뜻깊은 기회가 될 것입니다. 언어는 한 나라의 역사와 문화창달의 관건입니다. 이번 출판이 '한글 사랑', '한글 존중'의 정신을 다지는 값진 계기가 되기를 기원합니다.

한글날 아침에

송주헌

전) 충청북도 문화공보실장
전) 청주시 동부출장소장
전) 충청북도 문인협회 회장
전) 향우 문학회 회장
전) 청오 문학회 회장

한글이 세계의 으뜸임을 모르는 국민은 없다. 우리뿐 아니라 세계의 모든 언어학자가 한글의 우수성에 대해서는 이미 감탄하고 극찬하고 있다.

한글의 우수성은 2009년과 2021년 열린 세계문자올림픽에서 두 차례 모두 최우수상을 받음으로써 증명된 바 있다. 만든 사람이 분명하고 만든 동기가 백성을 사랑하는 마음에 바탕을 두었으며 만든 시점이 분명한 훈민정음이야말로 우리의 보배요 자랑이며 이 나라에 사는 모든 이의 행복이기도 하다.

한자가 상류사회의 한 부류에만 쓰여 수많은 하층계급 사람들은 제 이름조차 쓸 줄 모르는 안타까운 현실을 굽어살피신 세종대왕께서 그 어리석은 백성들을 위해 밤잠을 설치시며 뼈를 깎는 노력 끝에 마침내 『훈민정음』이라는 새로운 문자를 만드셨다. 백성을 사랑하시는 그 넓은 마음을 우리가 어찌 잊으리오.

한글의 우수성이나 위대성에 대해서는 온 국민이 다 아는 일이지만 그 위대한 임금께서 지으신 아름다운 우리 말과 글이 외래어와 외계에서나 쓸 만한 이상한 문자로 더럽혀지고 버려지는 근래 우리 언어생활을 돌아보면 우리 스스로 부끄러운 마음을 금할 수가 없다.

내가 충청북도 문화공보실에 근무할 때 '통일주체국민회의 대의원'에게 보내는 도지사의 편지를 대신 쓴 적이 있다. 거기에 '집안은 두루 편안하시고 백 복이 가득 하시기를 바랍니다'라는 식으로 썼는데 도지사가 그 원고 위에 '상대가 상대인 만큼 경어를 써야 하는데 글이 불경하니 기획관리실장이 다시 교열해서 보내라'고 써서 되돌려 보냈다. 기획관리실장이 '보담寶覃(편지글에서 상대편의 집안을 높여 이르는 말)이 여경如慶하시며 만복이 충만하시기를 기원합니다'로 고쳤다. 그것을 받고 보니 받는 이가 알아보지도 못할 한자를 쓰는 것이 존경하는 것으로 여기고, 내가 지사의 안목으로 글을 써야 하는데 내 생각대로 한글로 쓴 것을 마치 상대를 깔본 걸로 여기는 것이 되어 못마땅했다.

이 시절 충청북도 지명지地名誌를 편찬 발간했는데 원고는 지리 전문가들이 썼고 편집은 나를 비롯한 문화재과 직원들이 맡았다. 그 책에는 한자로 된 마을 이름 아래 우리말 이름이 적혀있었다. 예를 들면 추동리楸洞里:가래울, 학평리鶴坪里:두룸벌, 학동鶴洞:황새울, 호암리虎岩里:범박골 등이다. 한자로 된 이름은 시골 선비들이 쓰는 이름이고 한글 이름은 마을 사람들이 부르는 이름이다. 이처럼 글을 아는 사람들이 한글을 업신여기고 한자가 마치 자기들 글인 양 즐겨 썼다. 지금 통용되는 행정구역 이름은 한자 이름으로 마을의 유래나 특성을 알기 어렵다.

이제는 시대가 바뀌어 한자를 즐겨 쓰던 세월도 가고 젊은이들은 뜻도 모르는 한자어와 외래어로 소통한다. 상가의 간판들조차 시대의 흐름에 따라 뜻도 모르는 외래어로 된 것이 대부분이다.

한글날 아침 일간신문의 기사를 읽었다. 한국문화에 관심을 두고 한국을 방문한 독일인이 'LOWE'라는 미용실 간판을 보고 놀랐다는 기사이다. 'LOWE'는 독일어로 '사자'를 뜻하는데 미용실에서 머리를 사자 모양으로 해주는 거로 생각했다고 한다. 또한, 어느 기자가 줄지어 늘어선 상가의 열 군데 간판을 보니 그중 한군데만이 '땅'이라고 쓴 부동산 가게였다고 하니 웃을 수도 울 수도 없는 한심한 한글날의 풍경이다. 이처럼 우리의 말과 글이 예전에는 한자에, 오늘날은 외래어에 침범당하는 현실이 세종대왕께 부끄럽다.

우리 딸들이 자주 다니는 '밀리네'라는 미용실이 있다. 이 석 자에는 손님이 밀리도록 왔으면 좋겠다는 주인의 갸륵한 생각이 담겨있다. 아름다운 우리말 우리글이 얼마나 자랑스러운가!

우리의 말과 글은 민족의 혼이요 민족의 정신인데 이처럼 외래어에 짓밟히고 뜻도 모를 인터넷 용어의 줄임말로 이미 자리를 잡고 있으니 그것을 부끄럽게 느끼지 못하는 어리석은 백성들이 한글날 아침에 깊이 뉘우치고 깨달았으면 좋겠다.

훈민정음 우리 글자 만만세

강정화

(사) 한국문인협회 시분과 회장
한국문인산악회 회장
시인, 문학박사
부산광역시 의정동우회 감사
한국현대시인협회 지도위원

성군이신 훈민정음 만드신 세종대왕님!

훈민정음 만들어 반포하신 날 하늘이 열리듯
땅 위에 백성들 감읍한 찬사의 함성
장강長江으로 흘러 오대양 육대주로 유유히 흘러
세계가 칭송하는 문화 민족임을 만방에 알리니
위대하신 세종대왕님의 공덕 찬하며 찬하네
자음 열일곱 자와 모음 열한 자 스물여덟 자로
표현 못 하는 글자 없어 세계가 놀랐네!
세밀하고 과학적인 독창성이 으뜸이네
합리성과 실용성까지 갖춘 오묘한 원리
어느 언어보다 가장 훌륭한 발음 이루니
찬란한 문화로 세계 속에 우뚝이네

오직 만백성을 지극히 사랑하신 애민愛民정신이여

백성들의 삶 풍요롭게 통합시키는 빛나는 글자

세종대왕님의 업적 기리고자 세계가 들썩이네

우리의 자랑 우리의 얼 널리 퍼져

연년세세 이어나갈 찬란한 문화유산

오천만이 머리와 가슴으로 흘러

코리아의 우수성을 만방에 전하며

세계인을 우리 언어로 천하를 통일시키네!

그 업적 세계 속에 만대까지 뻗어나가리

지화자 좋을시고 하늘 글자 훈민정음 만만세!

훈민정음 만드신 성군 중의 성군 세종대왕 만만세

자랑스러운 우리 한글 전파로
인류복지에 이바지하자

우태주

국회 입법 정책연구회 상임부회장
전) 국회의장 민원비서관
전) 경기도의회 의원
전) 한국산업단지공단 이사회의장
전) 국제감사인대회 한국대표

한글의 의미를 간결하게 정리하면 한마디로 우리나라의 고유한 위대한 글이다. 조선 제4대 임금인 세종대왕이 정인지, 성삼문 등 집현전 학자들과 함께 연구하여 세종 25년인 1443에 만들어 세종 28년에 훈민정음이라는 이름으로 반포하였다. 그리하여 우리말을 완전하게 기록할 수 있는 우리글의 필요성을 느끼고 오랫동안 연구를 거듭하여 마침내 우리글을 완성하고 이를 훈민정음이라고 이름한 백성을 가르치는 바른 소리라는 뜻이다.

그러나 훈민정음은 고루한 양반들에 의해 언문, 암글, 가갸글 등으로 천시를 받기도 했지만, 그 후 일반 백성들 사이에 꾸준히 사용되어온 우리글이었다.

근세에 이르러 어학자 주시경 선생에 의해 한글로 불리기 시작했으며 한글의 뜻은 한민족의 글, 세계에서 가장 뛰어난 글, 크고 올바른 글이란 뜻으로 우리 민족 고유의 자랑스럽고 위대한 문화로서 우리는 큰 긍지를 가지고 우리나라는 물론 세계만천하에 드높이 띄워서 인류복지에 이바지하기 위한 몇 가지 제언을 하고자 한다.

첫째, 우리나라 모든 간판을 한글로 하자.

언제부터인가 아파트 명칭이 현대, 동아, 삼성 아파트에서 힐스테이트, 매트 하임, 프라쟈 등 영문 표기로 바뀌었다. 시어머님의 불시 방문을 막아주기 위해 건설사에서 착안했고 새댁들의 환영을 받았다는 서글픈 일화가 있다.

우리나라 거리의 간판도 아예 한글이 없고 영문으로만 된 곳이 많다. 간판은 우선 보고 찾아오기도 하지만 기억했다가 다시 찾게 하는 역할도 한다.

영문 간판은 알파벳을 아예 모르거나 익숙하지 못한 국민에게는 세계에 으뜸가는 한글을 둔 영광스러운 국민을 앉아서 바보 만드는 짓이다. 국민 한 사람이라도 낙오되거나 소외감을 느끼도록 해서는 안 된다. 알파벳을 몰라서 간판조차 읽지 못하는 우리 부모 세대에게 훈민정음과 한글의 위대함을 말할 수 있겠는가?

외국 사람이 한국에 와서 영문으로만 표시된 간판을 보고 이 나라의 위대한 한글이 있다고 생각하고 위대한 문화유산이 있다는 생각을 할 수 있겠는가?

우리 국민 누구에게나 위대한 한글만 알면 국내 어느 곳에서도 추후의 불편함이 없어야 하고 외국에서도 불편함이 없도록 한글의 지평을 온 세계로 넓혀 나가야 하고 외국인은 한국에 와서 거리의 간판만 보고도 한국 냄새를 물씬 느끼도록 해야 한다.

우리나라의 간판 모두를 큰 글씨로 한글, 필요하다면 그 밑줄에 작은 글씨 영문으로 제작하도록 지침을 주자.

둘째, 국제적인 공식행사에서는 대한민국 국민의 긍지를 갖고 반드시 한국어를 쓰고 일상용어를 아름다운 우리말을 쓰자.

우리 대통령 몇 분이 어색한 발음으로 외국 공식행사에서 영어로 연설하는 모습을 보고 비판적인 생각을 하는 사람이 많았다. 어떤 성질의 국제행사이든 대한민국 대표가 자랑스러운 우리말을 두고 공식행사에서 영어로 직접 연설하면 단어와 어휘 선택에 어색함이 있을 수 있고 한번 연설한 단어는 수정할 수 없다. 공식행사는 반드시 우리말을 쓰고 실무회담과 사석에서는 상대방과 의사소통이 영어가 편할 수 있으므로 양해할 수 있다. 일상용어도 우리말 감사합니다, 아내 등을 두고 땡큐, 와이프, 하우스, 센터 등 대화 중에 유식해 보이려고 영어를 많이 넣어서 말하는 추한 모습을 보이지 말고 아름답고 정겨운 우리 말을 쓰도록 하자.

셋째, 외국에 사는 교포 2세 3세, 4세가 반드시 한글을 익히고 한국어에 능통하도록 국가 차원에서 예산 지원하고 관리하자.

필자는 성공한 우리 동포가 우리나라 방송사 인터뷰에서 우리말을 전혀 못 하거나 더듬거리는 모습을 여러 번 보았다. 한글을 모르고 우리말을 모르면 우리 동포라고 말할 수 없고 우리나라는 훌륭한 인재를 잃게 되고 나아가서 국력에 막대한 손실을 줄 수 있다. 체력이 국력이라는 말보다는 우리나라 말과 한글이 국력이라는 말이 더욱 설득력이 있어 보인다. 현재 외국에서 운영 중인 한인회, 한글학교, 한국학교의 지원을 더 적극적으로 하고 외국의 더 많은 대학에 한국어학과 증설을 위해 적극적으로 나서자.

세계로 뻗어나는 우리나라 국기 태권도와 선교사업에 연계해서 의무적으로 한글과 우리말 전파를 위한 구체적인 방안을 국가 차원에서 마련하자.

넷째, 지구촌 어느 곳에 제대로 된 문자가 없어 일생을 문맹으로 살거나 불편을 겪고 있는 나라에 우리 한글을 전파해서 우리 대한민국의 얼과 문화를 심어 우리의 지평을 넓히고 인류복지에 이바지하자.

우리가 무기 개발이나 국제사회 복지향상을 위해 재정지원이나 구호물자, 우물 파기 등을 전개하고 있으나 그보다 더욱 절실한 것은 문맹인이 많은 나라, 자국 언어나 문자가 미천한 나라가 의외로 많음을 인식하고 세계인 문맹 퇴치에 적극적으로 나서는 일이 무엇보다 인류복지에 이바지하는 큰일이라고 생각한다. 그래서 알파벳을 모르는 국민이 세계 어디를 가도 불편함 없고 한글이 전 세계 통용어 되어서 우리가 경제활동 주체가 되고 인류복지를 주도하는 나라가 되어 영원무궁 대한민국을 만들어 가자.

노교육자의 고백

오일창

산삼항노화엑스포조직위원회 자문위원
전) (사) 효행인성교육운동본부 이사장
전) 한국교육삼락회 상임이사
전) 아름다운학교운동본부 공동대표
전) 경상남도 함양교육청 교육장

1967년 2월 20일 진주교육대학을 졸업하고 그해 3월 1일 자로 초등학교 교사로 교육자의 첫걸음을 내디뎠다.

1992년 9월1일부터 1999년 2월 28일까지 경상남도 하동, 함양교육청, 경상남도 교육청의 장학사로 임무를 수행하고 1999년 3월 1일 함양군, 안의 초등학교 교장으로 보직을 받은 이후 2009년 2월 28일 경상남도 함양교육청 교육장으로 퇴직하기까지 43년간 인재 양성에 매진한 교육자로서 부끄럼 없이 살았노라고 자부하던 필자가 사단법인 훈민정음기념사업회를 알게 되면서 부끄럼 하나를 느끼게 되었다.

그 부끄러움은 다름 아니라 내가 43년간 초등학교 교단에서 미래 꿈나무들을 가르치면서 그들에게 한글은 세종대왕이 만들었고, 한글은 24자라고 가르친 것이 참으로 잘못된 지식을 검증하지 않고 내가 배웠던 것을 그대로 전달했다는 자각이었다. 굳이 나의 잘못을 합리화하기 위해 변명을 하자면, 아마도 나뿐만 아니라 대다수의 교육계 동료들도 그렇게 배워서 알고 있었으리라는 점이다.

그러나 그 변명은 또 다른 부끄러움을 추가하는 자기모순이라는 것을 잘 알고 있으면서도 사족을 다는 까닭은 내가 교단에서 우리 아이들에게 매년 10월이 되면 가르쳤던 한글날 노래 가사에서 비롯되었다는 것을 말하고 싶기 때문이다.

강산도 빼어났다 배달의 나라 / 긴 역사 오랜 전통 지녀온 겨레 / 거룩한 세종대왕 한글 펴시니 / 새 세상 밝혀주는 해가 돋았네 / 한글은 우리 자랑 문화의 터전 / 이 글로 이 나라의 힘을 기르자(1절)

볼수록 아름다운 스물넉 자는 / 그 속에 모든 이치 갖추어 있고 / 누구나 쉬 배우며 쓰기 편하니 / 세계의 글자 중에 으뜸이도다 / 한글은 우리 자랑 민주의 근본 / 이 글로 이 나라의 힘을 기르자(2절)

한겨레 한 맘으로 한데 뭉치어 / 힘차게 일어나는 건설의 일꾼 / 바른길 환한 길로 달려 나가자 / 희망이 앞에 있다 한글 나라에 / 한글은 우리 자랑 생활의 무기 / 이 글로 이 나라의 힘을 기르자(3절)

이 한글날 노래는 한글학자 최현배 선생이 작사하고, 박태현 선생이 작곡한 곡이다.

이 노래 가사 중 1절의 '거룩한 세종대왕 한글 펴시니'와 2절의 '볼수록 아름다운 스물넉 자는 그 속에 모든 이치 갖추어 있고'의 가사처럼 어떠한 규명도 하지 않은 채 당연한 듯이 세종대왕이 펴신 한글은 스물넉 자라고 어린 학생들에게 가르쳐왔음을 고백한다.

왜냐하면 훈민정음기념사업회에서 주최한 훈민정음 해설사 과정을 참여하면서 세종실록의 1443년 12월 30일 "이달에 임금이 친히 언문 28자를 지었는데, 그 글자가 옛 전자를 모방하고, 초성·중성·종성으로 나누어 합한 연후에야 글자를 이루었다. 무릇 문자에 관한 것과 이어俚語에 관한 것을 모두 쓸 수 있고, 글자는 비록 간단하고, 요약하지마는 전환하는 것이 무궁하니, 이것을 〈훈민정음〉이라고 일렀다."는 기록을 근거로 세종대왕이 창제하신 문자의 이름은 한글이 아니라 훈민정음이고, 1910년 '한글'이라고 이름을 지은 주시경 선생은 1940년 발견된 『훈민정음해례본』의 존재조차 몰랐다는 것을 알게 되었다. 그리고 훈민정음은 24자가 아니고 자음 17자와 모음 11자로 28자인데, 일제 강점기를 거치면서 여린히읗(ㆆ), 반잇소리(ㅿ), 옛이응(ㆁ), 아래 아(·) 네 자가 소멸하였다는 것을 알게 되었기 때문이다.

그래서 이제부터라도 여생은 한글과 훈민정음의 차이점을 바르게 알리고, 소멸한 네 글자를 복원하는 운동에 적극적으로 동참하면서 세계에서 가장 과학적이고 우수한 글자 훈민정음을 기념하는 탑 건립 운동을 위해 활동하리라고 다짐해본다.

제약이 없는 문자, 훈민정음

묘춘성

한중인재개발원 원장
반기문 제8대 유엔사무총장 중국 사무 보좌관
훈민정음탑건립조직위원회 공동집행위원장
글로벌중소기업연맹 서울사무소 수석대표
중국중앙방송국 서울지국 뉴미디어창작기지 대표

한중인재개발원韓中人才开发院, 韓中人材開發院(Korea-China Text. 약칭 KCT)은 한국과 중국의 인재를 양성하여 상호 한중 양국의 문화교류를 위해 2015년 5월에 설립되었으며 한중관계 전문가 초청 세미나 개최 및 국제회의와 포럼을 기획하여 양국 간의 이해 증진을 도모하고, 동북아시아의 평화정착을 위한 분위기 조성에 기여하고 있습니다.

한중 양국 간의 이해 증진을 위한 다양한 사업 중 하나인 유학사업부는 설립 이래로 서울권에 있는 80% 이상의 대학을 포함하여 국내 다수 대학의 협력 기관으로서 다양한 경로로 해외의 인재들이 한국으로 유학을 오는데 다양한 서비스와 기반을 마련해 한국에서의 생활기반을 형성 정착하는 데 도움을 주기 위해 더욱 막중한 책임감과 사명감으로 유학사업을 꾸준히 진행해 나가고 있습니다.

유학사업부를 운영하면서 만나는 유학생 중 K-드라마, K-팝 등 다양한 K-콘텐츠에 매혹된 후 한국 유학을 결정하는 경우가 많습니다. 특히나 한국에서 학업을 시작하기도 전에 K-콘텐츠를 통해 자연스럽게 습득한 한국어를 유창한 언어를 구사하는 학생들도 더러 있었습니다.

본인은 일찍이 한국의 문화와 접점을 가지고 살아왔습니다. 또한 한국에서 한국어를 배우고 싶어 하는 학생들을 돕는 유학사업을 펼쳐 나가면서 한국어 교육에도 힘을 쏟고 있습니다.

처음 사업을 시작하기 전에는 한글은 10개의 모음과 14개의 자음의 조합으로 이루어져 세계에서 가장 많은 발음을 표기할 수 있는 문자라서 외국인들이 자연스럽게 한국어란 언어를 습득할 수 있다고 생각했습니다. 하지만 사업을 펼쳐 나가며 배운 것은 한국어를 배우고자 하는 이들이 한국어를 쉽게 습득할 수 있었던 주요한 요인으로 '한글의 열쇠'라고 할 수 있는 훈민정음에서 비롯된다는 것을 알게 되었습니다.

"모든 사람이 글자를 쉽게 익혀서 날마다 쓰는 데 편하게 하고자" 하였던 훈민정음의 실용 정신은 "지혜로운 사람은 아침나절이 되기 전에 깨우치고, 어리석은 이도 열흘이면 배울 수 있는 쉬운 문자"로서 오늘날 한국어를 말하고 쓰고자하는 이들에게 국경과 민족의 제약 없이 가장 쉽게 배울 수 있는 언어로 자리매김을 하는데 큰 기여를 하고 있다고 생각합니다. 나아가 조선 후기 실학자들을 거쳐 주시경 선생에 이르기까지 연구를 통해 한글에 국문이란 지위를 주었고, 이 언어는 한국 문화 발전의 기반이자 지금 전 세계적으로 위상 높은 K-문화의 시발점이 되었습니다.

처음 한국의 문화는 몇 편의 드라마로 한류열풍을 일으켰습니다. 그리고 이젠 한글로 된 K-가요를 전 세계 사람들이 합창하고, 한글의 자모음으로 디자인한 옷을 입고, 나아가 그들 스스로 한국어로 스트리밍 되는 콘텐츠를 만들어 나가고 있습니다.

유학사업 시장은 잠시 코로나 팬데믹으로 인해 주춤하였지만, 다시 한번 급물살을 탄 K-콘텐츠에 힘입어 한국 유학에 대한 수요는 점차 늘어나고 있고 그 가운데 K-문화를 더욱 깊게 이해하고자 하는 학생들의 열정은 한국어 학습에 대한 열망으로 이어지고 있습니다.

이렇듯 K-문화가 광범위한 발전과 끝없는 수요가 발생하는 지금, 이 흐름에 맞춰 K-문화를 표현하고 그려낼 수 있었던 훈민정음, 한글 즉 한국의 언어의 무한한 가능성과 우수성을 K-문화 일부분으로서 널리 알리는 기지를 발휘해야 할 것입니다.

언문 편지에 실어 보낸
지아비 마음

장정복

전) 서울한영대학교 평생교육원 교수
사단법인 훈민정음기념사업회 특별회원
수필가
대한민국 한자명인
전) 고교지리교사

2016년 6월 29일부터 같은 해 12월 31일까지 한국학중앙연구원 장서각에서 개최되었던 '한글, 소통과 배려의 문자' 특별전을 관람했던 기억의 한 페이지를 끄집어 내본다. 그때 내 눈에 띈 학봉 김성일이 아내 안동 권씨에게 보낸 언문 편지는 사대부가 아내에게 사랑을 고백한 내용도 특이했지만, 한문의 난해함을 염려해서인지 사대부가 드물게 언문으로 아내를 위해 보낸 서간이었기 때문이다.

학봉 김성일(1538-1593)은 경상우도 감사로 부임하여 임지인 진주로 이동하는 중에 경남 산음현(현 산청)에 잠시 머무르는 동안 전쟁 와중에도 안동 본가에서 장모를 모시고 있는 아내 안동 권씨에게 한 장의 언문 편지를 보냈다. 편지 끝에 발신일을 '섣달 스무나흘날'로 적었고 발신자 표시에는 '김'이라고 적었는데, 그 내용을 살짝 들여다보면, 평소의 서간문에서처럼 먼저 산음에 와서 잠시 머무르고 있는 자신의 안부를 간단히 전하면서 장모를 모시고 새해를 잘 맞이하라고 당부하는 글귀에서 새해를 앞두고 보낸 편지라는 것을 알 수 있다.

그리고 감사가 되었어도 음식을 아무것도 보내지 못해 미안해하는 안타까움과 함께 자신과 떨어져 있을 아내를 염려하는 애틋한 마음을 담아서 그리워하지 말고 편안히 있으라고 편지를 마무리하였다.

"요즘 같은 추위에 모두 어찌 계시는지 가장 생각하고 생각하오.

나는 산음고을로 와서 몸은 무사히 있지만 봄이 닥치면 도적들이 해롭게 할 것이니 어찌할 줄 모르겠오.

또 직산에 있던 옷은 다 왔으니 추위하고 있는지 걱정하지 말고, 장모 모시고 과세過歲를 잘하시기 바라오.

자식들에게 편지 쓸 상황이 안 되니, 잘있으라고 전해 주시오.

감사라고 하여도 음식을 가까스로 먹고 다니니 아무것도 보내지 못해 미안하오.

살아서 서로 다시 볼 수 있을지 기약하지 못하오.

나를 그리워 하지 말고 편안히 계시오. 그지없어 이만.

섣달 스무나흘날.

김"

김성일이 아내 안동 권씨에게 편지를 쓴 시기와 장소는 임진왜란이 일어난 1592년으로 1차 진주성 전투가 끝난 후 산음에 도착했을 때인 것으로 추정된다고 하였다. 당시 김성일의 아내는 홀몸으로 어머니를 모시며 생활하고 있는 처지이며 자신은 감사를 지냄에도 곡식을 보내지 못한다고 미안해하고 있는 아내를 향한 애틋한 마음을 숨기지 않는 유언장 같은 편지를 읽으면서 콧등이 찡해옴을 느꼈다.

'가장 생각하오'라는 말에 아내를 그리워하는 마음이 배어 있고, '그리워하지 말고 편안히 계시오'라는 말에는 근엄한 선비의 아내 사랑하는 은근한 마음씨가 촉촉하게 느껴졌다.

그리고 '감사라고 하여도 음식을 가까스로 먹고 다니니 아무것도 보내지 못해 미안하오.'라는 글귀는 아마도 사재를 털어 백성 구휼에 힘쓰느라 집에 부칠만한 여유가 없었던 것으로 보인다. 이 편지 내용 중에 나타난 도적은 왜적을 가리키는 것이며, 1차 진주성 전투를 승리로 이끌었음에도 자만하지 않고 후일을 대비하던 김성일의 성격이 잘 드러나 있는 듯하다. 아내에게 이 편지를 쓸 당시 김성일은 구황과 내년 경작 대비, 전쟁 대비로 인해 과중한 업무량에 시달리고 있었다는 것을 짐작할 수 있는 내용이 있다. '잠도 이루지 못했고 머리가 하얗게 셌다'는 구절이다. 이 구절로 보아 아마 이 시기의 과로가 병의 원인이 된 듯 이 편지를 아내에게 보낸 다음 해인 1593년 4월에 병사했다.

과중한 업무에 시달리는 와중에도 사랑하는 아내에게 언문 편지를 부친 것을 볼 때 아내를 그리워하면서도 가서 만나지 못하지만, 마음만은 아내를 위한 배려와 지아비의 애틋한 애정을 짐작할 수 있었다.

나는 이 편지를 읽으면서 김성일의 아내 안동 권씨(1538-1623)가 한없이 부러워지면서 지아비에게 이렇게 애틋한 편지를 받을 수 있었던 그녀가 궁금해져서 집에 오자마자 검색해 보았더니 고려 때 태사를 지낸 권행의 후손이며, 전력부위 권덕황의 딸로, 정부인에 추증하였다는 것만 알 수 있었다.

이 편지는 현재 전하는 학봉 김성일의 편지 가운데 유일한 언문 편지이기도 하지만 아내에게 마지막으로 쓴 편지가 되었다. 더욱이 임진왜란 당시의 시대 상황과 아내에 대해 애틋함이 잘 드러나 있어서 역사학적으로나 국문학적으로 여러 분야에서 굉장히 중요한 자료가 되는 편지글이라고 평가를 받고 있다고 한다.

수백 년 전의 부부간의 편지가 여전히 현대인의 마음에 와닿는 것은 그 사연의 진실성과 시공을 초월한 인간 삶의 보편성을 표현할 수 있는 위대한 문자 훈민정음이 있었기에 가능한 것이리라.

한민족의 위대한 발명 훈민정음

김진수

경남연합신문 대표이사
자유민주사회안전총연합 이사장
국가원로회의 원로위원
전) 경상남도 정책개발연구원 원장
전) 진주문화원 7대, 8대 원장

『훈민정음訓民正音』은 백성을 가르치는 바른 소리라는 뜻이다. 한 국가의 언어에 대한 기원을 담고, 그 목적과 사용법, 원리를 밝힌 지구상의 유일무이한 기록유산이다.

우리 한민족의 자랑으로 가장 먼저 손꼽을 수 있는 것은 1443년 세종대왕께서 창제하신 훈민정음이다. 훈민정음은 소리글자로서 그 이름도 알맞게 백성을 가르치는 바른 소리라는 뜻의 '훈민정음'이라고 하였는데, 15세기 한국어의 28개 표준음을 찾아 확정하고 그것을 기호로 나타내었으니, 이는 곧 소리글자이며, '소리표' 즉 '언어 음표'라고도 볼 수 있다.

세계에서 자기 언어에 알맞은 표기 방법을 만들어 사용하는 나라는 많이 있지만, 발명한 사람과 발명한 목적 그리고 발명 원리 등이 확실하며 기능이 훈민정음을 따라 올 수 있는 것은 없다. 특히 훈민정음은 언어학 원리에 따라서 과학적으로 창제되었으며, 백성들이 쉽게 배울 수 있는 실용성과 함께 창안함으로써, 과학성-실용성-미학성을 두루 갖추고 있다는 것은 자랑거리로 꼽을 수 있다.

훈민정음의 발명원리는 첫째, 소리(글자) 형식 틀로 창안한 데에 있다.

둘째, 청각 현상을 시각 현상으로 바꾸는 본뜨는 방법에 착안

셋째, 소리의 성질을 활용한 것으로서, '소리의 세어지면 글자의 획을 더한다는 비례적 상징 방법의 발명'

넷째 초성을 종성(받침)에 다시 쓰는 방법을 창안하여 종성을 따로 만들지 않음으로써, 글자 수를 28자로 줄일 수 있었다.

이처럼 우수한 훈민정음 발명에 대하여 세계 언어학자들의 이야기를 몇 가지 소개해 보면 영국 옥스퍼드 대학의 언어학에서 세계 모든 문자를 순위를 매겨(합리성, 과학성, 독창성… 등의 기준으로) 진열해 놓았는데, 1위는 자랑스럽게도 한글이라고 했다.

영국 역사 다큐멘터리 작가 '존 맨'은 서양 문자의 기원과 나아가 세계 주요 언어의 자모字母의 연원을 추적한 저서에서 한글을 '모든 언어가 꿈꾸는 최고의 알파벳' 이라고 소개했다.

그 외에도 시카고대학교 언어학 교수 매콜리 박사, 하버드대학 라이샤워 박사, 네덜란드의 언어학자 보스 박사, 영국 언어학자 샘슨 박사, 미국 캘리포니아대학교 생리학자이자 퓰리처상 수상자인 다이아몬드 박사, 미국 매

어리랜드 대학교 언어학자 램지박사, 독일 함부르크 대학교 교수로서 한국학을 가르치는 삿세 박사, 전 일본 도쿄외국어대학 교수인 우메다 히로유키 박사 등 헤아릴 수 없이 많은 학자가 한글 우수성에 대해서 실증을 들어 말하고 있다.

이처럼 많은 언어학자가 기록으로 남은 훈민정음에 대한 찬사를 아끼지 않으며 훈민정음의 연구에 큰 관심을 두고 있다. 하지만, 정작 훈민정음을 기원으로 한글을 사용하고 있는 우리는 훈민정음이 어떤 책인지에 대해 잘 모르고 있다.

선조들의 자상한 애민심과, 과학성 등 소중한 기록으로 남은 우리의 유산을 기억하고 보존하고, 나아가 글자가 없는 문맹의 지구촌에 보급하는 것이 훈민정음을 대하는 우리가 가져야 할 올바른 마음가짐이 아닐까 하는 것이다.

만년 농경시대 빈곤국에서 산업화시대로 전환한 산업혁명 국가로 우뚝선 세계 10대 경제 강국의 훈민정음은 세계통용어가 될 만큼 훌륭하며 날이 갈수록 훈민정음을 배우려고 하는 나라가 늘어나고 있는 것은 매우 고무적이라 하지 않을 수 없다.

그러므로 훈민정음의 우수성을 다시 한번 일깨워 가장 자랑스럽게 가꾸고 닦아 우리 민족의 문화유산으로 잘 보존해 나가야 한다.

훈민정음 訓民正音

홍강리

고교 국어 및 문학 담당 교사
월간문학 신인문학상
 - 시 '이전(以前)' 당선 문단 데뷔
한국문인협회 회원
한국현대시인협회, 문학공간 회원
시집 '강변에 뜨는 달', '날개의 순명',
 '바람 부는 언덕에서' 출간

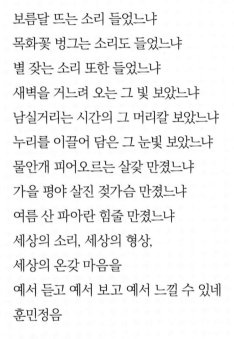

보름달 뜨는 소리 들었느냐
목화꽃 벙그는 소리도 들었느냐
별 잦는 소리 또한 들었느냐
새벽을 거느려 오는 그 빛 보았느냐
남실거리는 시간의 그 머리칼 보았느냐
누리를 이끌어 담은 그 눈빛 보았느냐
물안개 피어오르는 살갗 만졌느냐
가을 평야 살진 젖가슴 만졌느냐
여름 산 파아란 힘줄 만졌느냐
세상의 소리, 세상의 형상,
세상의 온갖 마음을
예서 듣고 예서 보고 예서 느낄 수 있네
훈민정음

하늘이 낳고 땅이 길은 사람
흙의 주인이 되어
초목을 다스리고 짐승을 길들이고
물길을 여니
이를 먼저 알아차리고 뒤따라와
말과 짓을 시늉하매
음양은 헛됨이 없이 서로 주고받으며

아롱지는 오행 목화토금수
칠조가 귀를 틔워 궁상각치우
열두 달 줄이 우는 가야금 소리
누리를 촉촉이 적시네
훈민정음

왜란과 호란을 겪은 이후
기나긴 겨울을 보내고
매화 피었다는 꽃소식도 잠시
다시 피눈물에 젖은 남과 북,
침향처럼 땅과 나무와 냇물과 구름에 스며
상처에 새 살을 돋게 한
그 아픔과 환희 오롯이 드러낸
훈민정음

풀밭에 깔 뜨는
송아지 엄매 소리 햇살처럼 빛나다가
물살 물고 나와 번득이는 은어 떼,
건반 위로 튀어 오르는 음악,
화가의 붓끝으로 눈뜨는 파랑새
날아올라라, 날아올라라
훈민정음

들꽃 흐드러진 밭둑도
산새 울음도 시로 피는 숲속도
불 밝은 서재가 되었느니
달빛 받아 목욕하는 전설,
이슬로 칼을 갈아 말 달리는 신화
그 오묘함 속에 집을 세운
한 채의 우주
훈민정음

이제 거칠 것이 있으랴,
막아서고 덜미 잡는 검은 손이 있으랴,
그 안에 품고 있던
큰 산, 긴 강을 보여주고
높은 폭포 다 쏟아내어 흐르라,
세상에 질펀하게 흐르라,
뉘 가슴이랄 것 없이 흥건하게 적셔
영원한 모국 대한민국을 넘어 흐르라,
그리하여 동방의 등촉으로
유럽을, 아메리카를, 아프리카를,
지상의 어느 외진 고샅이라도 밝혀
하늘의 소리
사람의 맘,
땅의 형상을 다 드러내 보이시라.
훈민정음

세계의 알파벳이 된 훈민정음의 우수성

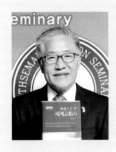

윤사무엘

겟세마네 신학교 총장
로이교회 담임목사(미국 프린스턴 한인 장로교회 담임)
미주기독교 한인교회 총연합회 역사 편찬 위원장
NYSKC(예배회복운동) 학회장 및 대학 총장
훈민정음탑 건립조직위원회 공동조직위원장

훈민정음(백성을 가르치는 바른 소리글자)은 우주를 표현하는 표음문자로 이제 세계의 알파벳이 되었다. 1882년부터 훈민정음으로 성경이 번역되어 출판됨으로 그 진가가 세계적으로 알려지기 시작했다. 훈민정음이 반포된 후 430년 동안 훈민정음은 언문諺文, 반절半切, 언서諺書, 반절反切, 암클, 아햇글 등 중화사상으로 인해 천대받았다. 그러나 선교사들(존 로스, 존 맥킨타이어, 허버트, 언더우드, 아펜젤러, 게일, 레이놀즈 등)이 훈민정음의 우수성을 알고 성경을 훈민정음으로 번역한 이후 훈민정음은 문화어가 되었고 그 진가가 발휘하게 된 것이다. 이제는 한국어와 훈민정음이 매우 영적인 언어이며 과학적이고 창의적인 문자임을 유네스코가 인정하여 『훈민정음해례본訓民正音解例本』이 1997년 10월 1일에 유네스코 세계기록유산으로 지정되었다. 이 해례본에는 제자원리, 제자 기준, 자음체계, 모음체계, 음상 등에 대해 설명한 제자해制字解, 초성에 관해 설명한 초성해初聲解,

중성에 대한 설명과 중성 글자의 합용법을 제시한 중성해中聲解, 종성의 본질과 사성 등을 설명한 종성해終聲解, 초성·중성·종성 글자가 합해져서 음절 단위로 표기되는 보기를 보이고 있어 28글자가 우주적 원리로 만들어져 있음을 알 수 있다. 뉴욕에 있는 UN 빌딩 안에 있는 유네스코에 세종대왕 동상도 있고, 우수한 알파벳이나 문자에게 주는 세종대왕상도 제정하였다. 2001년 유네스코에서 김석연 교수(뉴욕 주립대 언어학)가 정리한 누리글이 세계 공통 언어 표기(Universal Character Set)로 채택되었다. 이제는 세계에서 훈민정음은 세계공식 언어로 이미 사용되고 있다.

훈민정음(1908년 주시경이 이를 한글이라 칭함)의 우수성은 이미 세계 언어학자들이 인정하고 있다. 또한 문자가 없는 종족들이 한글을 자기들의 언어로 채택하고 있다. 한글은 IT 문자라 할 만큼 휴대전화의 문자메시지, 컴퓨터의 인터넷 언어로 그 속도가 가장 빠르다.

세계 역사상 전제주의 사회에서 국왕이 일반백성을 위해 문자를 창안한 유래는 찾아볼 수 없다. 그만큼 훈민정음은 문자 발명의 목적과 대상이 분명했다. 한자는 표의문자이므로 모든 글자를 다 외워야 하지만 훈민정음은 영어와 마찬가지로 표음문자이므로 배우기가 쉽다. 그래서 훈민정음은 아침 글자라고도 불린다. 모든 사람이 단 하루면 배울 수 있다는 뜻이다. '글자로도 올림픽이 가능할까'라는 단순한 발상에서 시작된 세계문자올림픽(배순직 박사님께서 많은 수고 하심. 배 박사님은 2015년 12월 25일 별세하심)이 그동안 두 번 치러졌는데 훈민정음은 연속 금메달을 수상하게 되어 훈민정음의 우수성은 세계가 인정하고 있음을 확인받고 있다. 2009년 10월 자국에서 창조한 문자를 가진 나라 16개국이 모여 문자의 우수성을 겨뤘고, 문자의 우열을 가리는 세계 첫 공식 대회의 시작이었다. 이 대회에서도 훈민정음이 1위를 차지했고, 그리스와 이탈리아 문자가 뒤를 이었다.

2012년 10월 1~4일 태국 방콕에서 열린 제2차 세계문자올림픽에서 훈민정음이 1위에 올랐다. 2위는 인도의 텔루그 문자, 3위는 영어 알파벳이 차지했다. 대회에는 독일, 스페인, 포르투갈, 그리스, 인도 등 자국에서 창조한 문자를 쓰거나 타국 문자를 차용·개조해 쓰는 나라 27개국이 참가했다. 마지막 날 방콕 선언을 통해 세계 자국 대학에 한국어 전문학과와 한국어 단기반 등을 설치하는 등 훈민정음 보급에 힘쓰기로 했다고 한다. 2012년 문자올림픽 대회에 참가한 각국 학자들은 30여 분씩 자국 고유 문자의 우수성을 발표했으며, 평가 항목은 문자의 기원과 구조·유형, 글자 수, 글자의 결합능력, 독립성 등이었으며 응용 및 개발 여지가 얼마나 있는지도 중요한 요소였다. 이 올림픽은 순수 언어학자들로 구성된 심사위원들이 객관적이고 과학적인 평가를 한 것이다.

이런 세계적인 평가를 받은 것은 새로운 일이 아니다. [대지 The Good Earth]의 작가이며 노벨문학상을 수상한 미국 선교사인 펄벅(Pearl S. Buck, 1892-1973)은 '훈민정음이 세계에서 가장 단순한 글자이며 가장 훌륭한 글자로 문자의 레오나르도 다빈치'로 극찬한 바 있다.(조선일보 1996년 10월 7일자) 뿐만 아니라 미국의 과학전문지 [Discovery]지에서 레어드 다이어먼드 학자는 "훈민정음이 독창성이 있고 기호 배합 등 효율면에서 가장 우수한 합리적인 문자"라고 평가했다. 그래서 한국인의 문맹률은 세계에서 가장 낮다고 했다.(조선일보 94년 5월 25일자). 1996년 프랑스에서 세계 언어학자들이 한자리에 모이는 학술회의가 있었다. 안타깝게도 한국의 학자들은 참가하지 아니했는데, 이 대회에서 훈민정음을 세계 공통어로 쓰면 좋겠다는 토론이 있었다.(KBS 1, 1996년 10월 9일 방영) 옥스퍼드 대학의 언어학 대학에서 훈민정음이 최우수 언어로 선정하였는데, 세계 모든 문자의 합리성, 과학성, 독창성 기준으로 평가한 결과라고 한다.

이제 일제 강점기 때에 우리말의 세계 언어화되는 것을 방지하기 위해 없애버린 4개 글자(ㆆ 여린히읗, 된이응, h), ㆁ(옛이응, 꼭지이응, ng), ㅿ(반시옷, z), ·(아래 아)를 속히 복원하여 28자 훈민정음을 바르게 보존하고 활용하자.

그날이 내년이었으면 좋겠다

문맹자에게 운전면허 취득의 기쁨을

최홍길

서울선정고등학교 국어교사
교육부 '행복한 교육' 명예기자
베트남 응우옌주 중학교 파견(2016년)
전남대 국어국문학과 졸업
저서 『배움의 공간을 상상하다』 등

　필자가 재직 중인 고등학교에서 1학년 학생들은 '국어'를 1주일에 네 시간씩 배운다. 교과서의 10개 대단원 가운데 8단원에는 '국어의 어제와 오늘'이라는 제목 아래 '국어의 변천과 발전'의 소단원이 있는데, 국어사의 시대구분을 비롯한 훈민정음 창제 이후부터 지금까지의 음운과 어휘 그리고 문법 등의 변천 과정을 간략하게 학습한다.

　본문 학습이 끝나면 이어서 '학습활동'을 하게 되는데 '나랏말쓰미'로 시작하는 훈민정음의 서문과 용비어천가의 2장과 125장이 지문으로 나온다. 학생들은 처음에는 외국어(?)처럼 보이는 음운과 발음에 힘겨워하다가도 교사의 설명을 들으면서 언어의 역사성을 자연스럽게 인지한다.

　서문을 공부할 때는 반드시 자주정신과 애민 정신, 실용 정신을 강조한다. 국어와 한자는 서로 통하지 않기에 힘없는 백성들을 생각해서 새로운 문자를 만들었다는 세종대왕의 거룩한 마음을 알아야 한다고 여러 번 역설한다. 재위 기간 측우기 등을 제작하고 국토를 확장하는 등 조선 왕조의 기틀을 단단히 다졌기에 '대왕'이라고 불린다고도 덧붙인다.

얼마 전에 필자는 여름방학을 맞아 고향인 자은도慈恩島를 찾았다. 맑은 하늘과 푸른 산 시원한 들판이 있는 그곳은 꾸미지 않은 아름다움을 자랑한다. 아직도 농사를 짓고 있는 부모님과 이런저런 얘기를 나누다 충격적인 에피소드 하나를 접했다. 필자와 나이가 비슷한 옆 동네 남자가 아직도 한글을 못 읽는다는 거였다.

1970년대에 특히 육지와 떨어진 섬에서 초등학교에 다닌 적이 있는 사람들은 알 것이다. 60여 명이 있는 한 학급에 서너 명 아니 그 이상이 자기 이름을 제대로 못 썼다는 사실을. 그런데 21세기도 어느새 22년을 지났고, 4차산업혁명 시대를 맞아 초연결·초지능·초융합을 논하고 있는 이때 아직도 이런 사람들이 있다는 건 경천동지驚天動地할 일이다. 농한기 때 70대 이상의 노인들을 위한 문해교실文解敎室은 지금도 꾸준히 이어지고 있으나, 한창 일할 나이인 50대 중반인 젊은이가 아직도 제 이름을 못 쓰다니!

이 사람은 조실부모했기에 초등학교를 마치자마자 생활전선에 뛰어들어 지금까지 이러구러 살고 있다고 전해 들었다. 물려받은 게 없어서 개인사업은 할 수도 없고, 배운 것 또한 없어서 더더욱 앞길이 막혀버린 것이다. 따라서 언제나 책임자 역할은 남에게 넘겨주고, 조수를 할 수밖에 없었다. 주변 사람들과는 스스럼없이 말은 잘하지만, 글은 못 읽는다. 그리고 못 쓴다. 핸드폰은 갖고 있으나, 문자는 못 보낸다.

돈을 더 많이 벌려면 운전면허증이 있어야 하기에 면허증을 따려고 몇 번 시도했다고 한다. 일종의 문맹자이기에 시험관이 시험문제를 두 번 불러주고 이걸 들은 후 OMR 카드에 정답을 체크해서 70점을 넘으면 면허증을 딸 수는 있다. 그러나 거듭 실패했다. 이런 얘기를 들으면서 필자는 어휘력 부족으로 결론을 내렸다.

2년 전에 동료교사들과 방학을 이용해 베트남의 사파를 다녀온 적이 있었다. 거기서 소수민족 출신인 현지 가이드와 인근의 여러 곳을 동행했는데 그 여자 또한 문맹이었다. 베트남 말은 자연스럽게 해도, 밥벌이 때문에 주워들은 영어를 구사해도 결과적으로 읽고 쓸 줄을 몰랐다.

훈민정음해례본의 〈정인지 서〉에는 "명석한 사람은 하루아침에, 둔한 사람이라도 열흘 이내에 이 문자를 배울 수 있다"는 대목이 있다. 이 구절을 떠올리면서 방학이 돌아오면 고향의 이 남자에게 한글을 가르쳐서 면허증을 따게끔 해보겠다고 제안하자 부모는 고개를 끄덕였다.

그래도 필자는 고등학교 국어 교사 아닌가! 하루에 한두 시간씩 열흘 정도를 가르치면 어느 정도 수준에 오르지 않겠는가! 성조聲調가 있는 중국어·베트남어 같은 외국어는 일단 배우기가 쉽지 않다. 그러나 우리 한글은 성조가 일찍 사라졌기에 진짜 배우기 쉽다. 이 남자가 한글 공부를 제대로 한 다음 운전면허증을 따서 반갑게 포옹하는 그 날이 어서 속히 왔으면 좋겠다. 그게 내년이었으면 참으로 좋겠다.

우리의 귀한 보물,
훈민정음

조순근

예비역 해병 대령
훈민정음 해설사
국가공인 한자사범
대한민국 한자명인
KAC코치 인증

1446년, 조선 4대 왕 세종대왕께서 오랜 연구 끝에 발음기관의 모양을 본뜬 자음 17자와 하늘·땅·사람을 본뜬 모음 11자로 이루어진 28자의 소리글자, 훈민정음을 만들어 반포하셨다.

세종대왕께서 훈민정음을 반포한 목적은 백성들이 쉽게 글을 배워 자기 생각을 글로 표현할 수 있게 하고, 국왕의 통치이념을 백성들에게 쉽게 전달하고 이해시키기 위해서였다. 국왕이 군림하며 일방적으로 백성을 통치하던 당시 시대상을 생각해보면 진실로 대단한 애민 정신이라 하지 않을 수 없다. 덕분에 우리는 우리 말을 소리 나는 대로 쉽게 쓰고 읽을 수 있는, 과학적이고 독창적인 글자를 가지게 되었다. 훈민정음 반포를 기점으로 우리 민족문화는 눈부시게 발전하였고, 국문학 역시 한자 영향을 벗어나 독자의 영역을 만들어가게 되었다.

인류의 역사를 살펴보면 최초의 문자는 대부분 상형문자이다. 모양을 본떠 만든 상형문자는 글자 수도 많고, 글자를 보아도 어떻게 읽는지 알 수 없다는 문제가 있다. 외워서 익혀야지 만 글을 사용할 수 있었고, 그런 이유로 양반이나 지도층에서나 사용했지, 일반 백성은 글을 익힐 시간도 없고 그럴 여유도 없었기에 글을 알지 못했다. 우리도 훈민정음이 반포되기 이전에는 한자를 사용했다. 한자로 이뤄낸 우리 문화 역시 훌륭하고 대단하지만, 한자가 가지는 명확한 한계는 분명하다. 모두가 상형문자인 한자를 사용하거나, 한자를 응용한 가나(일본), 이두(신라)를 사용하던 때에 과학적이고 정밀한 문자, 훈민정음이 탄생한 것이다.

훈민정음의 치밀한 과학적 원리는 정말 놀라울 따름이다. 훈민정음 글자의 근원은 발성 기관의 모습이다. 한글의 자음에서 기본이 되는 것은 ㄱ, ㄴ, ㅁ, ㅅ, ㅇ이다. 이 다섯 글자를 기본으로 획을 하나 더하거나 글자를 포개는 것으로 또 다른 글자를 만들었다. ㄱ은 '기역' 혹은 '기'라고 발음할 때 혀의 뿌리가 목구멍을 막는 모습을 본떠 만든 글자이다. ㅇ의 경우 목구멍의 모습을 본뜬 것이다. 세종대왕께서는 훈민정음을 만들면서 소리와 글자의 상관관계까지 깨우쳐 같은 소리에 속하는 자음은 같은 군(群)에 모아두었다. 즉, ㄴ, ㄷ, ㅌ, ㄸ이 그것으로 글자의 형태들을 유사하게 만들었다. 세상의 복잡한 모음 체계는 점 하나와 작대기 두 개로 표현했다. ·, ㅡ, ㅣ에는 각각 하늘, 땅, 사람을 뜻하는 높은 철학이 담겨 있다. 훈민정음은 이렇게 간단한 재료로 가장 많은 모음을 만들어 낼 수 있다.

이런 체계적인 창조성 덕분에 우리 훈민정음은 컴퓨터나 스마트폰에서도 쉽게 사용할 수 있다. 중국이나 일본에서는 영어를 빌어 혹은 가타카나 히라가나를 사용해 글자를 써야 하지만 우리는 자판에 한글을 다 넣어도 자판에 여유가 넘친다.

훈민정음이 한글이라는 이름을 얻은 것은 일제 강점기 때의 일이다. 일제 식민치하에서 민족의 얼과 정신을 지키기 위해 주시경 선생과 한글학자들이 '큰 글'이라는 뜻으로 이름을 붙였다. 한글로 바뀌어 사용되어 오면서 훈민정음은 사람들의 언어사용 습관에 따라 반치음(ㅿ), 여린히읗(ㆆ), 아래아(·), 옛이응(ㆁ) 4글자가 사라졌다. 분명 우리의 소리를 표현하기 위해 만든 문자였는데 근대화, 세계화의 거센 흐름을 거치면서 우리 민족의 기억에서 사라진 것이다. 사라진 4글자와 함께 세종대왕께서 훈민정음을 만드셨던 숭고하고 고귀한 뜻도 희미해진 것이 아닐까 걱정이다. 한글의 본래 모습인 훈민정음의 모습을 되찾아 다시 돌아볼 필요가 있겠다.

처음 반포되었을 당시만 하더라도 천한 글자라 하여 '언문諺文'이라 불렸고, 양반들의 배척을 받으며 주로 평민이나 여성들이 사용하던 훈민정음은 이제 우리의 위대한 보물이 되었다. 세계 문자 가운데 유일하게 만든 사람과 반포 일을 알고 있으며, 글자의 원리까지도 알 수 있는 유일한 문자. 훈민정음! 백성을 가르치는 바른 소리라는 애민 정신의 철학까지 담고 있는 문자. 훈민정음! 그 가치를 인정받아 훈민정음 원본인 『훈민정음해례본』이 유네스코 세계기록유산으로 등재된 자랑스러운 우리의 유산.

최근 들어 훈민정음의 우수성을 우리 국민도 잘 알게 된 것 같다. 세계 여러 나라에서 훈민정음을 빌려 언어를 배우는 사례도 늘어나고 외국인이 한글 티셔츠를 입는 모습을 보며 우리 한글이 자랑스러운 문자라는 사실을 느끼고 있다. 우리 것은 우리가 아끼고 사랑하고 다듬어 나가야 다른 나라에서도 인정해 준다. 바르고 고운 말, 어법에 맞고 올바른 말을 쓰며, 사라진 4글자를 회복하여 우리의 귀한 보물 훈민정음을 더욱 아끼고 사랑했으면 좋겠다. 한글날도 이제는 '훈민정음의 날'로 이름을 바꿔 우리 글의 본래의 가치를 더욱 깊이 들여다보아야 할 때이다.

하늘과 땅과 사람이 감탄하는 문자, 훈민정음

김호운

(사) 한국소설가협회 이사장
국립한국문학관 자문위원
한국문학예술저작권협회 이사
1978년 〈월간문학〉신인작품상(소설부문) 당선 등단
소설집 『그림속에서 튀어나온 청소부』등 30여 권

우리는 매일 공기를 마신다. 공기를 마시며 숨을 쉬어야 한다. 그래야 공기 속의 산소를 흡수하여 생명을 유지할 수 있다. 그러함에도 숨을 쉬면서 '공기를 마신다'라는 생각을 하는 사람은 거의 없다. 그렇게 생각하며 숨쉬는 사람이 있다면 오히려 그를 이상하게 볼지도 모른다. 매일 반복하는 일상이고, 공기가 없는 세상을 만나지 못한 터라 감사하는 마음이 그만큼 무디어졌다. 만약 공기가 사람처럼 감정을 가졌다면 은혜를 모른다며 화를 낼 일이다.

우리글 한글도 그렇다. 물론 생명과 연결된 공기와 비교하는 건 좀 억지스럽긴 하지만, 그에 버금간다는 의미다. 한글은 우리가 날마다 생각을 전달하고 일상을 기록하며 또 창작 활동을 하는 소중한 문자다. 우리나라 사람이라면 누구나 말을 배우고, 문리를 깨치는 나이 때부터 한글을 익혀 일상으로 사용한다. 그래서인지 공기와 마찬가지로 평소 한글을 사용하며 감사하는 마음을 새기는 분은 많지 않다. 한글은 외국어처럼 엄격한 문법을 따로 공부하지 않아도 쉬 익혀서 사용하며, 문법에서 조금 벗어나도 의미를 전달하는 데는 큰 문제가 없다. 그래서 귀한 글이라는 생각이 무디어졌는지 모른다.

어떤 사람은 이렇게 말한다. "우리 한글은 융통성이 있어서 영어를 비롯한 외국어처럼 까다롭게 문법을 적용하지 않아도 쓰고 읽는 데 지장이 없다." 처음에는 이 말이 우리 한글을 비하하는 말로 들려 좀 언짢았으나, 늦깎이로 대학에 들어가서 8학기 동안 중국어를 공부하면서 이 말의 의미를 새삼 떠올렸다. 사실 우리 한글을 사용하는 분들 가운데 문법을 정확히 아는 분들은 그리 많지 않다. 이 분야를 연구하는 학자이거나 관련 직업에서 일하는 분들 외에는 정확하게 문법을 알고 우리글을 사용하는 분은 많지 않다. 작가들 가운데도 맞춤법을 틀리게 사용하는 분들이 더러 있다. 그래도 별문제 없이 자유롭게 의사를 전달하고 창작 활동을 한다. 그래서 우리 한글이 융통성이 있다고 말하지 않았나 싶다. 영어나 중국어는 어순이 다르거나 조사 하나 잘못 사용하면 엉뚱한 의미가 되지만, 한글은 문장이 어색할 수는 있을지라도 의미가 전달된다. 그렇다고 한글이 문법을 무시하고 사용해도 되는 문자라는 뜻은 아니다. 우리 한글이 그만큼 폭넓은 사용층을 의식하고 만든 우수한 문자임을 강조했다.

중국어를 공부하면서 '뜻글자(表意文字)'와 '소리글자(表音文字)'의 의미를 제대로 알았다. 중국어는 뜻글자이고, 우리 한글은 소리글자다. 이 말은 귀에 딱지가 앉게 들었다. 그러나 구체적으로 이 두 문자를 제대로 구별해 정확하게 이해하지는 못했다. 말하자면 뜻글자는 '뜻은 있되 소리가 없고, 소리글자는 소리는 있되 뜻이 없다.' 언뜻 이해가 가지 않는 말이다. 풀어보면, 뜻글자인 한자漢字는 소리를 만들어 주어야 비로소 문자가 되고, 소리글자인 한글은 뜻을 붙여 주어야 문자가 된다. 그래서 중국어는 우리 한글과 달리 영어처럼 소리를 표시하는 기호가 따로 있다. 주음부호(注音符號)라는 발음기호인데, 'ㄅ ㄆ ㄇ ㄷ' 이런 상형문자 같은 모양으로 되어 있다. 한자의 소리를 알기 위해서는 성모聲母(자음) 21개, 운모韻母(모음) 24개로 나뉜 이런 주음부호를 모두 외어야 한다. 이 자모字母만 외우면 해결되는 게 아니다. 수천 자나 되는 한자는 그 음이 제각각 다른 성모와 운모의 조합으로 되어 있다. 그래서 글자마다 소리 기호를 일일이 따로 외어야 한다. 우리 한글처럼 일정하게 자음과 모음의 조합만으로 소리가 되는 것과는 다른 규칙이다. 현재 이 주음부호는 타이완에서만 적용하고, 중국에서는 1958년에 제정된 로마자를 이용한 성모 21개 운모 36개로 된 한어병음漢語拼音을 발음기호로 사용한다. 중국인의 문맹을 퇴치하고, 외국인들이 중국어를 쉽게 익히도록 주음부호 대신 만든 발음기호다. 주음부호든 한어병음이든 뜻글자인 중국어는 글자의 소리를 알기 위해 글자마다 부여한 발음기호를 일일이 따로 익혀야 한다. 여기에다 4개의 높낮이로 된 성조聲調까지 배워야 한다. 발음체계가 매우 복잡하다. 덧붙이자면, 중국어의 발음체계 정리는 1958년에야 이루어졌으니 그 역사가 겨우 60년밖에 안 된다. 한글은 이보다 훨씬 앞서 1443년에 훈민정음이 창제되고, 1446년에 반포했으며, 이때 발음체계까지 함께 갖추었으니 위대한 문자가 아닐 수 없다.

우리 훈민정음은 자음 17개와 모음 11개, 모두 28개 자모만 알면 글자의 모양뿐만 아니라, 소리까지 한꺼번에 익힐 수 있다. 한자처럼 문자마다 다른 조합으로 된 발음기호가 있는 게 아니라, 자음과 모음만으로 구성된 문자에 이미 발음이 부여되어 있어 중국어처럼 글자마다 발음기호를 따로 외울 필요가 없다. 물론 소리글자라 그 글자에 지어 준 뜻을 따로 익히는 과정이 필요하나 앞서 설명한 중국어와 비교하면 정말 익히기 쉽다.

'세종대왕 문맹 퇴치상'이라는 말을 들어본 적 있는가? 필자도 이 말을 처음 들었을 때 고개를 갸웃했다. '세종대왕'이란 말이 들어가 있어서 혹시 한글학회나 국립한글박물관 같은 곳에서 시행하는 상 이름이 아닐까 생각했는데, '문맹 퇴치상'이라는 말에서 다시 막혔다. 문맹을 퇴치하고 상까지 수여해야 할 만큼 우리나라는 문맹률이 높지 않다.

그런데 정말 이런 상이 있다. 그것도 세계인을 상대로 수여하는 상 이름이다. 유엔 기구인 유네스코(UNESCO)에서 1990년부터 해마다 세계에서 문맹 퇴치에 공이 큰 사람들에게 '세종대왕 문맹 퇴치상(King Sejong Literacy Prize)'이란 이름의 상을 주고 있다. 이 상의 명칭에 세종대왕이 들어간 것은 세종대왕께서 만든 훈민정음. 즉, 우리 한글이 가장 배우기가 쉬워 문맹자를 없애기에 좋은 글자임을 세계가 인정했기 때문이라 한다.

현재 세계에서 사용하는 언어 종류가 7천여 개고, 이 가운데 문자로 상용할 가능성이 있는 언어는 300여 개며, 현재 상용하는 문자는 우리 한글을 포함하여 28개뿐이라고 한다. 우리 한글이 이처럼 위대한 문자다. 그뿐만 아니다. 상용되는 이 28개 언어 가운데 우리 한글이 가장 배우기 쉽게 과학 원리로 만들었다. 그래서 유네스코에서 제정한 이 상에 훈민정음을 만든 세종대왕의 이름을 넣었다.

앞서 언급했듯이, 그러함에도 정작 한글을 사용하고 있는 우리는 세종대왕이 만드신 훈민정음이 이처럼 위대한 문자임을 별로 실감하지 않는다. 모국어여서 그렇기도 하지만, 외국어를 배울 때처럼 까다롭게 문법을 공부하지 않아도 익히고 사용하는 데 별 어려움을 느끼지 못하기 때문이 아닌가 싶다. 그런 의미에서 우리 한글이 다른 나라 문자에 비해 '융통성이 있다'는 말로 설명하기도 한다. 영어를 비롯한 외국어는 문법을 잘못 적용하거나 어순이 바뀌면 전혀 다른 의미가 되지만, 우리 한글은 문법 체계가 조금 흐트러져도 뜻이 통한다. 한글도 엄연히 일정한 규칙에 따르도록 하는 문법이 있지만, 따로 배우지 않아도 잘 사용하기 때문에 그런 생각을 하는 것이리라.

왜 한글이 배우고 사용하기 쉬울까. 우선 우리 한글은 간단한 조합으로 이루어진다. 자음과 모음을 합하여 모두 28개로 이루어져 있다. 이 28자는 천지인天地人, 즉 하늘[·], 땅[ㅡ], 사람[ㅣ]을 기본 골격으로 하고, 소리를 내는 사람의 구강 구조를 여기에 적용하였다고 하니 그야말로 과학을 바탕으로 하여 만든 문자다. 더구나 『훈민정음』에서 세종대왕이 "나라의 말이 중국과 달라 서로 뜻이 통하지 않기 때문에 백성들이 자기 뜻을 전하지 못하는 이가 많아 이를 안타깝게 여겨 새로 스물여덟 자를 만들었으니 사람마다 쉽게 익혀 편리하게 쓰도록 하고자 하였다"고 밝힌 것처럼, 한글은 우리 국민이 사용할 문자라 쉽게 익힐 수 있게 평등과 박애 정신에서 만들었다. 그래서 더 위대하다. 유네스코가 문맹 퇴치를 위해 노력한 사람에게 주는 상 이름에 세종대왕을 명기한 것은 당연한 일이다.

훈민정음의 궁합宮合을 아시나요?

강구인

훈민정음 교육원 원장
『하늘·땅·사람 훈민정음』 편저
훈민정음 해설사
용인시민장례문화원 전무
전) 용인시청 공무원

ㄱ(기)와 ㅋ(키), ㄷ(디)와 ㅌ(티), ㅈ(지)와 ㅊ(치), ㆆ(이)와 ㅎ(히)의 궁합을 아시나요?

우선 ㄱ, ㅋ, ㄷ, ㅌ, ㅈ, ㅊ, ㆆ 및 ㅎ의 발음을 괄호 안에 표기한 대로 하는 이유는 훈민정음 본문이나 언해본의 본문을 읽기 위해서는 괄호와 같이 발음해야 문맥이 이어지기 때문인데, 훈민정음 창제 당시엔 ㄱ(기역其役), ㄷ(디귿池末) … 등의 명칭이 사용되지 않았다. 각설하고, 훈민정음 낱자의 궁합이란 말에 뜬금없어하는 분들이 많을 것이다. 이유를 설명해 보겠다.

"천지자연의 이치는 오직 하나 음양오행뿐이다. 곤괘와 복괘의 사이가 태극이 되고 움직이고 멎고 한 뒤에 음양이 된다. 무릇 천지자연에 살아 있는 것들이 음양을 버리고 어디로 가겠는가? 그러므로 사람의 성음도 모두 음양의 이치가 있는 것인데, 생각해보니 사람들이 살피지 못했을 뿐이다. 이제 정음이 만들어지게 된 것도 애초부터 지혜를 굴리고 힘들여 찾은 것이 아니고, 단지 성음의 이치를 끝까지 연구한 것이다. 이치가 이미 둘이 아닌데, 어찌 천지자연이 음양의 신령과 함께 정음을 쓰지 않겠는가? 정음 28자는 각각 그 모양을 본떠 만들었다. 첫소리는 모두 17자다. 어금닛소리 ㄱ는 혀뿌리가 목을 막는 모양이다. (하략)" 훈민정음 제자해 시작 부분이다.

고귀하고 오묘한 훈민정음을 창제하면서 해설 첫 부분에 음양오행이라는, 현대인들에게는 미신으로 치부되는, 논리가 굳이 등장한다. 그렇다 훈민정음은 민간에서 쉽게 이해할 수 있는 자연의 이치인 음양오행이라는 원리를 원용援用해 창제하였기 때문이다. ㄱ·ㅋ·ㆁ 어금닛소리를 계절로는 봄, 방위로는 동쪽, 음양으로는 양, 오상五常으로는 인仁, 오행으로는 목木의 원리라고 해설했으며, 마찬가지로 ㄷ·ㅌ·ㄴ·ㄹ 혓소리·여름·남쪽·양·례禮·화火이고, ㅂ·ㅍ·ㅁ 입술소리·각 계절의 끝자락·중앙·신信·토土이며, ㅈ·ㅊ·ㅅ·ㅿ 잇소리·가을·서쪽·음·의義·금金이고, ㆆ·ㅇ·ㅎ 목구멍소리·겨울·북쪽·음·지智·수水라고 하였다. 해설에 음양과 목木⇒화火⇒토土⇒금金⇒수水 오행 순서를 정확히 원용하고 있다. 훈민정음은 인위적 산물이 아니요, 천지자연의 원리와 상象에 따라 만든 인간 윤리적인 글이니 이유를 달지 말자는 뜻이겠다.

이 유일무이한 훈민정음에 가획加畫으로 다른 글자(예: ㄱ에 ㅡ획을 더하면 ㅋ)를 추가해 나가는 원리에 탄복한 영국 서섹스 대학의 샘슨 (Geoffrey Sampson) 교수는 저술 「문자체계(Writing Systems) 1985」에서 훈민정음(한글)은 음소문자와 구분되는 자질문자체계(featural writing system)라 하며 지구상의 가장 정밀한 언어라고 극찬하고 있다.
필자는 샘슨 교수가 세계적으로 훈민정음의 위치를 고양해준 것을 고

무하면서, 한 가지 더 깊은 훈민정음의 궁합 문제를 제시한다. 우리는 흔히 남녀(음양)간 관계를 살필 때 궁합이란 말을 쓴다. 미신이라 치부하면서도 무시하지 못하는 것이 현실이다. 자질문자 체계라는 것이 엄밀히 따지자면 천지자연의 음양 조합 글의 다른 말이라 하고 싶다. ㅋ는 양陽의 글자인 ㄱ에 천지인天地人 중 음陰이며 땅을 지사指事한 ─를 합하여 음양합을 이루고, ㄷ·ㅌ는 양陽의 글자인 ㄴ·ㄷ에 마찬가지로 ─를 합하여 음양합을 이룬다. ㅊ·ㅎ는 음의 글자인 ㅈ·ㅎ에 천지인 중 양이며 하늘을 지사한 •를 합하여 음양합을 이룬다. 이 기본적인 뜻을 모르는 한글세대에서는 ㅊ·ㅎ자의 윗부분 가획에 •도 쓰고 ─도 쓰는데 위의 이유도 모르고 쓴다. 앞으로는 꼭 •를 써야 할 것이다. 훈민정음(한글)의 궁합을 위해서, 위에 설명한 내용들을 이해하기 쉽게, 참고로 음양오행에 근거한 필자의 저작물인 「하늘 땅 사람 훈민정음」에 표시한 제자해도와 한글의 음양합 도식을 게재한다.

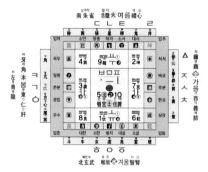

국제적으로 각 분야에서 한국의 위상이 날로 높아지고 있다. 그 매체로 훈민정음(한글)이 있었기에 가능했다고 자타가 말한다. 이에 때늦은 감이 없지 않지만 사단법인 훈민정음기념사업회의 각가지 일들이 순조로움에 경하를 보내며, 훈민정음의 궁합처럼 대한민국과 사단법인 훈민정음기념사업회의 궁합이 찰떡궁합이기를 기대해 본다.

훈민정음을 사랑해야 하는 이유

김현욱

전) 삼성 평택 FAB 2기 삼진일렉스 공사팀장
전) (주)tk엔지니어링 공동대표
전) Can소프트 이사
현) 에스와이소프트 대표
현) (주) 용인시건설발전협회 대표이사

우리가 살아가는 이 우주 천지는 본래 태극의 하나에서 천지인 삼극으로 창조되고 변화하며 사시사철을 이루며 뭇 생명을 성장 성숙시켜 생명의 뜻을 다 이루게 하는 이치가 있습니다.

사람의 말소리도 그와 같이 처음 하나의 뜻에 해당하는 태극이 목소리로 나타나면서 시작하여 모음(중성), 자음(초성, 종성)으로 삼극의 합을 이루며 말소리를 이루고, 그 말소리는 사시사철과 같이 사성(네 성조)을 이루고 연음, 격음, 경음, 농음 등으로 사음(네 음성)을 다양한 말소리로 변화하면서 사람의 영성을 성장 성숙시키는 역할을 하고 있습니다.

말소리에는 바로 그런 원리가 있지만, 세월이 흐르고, 지역이 달라지고, 여러 언어가 혼합되는 등으로 인하여 말소리의 본래 원리에서 벗어나는 일이 많이 생깁니다.

그래서 말소리는 시대와 지역에 따라 교정해갈 필요가 있고, 그렇게 하지 않으면 점차 어긋나서 나중엔 근본이치와 완전히 멀어지게 됩니다. 말소리가 어긋나면 말소리의 근원인 하늘, 혹은 절대의 세계, 근원의 세계와 단절되고, 인간이 어디로 가야 할지 무엇을 하고 살아야 할지 알지 못하게 되어 삶의 뜻을 이루어갈 수 없습니다.

바로 그런 문제를 해결하기 위하여 만든 것이 말소리를 바로 잡도록 돕는 훈민정음입니다.

훈민정음은 말소리를 담는 그릇의 역할을 하는 것뿐만 아니라, 말소리가 갖춰야 할 본래의 원리를 정밀하게 갖추고 있어서 어긋나기 쉬운 말소리를 바로 잡아주는 역할을 합니다. 그래서 '훈민訓民'이라 하여 백성에게 근본원리를 가르친다는 의미와 '정음正音'이라 하여 사람의 음音(즉 말소리)을 바로 잡는 역할을 한다고 하여 '훈민정음'이라 했습니다.

말하자면 '훈민정음'은 사람의 말소리가 근본원리에서 벗어나지 않도록 정확히 균형을 바로 잡아주는 역할을 하는 기준점이 되어 사람이 중심에서 벗어나지 않도록 돕고, 또 벗어나 있는 말소리도 정음에 비추어보면 본래의 중심으로 다시 돌아갈 수 있도록 하는 것입니다.

만일 훈민정음이 창제되지 않았다면 가장 큰 확률로 사용될 언어는 일본어일 것이라고 생각합니다.

훈민정음 창제 무렵에는 한자 위주의 어려운 문자를 쓰는 시대였고 양반이나 일부 지식인들 외 대다수 일반 백성들은 문맹인 상황이었습니다. 그러다 일제강점이 시작되며 일본식 학교가 생기고 아이들을 비롯한 일반 백성에게 일본글자와 일본어를 학습 시키기 시작했습니다. 그렇게 36년 일어 위주의 사회 속에서 살게 되어 일본어를 모국어로 여기는 사람도 많게 되면서 우리말은 점점 잊혀 갔을 것이고, 우리는 지금 일어를 쓰며 살고 있을 것입니다.

천만다행이게도 우리에겐 훈민정음이 있어 우리글이 우리말을 싣고 우리말이 우리글을 기다리며 갖은 일제의 압박 속에서도 굴하지 않고 신문이나 책을 찍어내고 사전도 만들어 낼 수 있었습니다. 그렇게 우리글 말을 써오고 지켜왔기에 지금 이렇게 한글이라는 문자 생활을 할 수 있게 된 것입니다.

훈민정음은 우리말을 소리 나는 대로 쓸 수 있고, 뜻을 알아야만 쓸 수 있는 한자보다 익히기 훨씬 쉽습니다.
민족 문화 발전의 기초가 되고 유네스코에 의해 세계기록 유산으로 지정되기도 하였습니다.

훈민정음 창제이유는 크게 세 가지입니다.
첫째, 말과 글이 일치하지 않아 말과 글이 하나 되도록 하기 위하여 입말과 글말이 달라 문자와 잘 통하지 못하여 소통이 어려웠습니다.
입말과 글말을 비슷하게 쓰고자 했던 이두 역시 표기가 불편하고 불완전하였고, 백성은 한문 글을 누가 불러주어도 송사나 형벌 내용을 알기 어려웠습니다.

둘째, 쉽게 배워 쓸 수 있도록 하기 위하여 말하고 싶은 바가 있어도 한자는 배우기 어렵고, 배워서는 쓰기 어려웠습니다. 우리말을 쓰는 것뿐만 아니라 한자도 우리글로 번역하여 쉽게 읽고 배울 수 있도록 하였습니다.

셋째, 말소리를 바로 잡기 위하여 당시에는 모든 일이 이치에 맞도록 하는 일이 참 중요한 일이었습니다. 말글 역시 천지자연의 근본원리와 정확히 일치하도록 하였습니다. 훈민정음은 우주 근본원리에 정확히 일치하도록 만들었기 때문에 말소리를 바로 잡는 역할을 하였습니다.

그래서 훈민정음의 원리를 정확히 알고, 바로 쓰며 아끼고 사랑해야 하는 이유입니다.

훈민정음 예찬

박종국

한국전참전연합국친선협회 이사
전) 태극기선양운동중앙회 부회장
전) 전국간병사업자연합회 부회장
전) 한국창조예술문화총연합회 부총재
전) 아태문인협회 윤리위원

이 세상에 사람으로 태어나 한 존재의 가치관으로 살아가야한다면 꿈
과 사상이 결여되어서는 안 된다고 생각한다.

2022년 양력 10월 9일은 세종대왕께서 훈민정음 반포하신지 576주년
이 되는 한글날이다.

조선시대, 조선조 4대 세종대왕은 백성들의 원활한 소통을 위해 쉽게
쓸 수 있고 말할 수 있도록 만든 과학적인 글자 훈민정음은 '국민을 위한
글'이란 뜻으로 백성을 바르게 가르치는 의지를 펼쳤으나 그 시대의 지식
인들이 언문이라 하며 받아들이지 않으려 했지만 나랏말 연구에 생애를
바치신 주시경 선생으로부터 훈민정음을 한글이라고 부르기 시작했다.

주시경 선생의 명언을 잠시 언급해본다. '글은 말을 담는 그릇이어서 이지러짐 없이 자리를 반듯하게 잡아 굳게 선 뒤에야 그 말을 잘 지킬 수 있다. 그리고 글은 말을 닦는 기계니 기계를 먼저 닦은 뒤에야 말이 잘 닦아진다.' 한 민족의 글과 말은 민족의 정신이고 사상이라며 세종은 우리 민족을 세계문화민족으로 성장시킨 겨레의 큰 스승이라 말하지 않을 수 없다.

　외침을 많이 받았던 우리나라가 먹고 살기에 급급했던 시대의 아픔 속에서 의사소통이 원활하지 않고는 세계로 다가갈 수 없다는 것을 깨달은 세종은 자음 17자 모음 11자 훈민정음 28자를 하늘 땅 사람을 본떠서 과학적으로 만드는 데 이바지 하였다. 그 당시 한자에 짓눌려 조선의 정체성을 찾기 어려웠던 시대에 세종은 집현전 학사들과 밤낮 연구한 결과 드디어 1446년 음력 9월 상반기에 훈민정음을 반포하였다.

　그동안 최만리 일파의 훈민정음 반포 반대와 폭군 연산군의 언문탄압, 포악하고 잔악을 일삼았던 일제의 조선어 말살정책 등 친일파 지식인들의 일부가 한글전용 반대가 있었지만 포기하지 않고 인내를 거듭하는 동안 한글은 민중의 가슴 속에 뿌리내려 세계의 꽃으로 피어났다.

　일제의 속박 속에서도 외솔 최현배 박사는 우리의 말과 글을 가르치는 데 소홀하지 않았고 또한 나라를 구하고자 독립운동에 앞장섰던 그는 함흥감옥소에서 3년의 옥고를 치루면서도 한글연구에 게을리 하지 않았으며 애국시조 「공부」라는 시조를 창작하여 청소년들을 위하여 많은 가르침이 되고 있다.
　그리고 선교사들과, 한글애국지사들의 뜨거운 한글사랑이 세계를 향하여 달려갔을 때 2019년도에 태국에서 열린 세계문자올림픽대회에서 우리나라 한글이 당당하게 금메달 1위를 차지하면서 온 세계를 지배하는 영어가 3등으로 밀려나 영어를 앞지른 우리나라 한글의 힘은 국력이 되었다.

한글학자 외솔 최현배 박사는 일제시대의 한글은 우리의 목숨이라고 말했고, 미국의 제어드 다이어몬드 교수는 한글이야말로 가장 과학적인 글자로서 세계의 알파벳이라고 말하기도 했다.

지금 언론매체를 통해 세계 각국에서 한글배우기 열정이 펄펄 끓고 있다는 소식이다. 해외 교포 750만이 2천여 개의 한글학교를 세워 우리의 한글과 역사교육에 열중하고 있다는 것에 놀라지 않을 수 없다. 그리고 많은 예술가들의 노력도 포함된다. 특히 한글세대의 방탄소년단이 온 세계를 다니며 공연을 하는 동안 우리의 한국말을 크게 빛내어 한글의 우수성이 하늘높이 깃발을 펄럭이며 세계의 무대에서 빛을 발하여 우리의 한글이 세계문화유산인 유엔의 공용글자로 인정받기도 했다.

우리의 한글이 세계의 안전과 평화에 크게 기여하고 있음을 우리는 자랑스러워해야 하며 우리문화민족 한글겨레와 함께 온 세계에 한글의 문화, 한글의 평화를 외치며 쉬지 않고 널리 보급해나가야 될 이유가 너무나 많다.

서양의 외래어가 홍수처럼 쏟아져 나와 우리의 한글이 위기를 당하고 있기도 하다. 사회각계각층의 우국지사들은 이런 문제점들의 심각성을 의식하여 미래의 청소년들에게 올바른 훈민정음의 창제 정신을 전승해주기 위해 (사)훈민정음기념사업회를 설립하였고, 한글을 있게한 훈민정음의 우수성과 중요성을 가르치고 알리기 위해서

해마다 훈민정음 독후감 대회와 훈민정음 백일장을 열기도 하며 하루도 쉬지 않고 애쓰는 분들이 더욱 늘어나고 있어 미래의 한글이 기대된다. 앞으로 미래를 짊어지고 갈 학생들에게 훈민정음 경필쓰기와 인성교육을 가르칠 수 있는 터전을 튼튼히 뒷받침할 수 있는 큰 힘은 국가의 관심과 많은 지원이 절실한 이때다.

앞으로 (사)훈민정음기념사업회에서 추진하는 「108인의 훈민정음 글모음」을 28권 연속으로 출판하는 행사에 많은 분들이 동참하여 우리 대한민국의 위대한 문자 훈민정음(한글)이 온 세계로 펼쳐 나갈 수 있도록 애국 애족하는 우리 모두가 되기를 필자는 소망한다.

저는 훈민정음 해설사입니다!

김건일

청주여자고등학교 국어교사
훈민정음해설사회 충북 회장
훈민정음 해설사
전) 청원고 국어교사
전) 양청고 국어교사

저는 문화체육관광부 소관 사단법인 훈민정음기념사업회 소속 훈민정음 해설사입니다.

제가 사는 곳은 청주시 북이면으로 걸어서 갈 수 있는 가까운 거리에 초정약수터가 있고 이곳에 조성된 초정문화공원 내에 세종대왕께서 훈민정음을 연구하셨다는 초정행궁이 복원되어 있습니다.

『조선왕조실록』〈세종실록 103권〉, 세종 26년(1444년) 2월 20일 집현전 부제학 최만리 등이 언문 제작의 부당함을 아뢰는 상소문에 다음과 같은 기록이 보입니다.

"이번 청주 초수리椒水里에 거동하시는 데도 특히 연사가 흉년인 것을 염려하시어 호종하는 모든 일을 힘써 간략하게 하셨으므로, 전일에 비교하오면 10에 8, 9는 줄어들었고, 계달하는 공무公務에 이르러도 또한 의정부議政府에 맡기시어, 언문 같은 것은 국가의 급하고 부득이하게 기한에 미쳐야 할 일도 아니온데, 어찌 이것만은 행재行在에서 급급하게 하시어 성궁聖躬을 조섭하시는 때에 번거롭게 하시나이까."

세종 26년(1444년) 두 차례에 걸쳐 무려 121일 동안이나 요양 차 청주 초수(초정)에 머무시면서 어찌 급하지도 꼭 해야 할 일도 아닌데 훈민정음 창제에 몸이 달아 서두십니까라는 내용으로 1443년 훈민정음 창제 후 극렬하게 반대하는 신하들의 등쌀에 안질을 치료한다는 명분으로 한양을 떠나 초정리로 행궁(이궁)하여 밤낮으로 훈민정음 연구에 고심하시는 세종대왕의 모습을 상상해보는 것만으로도 가슴이 뭉클해집니다.

이러한 역사적 기록에 근거하여 세종이 행궁에서 약 4개월간 머무시면서 훈민정음을 다듬고 완성하셨다는 것이 분명하다는 점에서 초정리에 훈민정음 관련 기념사업이 이루어지는 것은 지극히 당연하고 또 환영할 만한 일입니다.

전국의 유적지에 가면 어디든지 문화관광해설사가 상주하며 해당 지역의 역사나 문화를 쉽게 이해할 수 있도록 해설하고 있는 것처럼 이곳 초정 행궁이나 앞으로 건립될 훈민정음 기념관에서도 찾아오는 방문객들을 대상으로 훈민정음에 대한 폭넓은 지식과 소양을 갖춘 해설사의 역할과 활동이 필요하다고 봅니다.

또한 찾아가는 훈민정음 해설사로서 초, 중, 고등학교나 군부대 기관단체를 방문하여 우리 한글의 뿌리인 훈민정음이 지니고 있는 역사적 의미와 가치를 지속적으로 강의하고 전파하는 것이 우리 해설사들이 해야 할 일이며, 이를 위하여 언제 어디서 강의 요청이 들어와도 자신감을 갖고 정확하고 그리고 재미있게 훈민정음에 대하여 특강을 할 수 있는 실력을 갖추도록 훈민정음해설사들의 부단한 자기 연찬이 선행되어야 합니다.

특히 훈민정음의 탄생지라고 할 수 있는 충북 청주를 기반으로 한 충북 해설사들이 선도적으로 훈민정음을 알리고 전파하는 첨병 역할을 하여 이러한 분위기가 전국적으로 확산되는 계기가 되기를 바랍니다.

문화를 주도하는 조선의 사대부 계층이 오랜 한자, 한문 생활에 젖어 훈민정음 쓰기를 거부하는 상황에서도 오롯이 우리말 쓰기를 강조한 서포 김만중이 그의 저서 『서포만필』에서 "지금 우리나라의 시문詩文은 제 말을 버리고 남의 나라 말(한문)을 배우고 있는데 비록 그것이 아무리 비슷하더라도 앵무새가 사람의 말을 흉내 내는 데 지나지 않는다"라고 일갈하며 "자고로 우리나라의 참된 문장은 우리 글로 쓰인 정철의 〈관동별곡〉, 〈사미인곡〉, 〈속미인곡〉 세 편뿐이다"라고 단언하였듯이 책이며 신문이며 방송 같은 온갖 매체에 외래어가 판치는 이 시점에 더 늦기 전에 국어의 뿌리인 훈민정 음이 가지고 있는 정신과 가치를 제대로 일깨워주어야 합니다.

저는 고등학교에서 40년 가까이 국어를 가르치면서 점점 모국어인 국어의 중요성이 학생들의 인식에서 사라져가는 모습을 안타깝게 바라보고 있습니다.

세계의 문자 중 유일하게 창제자와 창제 시기 그리고 창제의 원리가 담긴 그래서 1962년 국보 제70호로 지정되고 1997년 유네스코 세계기록유산으로 등재된 훈민정음 해례본에 기초하여 "백성을 가르치는 바른 소리"를 올바르게 풀이하고 설명해야 하는 것이 훈민정음해설사의 사명이라고 생각합니다.

그동안 전국에서 훈민정음해설사가 80여 명이나 배출되었다고 하니 전국단위 해설사 모임의 구성도 필요하고 국민 운동 및 체계적인 교육 차원에서도 훈민정음을 제대로 알고 알리려는 노력이 기관단체를 중심으로 전개되어야 한다고 봅니다.

따라서 정부나 시민사회단체 등에서 대한민국 국민으로서의 자부심과 자긍심이 배양되어 문자문화 강국으로 도약할 수 있도록 각별한 관심과 지원이 절실히 필요하다는 의견을 드리며, 해설사로서의 사명과 각오를 다져 봅니다.

세종대왕이시여

최구영

진진공인중개사 사무소 대표
훈민정음 해설사
전) 동양일보 기획위원

대왕께서 훈민정음을 만드시고 반포한지 576년이 지나 소생은 대왕의 창조정신과 백성을 사랑하시는 애민정신을 다시금 떠올리나이다. 더군다나 우리고장 청주의 초정에 머무시며 우리글을 연마하신 후 반포하셨다는 사실 등은 훈민정음해설사라는 자격을 통해 공부하고 익히며 소생을 움직이게 했나이다. 대왕에 대한 존경과 사랑이 날로 두터워짐은 무슨 짝사랑 일런지요?

대왕의 빛나는 업적으로 우리나라의 문화는 우리 대한민국을 넘어 한류라는 이름으로 세계에 우뚝 올라섰나이다.

세월이 이렇게나 흐른 뒤 대왕의 뜻을 이어받은 우리나라의 지성 있는 선각자들께서 사단법인 훈민정음기념사업회를 설립하여 훈민정음의 창제 정신을 계승하고 발전시키고자 뭉쳤나이다.

훈민정음기념사업회는 아직 조직이 미약하나이다.

그들은 자비로 조직하고 활동하고 있는 실정이옵니다.

그들은 사회의 중장년층으로써 봉사정신으로 큰일을 도모하고 있나이다.

이 훈민정음기념사업회를 통하여 중장년세대를 넘어 사회각계의 지도층과 우리의 어린 꿈나무들에게도 알릴 수 있는 계기가 되어, 그리하여 우리국민 모두가 한마음 한뜻으로 혼연일체가 되어 바라는 바, 모두 이루어지기를 간절히 간구하나이다.

훈민정음기념사업회의 여러 가지 사업 중에서도 으뜸인 사업은 훈민정음기념탑과 공원의 조성에 있다하겠나이다. 모쪼록 뜻을 가진 분들의 여망이 이루어지는 그 날까지 이 한 몸, 뜻을 같이 하겠나이다.

이제 자유대한민국은 세종대왕의 애민정신과 빛나는 훈민정음창제의 업적으로 깨어있는 나라, 문화가 각 분야에서 발달 돼 세계를 움직이게 하는 나라로 우뚝 설 수 있기를 간절히 바라나이다.

억겁의 세월이 흐른 뒤에도 대왕의 업적은 영원한 것일진대, 그에 보태어 문명의 상징물로써 훈민정음기념탑의 건립이 완성되어 인류문명의 기념탑으로 우뚝 설 수 있기를 간절히 기원하나이다.

바라옵건대 이러한 일을 행사하는 중에는 모두가 사심없는 마음으로 우리문화와 우리문명의 창달을 위하여 함께 할 수 있기를 기원하나이다.

또한 바라옵건대, 이의 행사를 위하여 앞장서서 희생하시는 분들마다 강건한 신체를 허락하소서.

세계인의 상징물
프랑스는 에펠탑
미국은 자유여신상
대한민국은 훈민정음탑

그리하여 세종대왕이시여~!

동방의 아주 작은 나라에 576년 전에 세종대왕이라는 어진 임금이 있어 백성을 불쌍히 여겨 '백성을 가르치는 바른 소리', 곧 훈민정음을 창제하였노라고, 이제는 대왕의 오래된 후손이 그 뜻을 이어받아 우리의 문자를 세계에 당당히 알리는 사업을 하고 있노라고 후손이 고하나이다.

한글의 바른 명칭
'훈민정음'이라 불러야 한다

박익희

경기데일리 발행인
우리문화지킴이 활동가
(사) 한국출산장려협회 홍보자문역
전) 경기언론인연합회 회장

세계인들의 한류 바람이 거세다. K-POP, K-드라마, K-MOVIE 등 K-문화로 한글을 배우고 있는 외국인들이 많이 늘어나고 있어 경이롭다. 이런 현상은 한글의 우수성에 기인함이 크고 자랑스러운 일이다. 오늘날 여러 분야의 경제적, 문화적 높은 수준에 이르러 일정한 국제적 지위를 확보할 수 있었던 것은 우리에게 한글이라는 글자가 원동력이 되었기 때문이라고 감히 주장한다.

하지만 우리나라는 이런 점을 잊고 있는 것 같아 안타깝다. 우리 스스로 한글의 우수성을 망각하고 외래어와 듣도보도 못한 신조어가 범람하고 있다.

얼마전 대명콘도라고 알려진 곳인 설악산 델피노리조트를 찾았는데 이곳이 한국 인지 외국 인지 구별을 못할 정도로 온통 외국어 간판으로 뒤덮

혀 있었다. 정말로 세종대왕께서 울고 가실만큼 한심한 꼴이었다. 이런 현상은 사대주의적 지적 허영심을 자랑하는 게 아닌지 의아했다.

동행한 친구가 "세종대왕이 화가 날 일이라며 너무 심하다"고 지적을 했다. 저마다 다른 동네이름은 있는데 전국의 아파트에 외래어가 범람하는 아파트 이름을 지어야 하는지도 의문이다. 오죽하면 외래어에 익숙하지 않은 부모님이 아들, 딸의 집을 못찾아 오도록 어려운 외래어로 이름을 짓는다는 우스개 소리가 생기겠는가?

또한 집집마다 양주를 신주단지 모시듯 모아놓고 있는 것을 보면 한심하다. 좋은 날 친구와 가족들이 나누어 마시길 바란다.

윤석열 대통령이 취임하면서 용산시대를 열자 출퇴근 시간에 간단한 질문으로 대통령의 견해를 밝히는 '도어스텝핑(doorstepping)'이란 용어도 생소하고 어색하긴 마찬가지이다. 기자와의 '약식회견'이란 뜻이지만 굳이 이런 외래어를 써서 국민을 어리둥절 하게 할 이유는 전혀 없다고 본다.

또한 신조어를 양산하는 젊은 세대와 언론 매체에도 어느 정도의 지침이나 언어순화로 쉽게 의사가 전달되도록 하는 게 좋을 것이다.

예를 들자면 '개딸', '개예쁘다', '개웃김', '개이득' 등 무슨 말인지 모른다.

필자는 이 기회에 한글을 '훈민정음訓民正音'이라는 정명正名을 찾아주길 바란다. 세종대왕은 1443년 훈민정음을 창제하시며 왕명으로 '훈민정음'이라 정했다. 훈민정음이란 '백성을 가르치는 바른 소리'라는 말이다. 『훈민정음해례본』이 1940년에 안동에서 발견되었다.

훈민정음 어제御製에 다음과 같이 기록되어 있다.

訓民正音 國之語音異乎中國 與文字不相流通 故愚民有所欲言 而終不
得伸其情者 多矣 予爲此憫然新制二十八字 欲使人人易習便於日用耳

해석하면 '나라의 말이 중국과 달라서 문자로는 서로 통하지 아니하므
로 이런 까닭으로 어리석은 백성이 말하고자 하는 바가 있어도 끝내 제 뜻
을 나타내지 못하는 사람이 많다. 내 이를 불쌍히 여겨 새로 스물여덟 글
자를 만드니 사람마다 하여금 쉽게 익혀서 날마다 쓰기에 편하고자 할 따
름이니라'

개화기에 이르러 황제의 칙명으로 한글에 국문國文으로서의 지위를 주
었다. 이때부터 박영효, 윤치호, 서재필, 이승만과 같은 선각자들, 일제강
점기에도 민중 계몽운동의 일환으로 한글을 가르치고 한글맞춤법을 만들
었으며 국어 문법을 깊이 있게 연구했다. 1910년대에 주시경 선생을 비롯
한 국어 연구가는 으뜸가는 글, 하나 밖에 없는 글이란 뜻으로 『훈민정음
해례본』이 발견 되기 이전에 '한글'이라 불렀다.

그래서 왕명으로 지은 이름인 훈민정음의 본래의 이름으로 불러야 된다
고 본다. 나라 글을 만든 이유와 취지를 극명하게 보이며 단군이 고조선을
만들때 '홍익인간 제세이화'를 실현한 세종대왕이라고 생각된다.

훈민정음은 1962년 12월 20일에 국보 70호로 지정되었고, 1997년 10
월 유네스코(UNESCO) 세계기록유산으로 등재되었다.

세계의 유명 언어학자도 아래와 같이 훈민정음의 우수성을 갈파하고
있다.

"훈민정음은 가장 진보된 글자이고, 대한민국의 국민은 그 무엇과도 비교할 수 없는 문자학적 사치를 누리고 있는 민족이다"

-미국 컬럼비아대학 케리 키스 레드야드 교수-

"훈민정음은 지구상의 문자 중에서 가장 독창적인 창조물이다. 500년이 지난 오늘날의 언어학적 수준에서 보아도 한국인들이 창조한 문자 체계는 참으로 탁월한 것이다"

-미국 시카고대학 제임스 맥콜리 교수-

"훈민정음은 세계 어떤 나라의 일상문자에서도 볼 수 없는 가장 과학적인 표기 체계이다"

-미국 하버드대학 동아시아 역사가인 에드윈 라이샤워 교수-

그러니 이제부터라도 '한글'이란 명칭 대신에 '훈민정음'이라는 정식 명칭을 사용하여야 한다고 제안한다.

실제 이런 주장을 하는 분이 훈민정음기념사업회 박재성 이사장이다. 한문교육학박사인 그는 전 세계에 존재하는 70여 개의 문자 중에 유일하게 창제자, 창제연도, 창제원리를 알 수 있는 독창성과 창작성으로 세계기록유산이 된 훈민정음을 제대로 활용하지 못하고 파괴하고 있다고 주장한다.

그는 우리가 버린 4자도 찾아야 진정한 모든 소리를 다 쓸 수 있다고 주장하며 소설 『소설로 만나는 세종실록 속 훈민정음』을 출간했다. 이뿐만 아니라 그는 28개 문자를 상징하는 28층 〈훈민정음 기념탑〉을 세우고 영원히 기리고자 노력하는 사람이다. 이 얼마나 자랑스럽고 가슴벅찬 일인가?

훈민정음이 대한민국의 동력이다

조규선

(재) 서산장학재단 이사장
한서대학교 대우교수
전) 서산문화재단 대표이사
제4대, 제5대 충남서산시장
전) 대통령직 인수위원회 자문위원

요즈음 기쁘게 살고 있다. 다섯 살 외손자와 한 살 손자를 보면 기쁘다. 외손자의 한글 읽는 모습이 신기하다. 손자의 응얼대는 소리를 들으면 기분이 좋다. 종알대는 입도 예쁘다.

소리를 내는 입술, 이, 혀, 목 등의 모양과 구조를 살펴 자음과 모음을 만든 것이 훈민정음, 한글이라는 생각이다.

손자 녀석들을 보면 즐거운 것은 인간의 본능이다. 외손자가 간판을 읽는다. 배우지도 않은 한글은 참 쉽다. 혼자 터득할 수 있다.

이렇게 우리 한국인은 한글로 세상의 문명과 접한다. 그리고 일생을 시작한다.

사람은 말과 글로 자기 의사를 표현한다. 물론 몸짓 눈짓 등이 있지만 말과 글이 제일 중요하다.

말과 글이 타인에게 공감을 주고 감동을 준다. 그런 사람이 유능한 리더가 된다.

유능한 리더가 좋은 지역사회와 좋은 나라를 만든다.

말을 잘하고 좋은 글을 쓰기 위해서는 많은 책을 읽고 남의 말을 경청할 때만이 가능하다고 하겠다.

우리가 현대 사회에서 필요한 지식, 정보, 지혜도 글과 말을 통해 새 문화를 창조했다.

문화는 우리 인간 생활을 편리하게 하고, 유익하게 하고 행복하게 한다. 이것은 지식의 소산이다. 이 모두가 훈민정음, 한글의 덕분이다.

우리나라가 선진 대국이 된 것도 훈민정음, 즉, 한글이 있었기에 가능했다. 이러한 한글은 세계인의 사랑을 받고 있다. 몇 해 년 필자가 재직하고 있는 충남 서산 한서대학교(총장 함기선)에서 세계 각국의 대학에서 한글을 지도하고 있는 교수님들을 만난 적이 있다. 그들은 한국인이라는 큰 자부심을 가지고 있었다.

외국인들이 한글을 배우기 위해 줄을 서고 있다며 기뻐했다.

분명 한글의 위대함이 한국의 위대함으로 입증된 것이다.

그러나 아직도 우리 사회에는 아쉬운 면도 있다. 한글을 모르는 문맹인이 있다.

10여 년 전 필자가 서산 시장 재직 시 일이다. 중년의 아주머니가 찾아왔다. 식당에서 일하고 싶어도 한글을 몰라(간판을 읽을 수 없어 음식 배달을 못 해) 할 수 없다고 하소연했다.

그의 사연을 듣고 시작한 것이 서산시 평생학습도시 선정이다. 그리고 각 읍면동 일부 마을회관에 문해교실 운영을 시작했다.

그 당시부터 지금까지 문해 교사를 하고 있는 김인숙 선생이 2020년 배움 교실 수료생과 함께 찾아왔다.

70을 넘긴 김유자 씨는 "한글을 배우니 심 봉사가 눈을 뜬 것 같다며 새로운 세상이 보였다."고 기뻐했다.(서산타임즈 2020.12.02. 일자 보도, 조규선이 만난 사람 김유자 갈산 2통 배움교실 졸업생)

이렇게 한글은 인간에게 기쁨을 주고 행복을 준다. 그뿐인가, 사회를 밝고 넉넉하게 만드는 힘이다.

한글 예찬은 또 있다. 한글을 통해 우리의 이상(꿈)을 실현할 수 있었다. 꿈과 다짐을 한글로 적는다. 미래의 이야기도, 상상력도 글로 적어야 창조된다. 아무리 좋은 그림이나 악보도 상상력으로는 창조되지 않는다. 그래서 "기록은 기적을 낳는다"는 말이 있다.

그러나 정말로 소중한 것은 보이지 않는다. 사랑, 하나님, 동심, 마음(생각) 등은 보이지 않지만 보이게 하는 것이 바로 한글이다. 한글의 저력이다. 글로 사랑을 표현하고 동심을 이야기하고 하나님을 찬양한다. 사람의 마음도 마찬가지이다. 좋은 마음, 나쁜 마음, 착한 마음을 보이게 하는 것도 한글이다.

이렇게 한글, 훈민정음에 대한 위대함은 끝이 없다.

그뿐인가, 훈민정음은 새로운 문명을 만들었다. 그러나 아쉽게도 훈민정음에 대한 고마움을 모르고 살았다. 공기가 있어 우리가 생존할 수 있다. 부모가 있어 내가 존재하고 있음을 말이다. 자연의 섭리를 잊고 살아온 것이 부끄럽다.

최근 기후와 에너지가 당면과제로 떠오르고 있다. 이때 훈민정음에 대한 중요성을 되새기게 되어 다행이다.

우리의 정체성을 찾는 것, 조상을 찾고 지역과 민족의 가치를 찾는 것, 이 중에서 훈민정음 속에 담긴 세종대왕의 백성을 사랑하는 마음, 이것이 바로 대한민국이 선진국으로 가는 길이라는 생각이다.

그동안 우리나라의 발전은 다른 선진국의 발전 모델을 모방하면서 진행 되었다.

그러나 대한민국은 국민소득 3만 불을 넘어 5만 불 시대로 진입하고 있 다. 이제는 창의적 가치를 만들 때만이 가능하다.

새 가치를 훈민정음에서 찾아야 한다.
순수하고 아름다운 천진난만한 외손자와 손자의 동심에서 찾아야 한다.
그렇다, 훈민정음이 대한민국의 동력이다.

훈민정음, 한말글 가꿈이의 꿈

채선정

한국창조예술문화총연합회 용인시낭송협회 회장
(사) 한국문협 용인지부 용인문학회원
전) 용인향교부설 명륜대학 시창작반 초대회장
(사) 한국가교문학 이사
(사) 사임당문학회 회원

우리 사회 속에는 외래어와 비속어들이 범람하고 있다. 프랑스인들이 영어를 알면서도 불어로 이야기한다는 말은 과장인 것으로 알고 있으며 설령 그런 사람이 있다 해도 소수의 프랑스인으로 안다. 자국어 프랑스어를 많이 사랑한다는 비유의 표현이라고 생각한다. 외국어는 우리말로 순화하고 우리말도 더 아름답게 꾸며야 하는 것은 우리가 해야 할 일이다. 세계 최고의 문자를 창제한 세종대왕의 〈훈민정음〉을 아끼고 가꾸는 것은 너무나 당연한 일이다.

지난해 설날이었다. 추위가 매서운 시기였지만 모처럼 햇살이 고와 우리 동네 탄천 세느강변을 따라 산책을 하게 되었다. 아직도 천변에는 얼음이 땅을 붙들고 있었고, 북쪽 천변을 따라 자전거와 보도가 같이하는 하단길이 있고, 상단길에는 을씨년스런 바람이 훑고 지나가는 소리가 들렸다. 나는 중간 산책길을 따라 햇살을 등에 지고 걷고 있었다. 메마른 풀잎 사이로 진녹색의 이파리들이 눈에 들어왔다. 무릎을 굽히고 앉아 살펴보니 녹색의 이파리 속에 하늘빛을 닮은 꽃잎이 고개를 내밀고 있었다. 나는 사진을 찍고 검색을 해보니, 〈개불알꽃〉이라고 한다. 그 열매가 개불알을 닮았다고 붙여진 이름이라고 한다. 뭔가 다시 발음하고 싶지 않은 단어다. 이름은 아름답지 못하지만, 추위를 뚫고 피어나는 그 용기는 역경을 딛고 일어서는 의지의 한국인 같다고 생각했다. 나는 이 꽃에 빠져 자주 이 산책길을 걸으며 이 꽃이 하나씩 피어나는 것을 가을이 될 때까지 살펴보는 것이 나의 중요 관심사가 된 적이 있다. 얼마 지나지 않아 이 꽃은 〈봄까치꽃〉으로 불리게 된 것을 알게 되었고 지금은 봄까치꽃으로 널리 알려진 꽃이 되었다. 까치 까치설날이 있듯이 이 꽃은 설날 전에 꽃을 피운다고 이름을 지은 것 같다. 추운 겨울에는 땅에 납작 엎드려 마른 풀잎 속에 살며 얘기 손톱만 한 꽃을 피우지만, 여름이 되면 목을 쭉 내밀고 길게는 20㎝ 이상 자란다. 환경에 따라 자신의 키를 조절하는 꽃이다. 똑같은 꽃인데, 그 이름에 따라 느끼는 꽃의 이미지가 달라진다.

윤동주 시인의 〈서시〉에 나오는 "하늘을 우러러 한 점 부끄럼 없기를/ 잎새에 이는 바람에도 나는 괴로워했다."에서 '잎새'는 사투리였다. 양주동 박사도 오 헨리의 〈마지막 잎새〉로 번역하였고 이제는 잎새도 표준어가 되었다. 꽃 이름이나 시어詩語로 사랑하다 보면 우리의 표준어가 되었듯이 아름답고 좋은 단어는 사랑하고 자주 갈고 닦아야 한다. 작가뿐만 아니라 우리가 새로운 말을 발굴해 내고 갈고 닦는 일은 한글을 쓰는 우리의 몫이다. 우리말 가꿈이 활동이 적극적으로 응원하고 지원해야 하는 이유다. 말이나 글은 쓰지 않으면 쉽게 녹슬고 사라진다.

꽃으로 시작하는 말이라고 모두 아름다운 것은 아니다. '꽃다지'는 사전을 펼쳐보니, 오이, 가지, 참외, 호박 따위에서 맨 처음 열린 열매라는 뜻이라고 한다. '꽃살림'은, '남자가 조강지처를 두고 다른 곳에 첩 살림을 차리는 옛 우리말'이라고 한다. 남성우위 시대의 말이다. 다행인 것은 최근 젊은 부부가 신접살림을 꽃과 같이 산다고 '꽃살림'이라고 하는 기사를 보았다. 멋지다는 생각이 든다. '나눔꽃'은 재활용 가게의 이름이다. 이런 아름다운 말들이 모이면 한말글이 더욱 아름다운 꽃동산이 되리라 생각한다.

우리 글 『훈민정음』은 이미 세계가 인정한 최고의 문자다. 『훈민정음(해례본)』이 유네스코 기록유산으로 1997년 10월 등재되었다. 1997년부터 2년마다 세계적 가치가 있는 기록유산을 선정하는 사업에 첫 대상으로 훈민정음이 선정, 등재된 것은 우리의 큰 자랑이 아닐 수 없다. '훈민정음'의 창제 목적과 이 문자의 음가 및 운용법, 그리고 이들에 대한 해설과 용례를 붙인 책이다. 이는 한글의 우수성을 세계가 인정한 것이다. 우리는 이런 자랑스러운 문화유산을 갈고 닦고 보존하는 것이 지금 우리가 해야 할 일이라고 믿는다.

우리 한말글을 갈고 닦아서 우리 민족은 물론 글이 없는 소수민족의 소리를 담을 수 있다면 다 함께 세상을 살아가는 행복한 세상을 만들 수 있으리라 생각한다.

인류의 최고의 사랑, 훈민정음

김종

조선대학교 인문대학 국어국문학과 교수
전) 광주문인협회장
전) 「문학의 해」광주광역시 조직위원장
「KBC광주방송」시청자위원 및 이사 역임
언론중재위원 등 역임

　한글은 나의 일용할 양식이다. 세상에 태어나 울음소리를 처음 냈을 때, 그 자리에서 들은 소리들이 나에게는 일용할 소리가 되었다. 그리고 알지 못하는 사이에 한글을 떼고 내가 하는 모든 말들, 내가 들은 모든 소리를 한글로 표현할 수 있었다. 얼마나 경이로운 일인가. 산에 가면 먼 길, 가까운 길, 돌아가는 길, 오르고 내리는 길, 만나서 반갑다 손잡는 길이 있다. 오가는 말도 고운 말, 예의 바른 말, 상스런 말, 욕설 등이 동일한 사람에게서 말의 여러 길이 나타난다. 어떤 길을 가야 한글에게 부끄럽지 않은 길을 갈까?

　한글은 오늘도 멀리 보는 눈길이 되어 버선발로 뛰어나온 어머니의 사랑이고 그 사랑이 소실점이 될 때까지 우리를 사람 세상에 끌고 간다. 그리고는 젖을 물리고, 한가득 아기의 볼따구니를 웃음으로 바라보는 어미의 따뜻한 눈길이 된다. 그 눈길에는 촘촘한 사랑이 박음질되어 울타리로 세워진다. 한글은 까치밥이다. 텅 빈 대자연의 공간에서 한겨울 까치가 굶어 죽지 않도록 남겨둔 눈물의 사랑이다. 한글은 홍시다. 이빨 빠진 늙은 호랑이를 먹이려고 부드럽게 몸을 녹인 홍시의 극진한 보시다. 한글은 홍어다. 삼복더위에도 알맞게 삭혀서 가난한 사람들의 입맛이 된 홍어의 알싸한 마음이다. 한글은 세종대왕이 퍼 올린 샘이 깊은 사랑이고 집현전 학자들의 두 손 모은 간절함이고 모든 사람을 이롭게 하는 홍익인간에의 사랑의 교본이다.

한글은 단군이고 배달민족이고 가득 우주를 채운 지구촌 사람들의 향기 그 자체다. 한글은 남실거리는 강이고 그늘 깊은 정자나무고 비를 품은 마파람이고 잘 여문 나락이고 품이 너른 평야다. 누구나 깃들여 탑을 쌓고 서로가 어우러져 손잡고 농사짓는 고향의 인심이다. 누구라도 한나절만 머리 싸매고 학습하면 모두의 마음을 풀어낼 수 있는 훈민정음이 낳은 한글은 사람과 사람을 건네주는 징검다리다. 별과 별을 유등 띄운 샘이 깊은 사랑이다. 한글은 사랑의 모양에서 출발하여 각 글자를 발음하는 구강의 캐리커처를 의사소통의 원리로 빚은 등불이다.

누가 감히 그 같은 상상력을 넘어설 수 있으랴. 한글을 쓰는 사람들이 갖는 자긍심은 정확히 오백칠십육 년을 굽이친 사랑의 강물이다. 한글은 먹지 않아도 배부른 사랑의 양식이다. 소낙비 마을에서 보내온 무지개의 빛살로 하늘은 어느 때보다 휘황하다. 꽃잎은 떨어져도 열매는 반짝인다. 세상에는 기적만 기적이 아니다. 기적 아닌 기적도 얼마든지 있다. 그것이 바로 한글이다. 한글은 사소한 사람들의 담소이고 집에서 입는 편하디편한 일상복이다. 막연하던 자리에서 우리는 한글이라는 기적을 만나 오늘을 살아갈 밥을 얻는다. 생각을 정리하고 과거를 회상하고 미래를 준비한다.

메모해둔 것들을 하나하나 한글로 갈무리한다. 산전수전을 겪은 저 많은 메모들, 한바탕 타올라 잘 익은 밥이 되리라. 몸을 눕혀 앓는 소리를 내는 허리 휘고 옹이진 것들을 불러들이고 웃음 웃는 하회탈에 밥알갱이 발라가며 배부르게 한글의 밥을 먹이리라. 이글이글 타면서 다지고 덜어내고 덧대어가는 동안 사소한 것들도 제자리에서 소담히 꽃피우리라.

꺼져가던 불씨들이 세상을 밝히는 불꽃이 되리라. 제 몸에 불을 놓는 저 작고 가녀린 꽃송이에게 나는 무슨 눈길을 보낼 것인가. 내 몸을 아궁이 만들어 한글을 무지개로 구워 내리라.

이제 시대는 한글의 산업화를 서두를 때다. 우리는 컴퓨터에서 디지털을 거쳐 AI시대에 접어들었다. 문자를 만드신 세종은 어떻게 600년 뒤의 일을 이리 명징하게 예측하셨을까? 훈민정음이 자랑스러운 것은 '사랑'으로 창제한 백성의 문자라는 점이다. 훈민정음은 지구촌에서 만든 사람과 만든 연대와 만든 원리와 반포일과 목적을 알 수 있는 유일한 문자다. AI시대를 선도할 유일한 문자가 한글이란 점 또한 널리 알려진 바다. 한글이라야 AI와 완전 소통이 가능하다는 것은 얼마나 자긍심 넘치는 일인가. 융·복합이 가능한 문자는 한글이라는 것 또한 여러 자리에서 증명되고 있다. 시간이 흐를수록 한글은 그 뛰어난 우수성과 유용성으로 하여 우리 민족을 먹여 살리는 재화벌이에도 성공할 것이다. 한글은 나를 비롯한 우리나라는 물론이고 지구촌 모두가 두루 일용할 사랑과 양식의 길을 가고 있다.

위대하다 훈민정음이여!

탁인석

광주문인협회 제13대 회장
광주대 교수(영어과 초대학과장)
전) 광주시 교육위원
전) 고창폴리텍대학장
전) 순천폴리텍대학장

"만물의 소리를 표기할 수 있는 글자는 훈민정음뿐"

한국 작가들의 작품은 운문이든 산문이든 당연히 한글로 표현된다. 작가의 성향에 따라 저마다 자신의 언어를 풀어 개성대로 작품을 창작해 간다. 작가들은 한글로 작품을 쓰면서 돌멩이를 옥으로 바꾸었다고도 고백한다. 우리가 살아가는데 공기와 물은 생명 유지의 필수요건이다. 그런데도 우리는 생명을 유지하는데 그들의 고마움을 잊고 살다가 부족하다 싶으면 필사적으로 갈구한다. 한글도 그 같은 경우가 아닐까. 그런데도 우리는 고맙기 짝이 없는 한글을 물과 공기처럼 그저 존재할 뿐으로 생각하고 있다. 10월에 맞는 한글날을 하루를 쉬는 국경일쯤으로 생각할 뿐이다. 그런데도 한글날만큼 훌륭하고 자부심 넘치는 경축일이 또 있을까.

한국이 이만큼 성장하여 내세울 자랑거리가 한둘이 아니지만, 지금은 한글이라고 불리는 훈민정음의 장점은 여기에 그치는 게 아니다. 한국을 비하하는 나라마저도 훈민정음 즉, 한글의 우수성만은 너나없이 동의한다. 한글이 없는 대한민국을 상상해 보라. 5천 년 역사의 우리말을 한글이 아니면 어찌 표현할 수 있었을까. 만약 한글이 부재하다면 지금 우리가 누리는 문화나 경제나 사회의 제반 현상이 얼마만큼 가능할 것인가. 짚어볼수록 한글은 우리의 고유성과 자존심을 담보한 최고의 문자로 손색이 없다.

우리는 우리의 문자니까 그렇다 치고 우리 밖의 사람들은 어떤가. 우선 세계의 문자 가운데 오직 우리의 훈민정음만 제작한 사람과 반포 일을 알며, 제작원리까지도 만방에 내세울 수 있는 유일의 문자이다. '한글'은 세종께서 제자 당시에 붙인 이름이 아니고 1910년 초 주시경 선생 등이 '한'이란 '크다'라는 의미를 담아 명명한 것이다. 훈민정음은 배우기 쉽고 과학적이라는 인식 위에 모든 소리를 적을 수 있다는 만능인 것에 대해 지구촌의 언어학자들은 찬탄에 찬탄을 거듭하고 있다.

한자는 글자 수가 많기로 유명하지만, 그에 따른 한계 또한 열거하기 어려울 정도이다. 일본어는 자음과 모음마저 미분리 상태이며 영어의 사용 영역은 그 문자의 광역성만큼 한글과 견주어 비교되지 않는다. 외국인도 대학 이상의 학력이면 1시간 안에 자기 이름을 한글로 쓸 수 있다고 한다. 한글 자음의 기본은 'ㄱ, ㄴ, ㅁ, ㅅ, ㅇ'인데 'ㄱ'에다 획수를 더하면 'ㅋ, ㄲ'이 된다. 그러니까 앞글자 다섯 개의 자음만 알면 다음 글자의 사용능력은 그냥 따라오게 되어있다. 복잡한 모음체계도 점(·) 하나에 작대기 두 개(ㅡ, ㅣ)로 조작을 끝낸다. 가장 간단한 것으로 가장 복잡한 것을 표현할 수 있다는 얘기다. 한글의 언어적 창조력은 휴대전화기에서도 여지없이 그 위력을 발휘한다. 자판에 한글을 모두 넣어도 자판이 남아돈다는 얘기다.

AI 시대가 시작되면서 광주가 AI의 도시라는 점이다. 시장께서는 광주를 말할 때 'AI 도시 광주'가 먼저 나온다. AI와 한글은 이미 산업화의 구상을 전제하며 이와 관련하여 광주의 미래 또한 여기에 접목할 수 있다. 『영원한 제국』으로 유명해진 이인화 소설가가 있다. 이화여대 재직 시에는 천재 소설가이자 스타 교수였던 그가 우여곡절로 학교를 떠나게 됐지만, 그 후 4년간의 절치부심 끝에 야심 차게 완성한 장편소설 『2061년』의 소재가 훈민정음이다. 이 작가는 현재 인공지능 AI에 매료되어 있고 작품은 1443년 창제된 훈민정음이 AI의 소리와 생각을 표기하는 유일의 문자이며 2061년 세계 공용문자가 된다는 설정이다.

인공지능 AI 앞에서 로마자의 음성인식은 완벽한 무용지물이다. 이에 반해 훈민정음의 언어 가동력은 놀랄 만큼 빠르고 정확하다. 요컨대 순경음, 반치음 등 15세기 훈민정음의 초성, 중성, 종성을 결합하면 약 400억 종의 분절음을 표기할 수 있다는 것이다. 만물의 모든 소리를 표기할 수 있는 훈민정음 데이터로 전 세계의 인공지능은 그 모두를 한글화로 수렴한다는 것이다. 또한, AI가 지성체가 되면 말을 하려고 할 것이고 이를 표기할 수 있는 문자가 한글밖에 없다는 게 학자들의 일반적 분석이다.

AI 도시 광주는 이제 바빠져야 한다. 여기에다 AI 도시 광주가 한글 '판권'을 획득해야 미래의 광주가 그려지게 된다. '세계한글 작가대회'의 광주 개최는 그런 의미에서 광주의 미래를 그리는 큰 뜻이 있다. 한글을 잘 쓰는 작가와 이를 응용하는 과학과 기술의 융합이 대한민국의 미래를 견인할 것이 분명하다.

우리가 몰랐던 세종
소설 '훈민정음'속 세종의 위대함

김신근

경인신문 취재부장
전) 경기북도일보 취재부장
전) 월간상업농경영 취재부장
전) (주)태평양 경영진단팀
육군 포병 중위 전역(ROTC#24)

우리가 상식으로 알고 있는 세종은 조선시대 4대 임금으로 훈민정음 창제는 물론 농업·과학·예술 등 모든 분야에서 눈에 띄는 성과를 내면서 혼란스러웠던 개국초기 조선을 태평시대로 만든 인물이다. 제왕으로서 치세治世는 여러 방면에서 성과를 낼 수 있지만, 세종의 업적으로 꼽히는 대부분의 것은 양반이라 불리는 지도층은 물론, 양인과 노비 모두를 아우르는 친親백성적인 면이라는 것에서 주목할 만하다. 특히 훈민정음 창제는 역대 제왕 중 누구도 생각해낼 수 없는 독창적인 치적이다. 당시 일부 지도층만이 한자로 된 책자를 통해 지식체계를 이어가던 전통은 훈민정음이 반포되면서 모든 백성들에게 통용될 수 있게 됐다. 세종이 훈민정음을 반포하기까지 순조로운 과정의 연속은 아닐 것이다. 훈민정음을 창제하겠다고 마음먹은 동기, 당시 뜻문자였던 한자에서 소리문자였던 훈민정음을 만드는 과정, 기득권 세력의 반대에 대한 논쟁과 설득 등. 어느 것 하나 쉬운 과정이 없었지만 세종은 천재성과 뚝심으로 자신의 뜻을 돌파해 나갔고, 결국 한민족 최고의 발명품인 훈민정음을 선보이게 되었다. 세종의 훈민정음 창제 과정을 비교적 자세히 설명한 책이 박재성의 『소설로 만나는 세종실록 속 훈민정음』이다. 본 글은 소설 속에 묘사된 세종의 고뇌와 결단, 그리고 갈등과 해결 과정을 보면서 세종의 위대함을 되짚어 보았다.

세종은 왕이 되면서 새로운 문화정치를 폈다. 그는 문치의 시대를 열기 위한 기초과정으로 주자소와 집현전을 중시했다. 주자소에서 활자를 다시 장만해 고금의 전적을 자유로이 출판하게 하고 집현전에는 젊은 인재를 모아 지금 당장 필요한 전적을 저술케 하려는 계획이었다. 또한 세종은 적재적소에 필요한 인재를 배치할 줄 아는 용인用人의 달인이었다.

세종이 사람을 바로 살펴서 그 쓰임을 적절히 하는 것은 타고난 성품인지도 모른다. 정인지를 학문의 우두머리로 삼으려는 생각, 김종서로 하여금 국토의 개척과 국경의 정비에 쓰려는 생각, 관노의 신분이었던 장영실을 상의원 별좌에 제수하여 천문기기를 만들려는 생각 등, 예사 임금으로서는 상상하기 어려운 일들을 삼십 안쪽에 구상한다는 것이 세종의 성군됨을 가히 짐작할 수 있는 것이다. (27쪽)

임금이 사람을 쓰는 것은 목수가 나무를 쓰는 일과 비교되기도 한다. 크고 작은 것, 길고 짧은 것, 아름답고 미운 재목을 잘 살펴서 그 쓰임을 적절히 하면 버릴 것이 없다는 것이 목수의 양식이다. 그러므로 임금은 군자를 가까이하고 소인을 멀리해야 한다. 이와 같은 정치의 운용을 세종은 알고 있었다. (26쪽)

조선시대는 농업이 나라의 근간이었다. 그러나 매년 가뭄에 시달리면서 임금은 기우제를 올리고 도살을 금지케 하는 등 사람이 해야 할 소임을 다 했지만 소용이 없었다. 농사가 제대로 되지 않는 것은 가뭄 이외에 영농 방법 개선도 필요했다. 경상도와 충청도가 지역마다 파종 시기가 다르고 산간과 평지가 다르기 때문에 이를 소상히 적은 책을 백성들이 읽게 해야 했다. 〈농상집요〉, 〈사시찬요〉 등 농사에 필요한 전적을 간행해도 백성들은 읽을 수 없었다. 세종은 안타까웠다. 백성들이 쉽게 익힐 수 있는 다른 문자가 있기 전에는 해결책이 없었다.

쉬운 문자라…. 세종은 사대부만을 위해 전적을 간행하고자 하지는 않았다. 모든 것을 백성들과 연관해서 생각하는 것이었다. (26쪽)

세종은 백성들의 도덕을 함양하게 하려고 충신, 효자, 열부 이야기를 모아 〈삼강행실〉이라는 책을 편찬 간행하도록 직제학 설순에게 명했다. 그러나 대부분의 일반 백성들이 소위 진서라는 한문을 몰라 익히고 배울 수가 없었다. 이를 답답하게 생각하고 있는 세종에게 어느 날 뇌리를 스치는 생각이 떠올랐다.

'한자를 모르는 백성도 알아보게 그림을 그려 넣도록 하자.' 그렇게 해서 당대 제일 화가로 유명한 〈몽유도원도〉를 그린 안견 등을 시켜 '삼강행실'에 그림을 곁들이게 하여 〈삼강행실도〉로 다시 간행하게 하였다.

그러나 이 책 또한 완전하지 못했다. '백성들이 쉽게 배워 편하게 쓸 수 없는 글이 없을까?' 새로운 글자의 필요성에 대해 골몰한 세종은 마침내 마음 속에 감춰두었던 소원을 이루어야 겠다고 생각한다. 바로 문자 창제였다. (30쪽)

과학적인 영농을 하게 하려고 〈농사직설〉과 같은 전적을 간행했으나, 그것이 모두 한자로 쓰인 책이어서 백성들에게 읽히지 않고 있다는 사실을 듣고서 세종은 안타까이 여기고 있었다. 여기에 더하여 백성들이 글을 몰랐던 탓으로 송사나 옥사가 공평치 못하다는 사실이 더욱 세종의 마음을 아프게 하고 있었던 것이었다. (31쪽)

백성들은 고위 관리들과 면담할 기회가 없었다. 그래서 글로써 호소해야 하는데 정작 글을 쓸 줄 모르고 있었으니 상하의 의사가 바르게 소통될 까닭이 없었다.

'소리 나는 대로 적을 수 있는 글자가 있어야 한다. 또 그것은 누구나 쉽게 익혀서 쓸 수 있는 글자이어야 한다.'

이런 생각까지 이른 세종은 새 문자 창제가 새로운 불씨라며 들고 일어난 반대 상소를 미리 짐작하고는 중신들 몰래 외로운 연구를 시작했다. (32쪽)

문자 창제를 마음먹은 세종은 다음 단계로 집현전 학자를 비롯한 대소 신료들에 대한 저항에 대응하는 논리 개발과 설득에 들어갔다.

'소리 나는 대로 적는다'

대소 신료들이 한자만이 최상의 문자라고 믿고 있던 시절이기 때문이었다. (33쪽)

"전하, 비록 우리에게 고유한 문자가 없다고는 하나, 지금 저희가 한자로써 모든 의사나 학문을 나타냄에 아무 불편이 없는 것으로 아옵니다."

성삼문이었다. "허허허, 그것은 너의 경우일 것이야. 네 아내와 네 집 하인들이 한자로써 하고자 하는 말을 적을 수 있다고 보느냐?" (38쪽)

이번에는 신숙주가 입을 열었다. "전하, 이 나라는 지난 천여 년을 사대모화하고 있사옵니다. 한자를 쓰는 것은 당연한 일이옵니다."
"잠깐! 이 나라의 어리석은 백성들에게 배우기 쉽고 쓰기 편한 문자를 주어, 말하고자 하는 바를 쉽게 쓰게 하는 것이 사대모화를 하지 말자는 뜻이 아니다." (41쪽)

이렇게 설득한 성삼문과 신숙주는 훈민정음 창제의 주역이 되었다. 세종은 지난한 창제과정을 거쳐 누구나 배우고 사용이 쉬운 28자의 독창적이고 과학적인 훈민정음을 즉위 25년(1443년) 창제했고, 이를 28년(1446년)에 반포했다. 세종은 훈민정음을 창제하고 반포하는데 그치지 않고 활용을 제도화하는데도 힘썼다.

세종은 훈민정음 반포 후 의정부와 육조에 다음과 같이 전지를 내렸다.
"과인이 정음을 창제한 것은 어리석은 백성들이라도 자기의 생각을 글로 적을 수 있게 함이었다. 그러나 글자만 만들고 사용하지 않으면 아무 소용이 없을 것이니, 금후부터는 조정의 모든 공문서를 정음으로 작성할 것이며, 이과와 이전의 취재 때에도 정음을 시험하여, 비록 깊은 뜻은 통하지 못하더라도 능히 합자하는 사람을 등용토록 하라!" 세종의 노력은 여기서 그치지 않았다. 다음 해인 세종 29년(1447년)에는 우리나라 최초의 정음 서사시 〈용비어천가〉를 자세히 해석한 〈용비어천가주해〉를 간행하여 각 관리에게 나누어 주었고, 9월에는 신숙주와 성삼문을 독려하여 〈동국

정운〉 6권을 완성시켰다. 이 〈동국정운〉 완성으로 그동안 지방과 사람에
따라 다르게 발음되던 한자음이 하나로 통일되었고, 방언의 차이까지도
해소하게 하였으니 이를 어찌 위업이라 아니하리! (173쪽)

그로부터 570여년이 지난 지금. 특허청은 2017년 5월 발명의 날 제52
주년을 맞아 온라인 투표를 통해 '우리나라를 빛낸 발명품 10선'을 선정했
다. 여기에서 훈민정음은 압도적인 1위를 차지했다. 세종의 후손들도 훈민
정음의 위대함을 알고 있는 것이다.

현재 우리는 K-컬처로 불리는 문화강국으로 우뚝 서 있다. 그 중심에는
세종대왕이 창제하신 훈민정음이 있다.

시조로 일깨우는 훈민정음

김락기

제4대 (사) 한국시조문학진흥회 이사장
전) (사) 한국시조시인협회 중앙위원
전) (사) 한국문인협회 상벌제도위원
시조문학 창간 50주년 기념작품상
편저『한글과 韓字의 아름다운 동행』

　　이 글 제목에는 거꾸로 '훈민정음으로 배우는 시조'라는 의미가 들어있다. 훈민정음은 보통 '백성을 가르치는 바른 소리'라고 축자 풀이되고 있다. 여기에 '가르친다'는 의미는 '깨우치다, 일깨우다'라는 보다 적극적 교훈성이 들어있다. 이 말은 2022년 9월 25일 훈민정음기념사업회 박재성 이사장과의 대화에서 오간 말이다. 즉, 시조로 일깨우는 훈민정음이 되려면 먼저 훈민정음을 제대로 알아야 하고, 이를 기초로 하여 시조 작법을 배워 지을 때에 가능한 일이다.

　　'시조'時調는 우리나라 근 8백 년 전통의 정형시다. 오늘날까지 연면히 살아남아 겨레의 종조 시가라 해도 어색하지 않다. 그런데 근년의 실상은 참 아쉽다. 일례로 지난 60,70년대만 해도 중·고 교과서에 시조 분야가 별도 단원을 이루고 있었으나, 지금은 별도 단원은 커녕 자유시 속에 몇몇 편이 포함되어 있을 정도라 한다. 시조는 시절가조의 준말이며, '시절가조'時節歌調란 그 시대에 부르는 노랫가락이란 뜻이다. 노래와 시가 함께 어우러진 예술형태였다. '시절'이라는 것은 당대當代 즉 '그때, 지금 이 시대'를 다 이르는 말이다. 그때그때 때맞춰 지어 읊는 시가이므로, 어쩌면 영원히 지금 이 시대에 지어 읊는 것이라 할 수 있다. 이러한 시조의 속성 때문에 한국의 유일한 정형시로 남아 전해왔고, 요즈음의 난관을 넘어 한민족의 미래와 함께 이어져 갈 것이다. 한글을 배우는 외국인이 시조로 공부하면 한국 전통시와 문자를 더불어 깨우칠 수 있다. 일석이조의 효과다.

'훈민정음訓民正音'은 한글의 원래 이름이다. 나는 2021년에 『우리 시조와 어우러진 한글과 한자의 아름다운 동행』이란 시조평설집을 낸 바 있다. 이 책에서 '한자'韓字가 우리 조상인 동이족이 만든 문자임을 추적하면서 훈민정음해례본을 보게 되어 한글의 위대성을 나름대로 조명하였다. 천지인 삼재사상과 음양오행의 원리에다 발음기관 모방창제에 관한 해설만 해도 놀라움을 금치 못했다. 이에 고구려 때 28수 천문도의 원리에 따라 훈민정음 28자의 자획이 이루어졌다는 반재원 국학박사의 인터넷 강의를 접하면서 놀라움이 더 컸다. 그래서 세종대왕, 전형필(해례본 수집·전파), 반재원, 이들 세 분의 관계를 반천 년 만의 시공을 초월한 만남이요 삼위일체라 평하였다. 이제, 여기에다 한 분을 더하여 4위일체라고 해야겠다. 바로 박재성 이사장이다. 경기데일리 박익희 대표의 누차에 걸친 권유로 만나 몇 시간 함께 대화를 나누고 설명을 들으면서 왜 이런 분을 진작 몰랐는지 면구한 느낌이었다. 자질이나 그간의 업적은 물론 미래 청사진을 추진할 능력에다 인품까지 훌륭하였다. 그 중에서 『세종어제훈민정음총록』 발간·배포와 훈민정음기념탑(28층, 108m) 건립계획 등은 획기적인 일이었다. 한글날이 마침 그의 생일날이라니 타고난 연분이 여간 가상치 않다.

　요즘은 드라마·영화·음악 같은 여러 분야에서 이른바 문화 '한류'가 전 세계에 퍼지고 있다. 이러한 한국 정신문화(K-culture)의 핵심 아이콘은 '한글'과 '시조'라 할 수 있다. 나는 앞의 내 책에서 반재원 선생이 주장한 〈단일기능성 표준한글〉을 제정하여 세계공용문자로 하자는 주장에 동의한 바 있다. 현행 한글 24자모로는 세상 사람들이 쓰는 모든 언어를 정확히 쓰기에 아쉬움이 있기에 사라진 자모 4자·병서·연서 중 일부를 되살리면 보다 완벽한 문자가 될 수 있다는 거였다. 그런데 박재성 이사장이 추진하는 훈민정음해례본 서술 방식대로 쓰게 되면 세상의 모든 소리를 다 쓸 수 있으니 더 완벽해진다고 할 수 있다. 다만 24자모 한글 중심으로 사용되는 현실을 간과해서는 어려울지 모른다. 훈민정음의 창제 취지를 살려 그 원안대로 깨우쳐보자는 운동전개는 전통문화의 이해 및 세계로의 승화 계기가 될 수 있다. 취지에 경의를 표하면서 한 수 시조로 축원한다.

　　　　세계문자대왕
　　　　세월이 흐를수록
　　　　더 생생한 일이 있다
　　　　세계인이 자기 말을
　　　　한 글자로 다 쓰는 날
　　　　세종의
　　　　훈민정음은
　　　　훈세정음訓世正音 되리라.

세계문자대왕
세월이 흐를수록 더 생생한 일이 있다
세계인이 자기 말을 한 글자로 다 쓰는 날
세종의
훈민정음은
훈세정음 되리라.

세계문자대왕
세월이 흐를수록 더 생생한 일이 있다
세계인이 자기 말을 한 글자로 다 쓰는 날
세종의
훈민정음은
훈세정음 되리라.

청주와 찌아찌아의 기막힌 인연

안남영

전) HCN충북방송 대표이사
전) 중앙일보 기자
전) 맑은청(주) 대표이사
인도네시아에서 한국교원으로 2년 봉사(코이카 단원)
수필가. 『까칠한 우리말』 저자

　따지고 보면 한글에 빚진 사람이 많다. 아니, 우리나라 사람이면 모두가 그렇다. 한글 덕분에 먹고사는 직업인이 아니라도 세종대왕의 은혜를 입고 산다는 사실을 어찌 모를 수 있을까. 21세기 디지털시대 한글의 효용성이 새삼 부각되고 있거니와, 더욱 주목하고 기억할 것은 그 기능성만이 아니라 창제 정신이다.

　그런 의미에서 인도네시아를 다녀온 것은 세종대왕의 '선한 영향력'이 5백 년을 훌쩍 넘어 5,000㎞ 너머에 뻗치고 있음을 확인한 소중한 경험이었다. 한글을 표기문자로 사용하고 있는 찌아찌아족이 많이 사는 바우바우시를 방문한 건 지난 8월. 개인적으로 5년 만의 재방문이다.

　충북문화예술포럼 2022년 국제교류사업으로 추진된 것인데, 회원 10명이 동행했다. 음악가 2명, 미술작가 7명에, 필자가 포럼 운영위원 자격으로 참가했다. 예술적 교류를 명분으로 출발했지만, 학교 외에 파트너십 구축이 미흡하다 보니 친선방문의 성격이 짙을 수밖에 없었다. 비행기 연착 등 현지 일정 차질로 수업 참관은 초등학교 1곳만 가능했다. 일행은 학교 풍경화를 그려 기증하고, 아이들 이름을 하나하나 카드에 붓글씨로 써서 주거나, 커뮤니티 아트 차원에서 도자기 작품 전사에 쓸 디자인용으로 아이들에게 글씨(한글)를 받기도 했다. 아이들에게 한 자루씩 나눠주려고 준비해 간 볼펜 700개는 일행이 귀국한 뒤 각각 전달됐다.

현재 바우바우시에서는 8개 학교가 훈민정음의 역사를 써 내려가고 있다. 초등학교 4군데(3·4학년 때), 중학교 1군데(1학년 때)에서 한글을 배운다. 고등학교 3군데에서는 제2외국어로 한국어를 배운다. 5년 전 방문했을 때는 초교 2군데, 고교 1군데에 불과했지만, 현지에서 10여 년 간 한국어를 가르쳐온 정덕영 씨가 보조교사를 3명 양성한 덕분에 수업을 늘릴 수 있었다.

적절한 표현은 아니지만 '한글 수출 1호'라고 하여 한글날만 되면 관심을 끌어온 찌아찌아족 이야기는 세간에 다소 과장된 상태로 알려진 바가 많다. 부족 전체가 한글을 쓰는 줄로 알거나 모두가 한국어를 배워 한국어가 통하는 곳쯤으로 오해하는 것이다. 정확히 말하면, 아직 한글을 익히는 찌아찌아족은 일부 학생들에 불과하고, 한국어를 배우는 학생들도 외국어로 선택을 한, 제한된 숫자에 머물고 있다. 국내 언론에 영상으로 소개된 한글 간판도 일부 구역에만 있을 뿐 도시 전체에 설치된 건 아니다.

이런 점에서 한글과 찌아찌아족의 인연이 뭔가 여물었다고 보기는 어렵다. 다행스러운 것은 찌아찌아족을 응원하는 단체나 기업, 일반 국민 등의 관심이 식지 않고 있다는 점이다. 실제 국내 모 보험사가 현지에 '찌아찌아 한글학교'를 지어줬다. 개교식은 포럼 방문단이 귀국한 지 며칠 안 돼 열렸다. 현대식으로 지어져 돈만 있으면 기숙학교로 운영할 수도 있지만, 교사

수급이 관건이다.

이따금 종교단체나 문화단체의 방문이 이어지고 있어도 정말 붐이라 할 정도로 한글교육에 새바람을 일으키려면 각계의 노력이 체계적으로 이뤄져야 할 것 같다. 무엇보다 한국어교원의 확보가 어렵다는 점이 걸림돌이다. 필자는 5년 전 코이카 단원으로 인도네시아에 체류할 때 휴가를 얻어 바우바우에 간 적이 있다. 당시 한류 열풍이 그곳에도 거세게 불었음을 실감했지만 한국어(한글) 교육에 필요한 교재와 교사 부족 문제 때문에 한 발자국도 못 나가고 있음을 눈으로 확인했다. 이에 보고서를 작성해 인도네시아 코이카사무소에 제출하고 귀국해서는 코이카 본부에 대책을 정식 건의했다. 그러나 사정은 그리 녹록지 않아 공식 단원 파견은 기대가 요원하다. 코이카 같은 기관(정부 출연 재단)이 교사를 파견하기 위해 현지 학교와 접촉해 봤자 인도네시아 정부의 비자 발급이 쉽지 않기 때문이란다. 인도네시아 정부는 현지의 필요에 따른 한글 교육은 자치나 민간참여라는 차원에서 허용하지만, 한국의 공공기관이 관여하는 것처럼 보이는 행위는 껄끄러워한다는 게 이유다.

그럼에도 청주시는 앞으로 더 많은 관심을 기울여야 할 것 같다. 왜냐하면 정덕영 씨의 제자로 찌아찌아의 피가 흐르는 처녀하고 청주 총각이 2019년 결혼, 두 지역은 사돈지간이 되었기 때문이다(중앙일보 2019년 11월 13일 보도). 현재 이 부부는 바우바우라는 프론티어에서 어린 아들딸과 살며 '훈민정음 일꾼'으로 활동하고 있다. 그런 만큼 청주와 바우바우시는 새로운 한글 스토리를 창작해야 할 책임이 있다고 하겠다. 민간교류의 물꼬는 이미 트였다. 지혜와 노력만 있다면 그 물길을 넓혀갈 수 있다. 특히 청주는 훈민정음이 완성된 역사적 고장 아닌가.

훈민정음과 나

이한나

공무원
훈민정음 충북해설사 모임 사무국장
전) 언론사 근무
훈민정음 해설사

'스며들다'라는 단어를 유독 좋아한다. 시나브로 스며들면서 내면화되는 힘은 그 어떤 강압과 권력보다도 세고 굳건하며 불변한다고 믿는다. 지금 사회의 한 구성원으로서 존재할 수 있는 것 또한 세상에 첫발을 내딛던 생애 최초의 순간부터 시작된 교육과 사회화와 모든 것이 스며든 내면화의 힘일 것이다. 그리고, 훈민정음 또한 내 삶의 최초부터 내게 스며든 또 하나의 '나'이다.

1. 필연

나는 X세대였다. 경제적 풍요 속에 기존 사회질서에서 벗어나 새로운 질서와 기준을 만드는 격동기의 시대였다고 하는 그 시기다. 나는 주위의 눈치를 보지 않는 개성이 자연스럽게 인정되는 X세대라는 이름의 자유를 빙자했다. 전통이나 관습, 혈연 등 '옛것'이라는 이름의 것들은 왠지 나와 어울리지 않아 보였고, 옛것이 내게 머무르길 의식적으로 거부하기도 했다.

하지만, 어느 날 나는 결국 -유년기와 청년기를 거쳐 성인이 되고 나서도 한참의 시간이 흐른 뒤- 어느새 내게 스며든 '금성대군 18대손'이라는 옛것을 떠올려야만 했다. 그 어느 날은 아버지의 장례식이었다. 늦은 밤, 얇은 비닐 식탁보를 두른 탁자 앞에 먼 친척쯤일까 아니면 옛 고향 지인쯤일까 하는 지긋한 두 분이 앉았다. 미지근한 육개장을 담아낸 쟁반을 탁자에 내밀 때쯤이었다. 두 분이 나누는 이야기 속에 '금성대군'이라는 단어만 유독 명확하고 또렷이 들리면서 '옛것'이 살아났다.

아버지는 생전에 늘 한 잔의 술에 '금성대군 18대손'이라는 추임새를 오래오래 반복적으로 달았다. 밑도 끝도 없이 먼 옛날 누군가의 후손이라는 자부심을 내보이는 아버지의 추임새는 어린 내게 고리타분한 옛 족보였을 뿐이었다. 머리가 좀 더 굵어지고 나서 찾아본 역사 속에서는 단종의 복위를 꿈꿨던 어느 친족의 이야기에 불과했다.

하지만, 아버지의 장례식에서 다시 만난 '금성대군'의 후손이라는 옛것은 아버지가 내게 남긴 유산으로 다시 태어났다. 되돌아보면, 아버지는 내게 세종과 훈민정음의 정신을 자연스럽게 내재화하길 기다리셨던 게 아닐까. 훈민정음을 창제한 세종의 여섯째 아들 '금성대군'의 18대손으로서 나에게 훈민정음은 태어나기 전부터 나에게 스며든 '필연'의 역사였다고 믿는다.

2. 인연

초등학교에 입학하면, 가장 먼저 시작하는 글쓰기가 이름 쓰기였다. 자신의 이름부터 시작해서 가족, 친척, 기타의 이름으로 뻗어 나간다. 그리고 고학년쯤이 되면 한자 숙제가 시작되었다. 다시 한자로 자신의 이름 쓰기부터 시작해서 가족, 친척, 기타로 확장해 나간다. 이쯤에서 한자 숙제를 받았을 때 오묘 야릇한 자부심이 있었음을 고백한다. 친구들이 한자로 자신의 이름 열 번 쓰기 숙제를 제출할 때, 나는 부모님의 성함으로 한자 열 번 쓰기를 제출했다. 내 이름은 한자가 아닌 순 한글이었다.

아버지는 내 이름에 대해 늘 반복해서 이야기해주셨다. 묻지 않아도, 이미 내가 알고 있음은 아랑곳없이 반복되었다. 아버지 자신이 무수히 많은 고민 속에 지어낸 작품이었다. '한'은 '한글'의 '한'과 같은 우리말로 '크다', '하나', '오직'의 뜻이며 '나'는 '나' 자신이라는 의미였다. 어린 내 마음엔 한자가 아닌 우리말 이름이어서 특색있고 한자로 이름을 쓰지 않아도 되어서 좋을 뿐이었다. 나이를 먹어가고 철이 들기 시작하면서는 이름이 주는 '무게감'이 어느덧 느껴졌다. '크고 세상에 하나뿐인 나', 소위 이름값이라는 책임감이 내게 스며들었고, 언젠가부터는 이름값을 따라가지 못하는 나의 처지와 현실이 스스로 자격지심마저 들 정도였다. 그런데도 지금 이름값은 내게 힘이다. 언젠가는 이름값을 해야겠다는 작은 의지가 나를 지금보다 한 발 더 내딛는 디딤돌이 되어주고 있음은 분명하다. 나의 '최초'와 함께 시작된 '한나'라는 이름은 세종대왕의 여섯째 아들인 금성대군의 18대손으로서 당연히 가져야만 하는 훈민정음과의 인연이었고, 아버지가 내게 다시 물려주신 또 하나의 유산이다.

3. 운명

세종의 후손이라는 '필연'과 아버지가 선사해주신 한글 이름의 '인연'이라는 – 지극히 개인적이면서 자기 위안적인 – 자부심에서 시작했지만, 내 삶에 훈민정음은 '운명'이다.

공직생활을 하면서 '내수읍 초정리' 문화관광사업 업무를 담당한 적이 있다. 청주시 청원구 내수읍 초정리는 세계 3대 광천수로 알려진 초정약수와 세종대왕의 행궁 치료와 훈민정음 창제 마무리 이야기가 가득한 곳이다. 훈민정음 반포(1446년)를 2년 앞두고 눈병에 시달린 세종은 1444년 초정리에 행궁을 차리고 121일 동안 머물며 약수로 눈병을 치료했는데, 이곳에서 세종이 훈민정음 창제의 과업을 마무리했을 것이라는 설이 유력하다.

하지만 초정은 그 가치를 빛내지 못하고 한동안 잊혀 있었고, 약수는 갈수록 고갈되었다. 지역은 작은 이익을 탐하는 난개발로 뒤덮여, 그 작은 마을에 지하수를 뽑아 올리는 취수공이 80여 개나 된다. 초정 문화관광 담당자였던 나는 초정에 심취하고 이러한 현실에 분노했다. 지역을 보전하기 위한 작은 발버둥의 흔적이라도 초정에 남기고자 고민하고 노력하던 시기도 있었다.

이제 초정에는 약수를 보전하고 체계적으로 지역을 알리고자 하는 사업들이 진행 중이다. 그중 한창 추진 중인 훈민정음 기념사업은 훈민정음 창제를 기념하고 세종 정신을 함양하는 세계문자공원 조성과 훈민정음 탑 건립 등 초정리에 깃든 세종과 훈민정음의 꿈을 실현하기 위한 발걸음이 될 것이다.

훈민정음 기념사업에 대해 곱씹던 2022년 어느 날, 훈민정음 해설사 자격증을 취득해야 할 것 같았다. 의도도 준비도 커다란 목표도 없이, 그냥 해설사가 되어야만 할 것 같았다. 필연으로 시작해서 인연이 되고, 이제 운명처럼 해설사가 되었다. 어느새 초정과 훈민정음은 나의 삶에 스며들었다. 이제 나는 훈민정음과 함께 초정에 살으리랏다.

한글(훈민정음)의 우수성

김영규

용인시 낭송가 협회 자문위원
한국문인협회 회원
한국경기시인협회 회원
전) 서울특별시 행정 공무원
한국시학(사) 시인 등단

훈민정음은 1443년 조선 왕조 제4대 세종 대왕이 만드시고, 3년 후 1446년 공포되었습니다. 108자로 요약된 『훈민정음언해본』의 서문은 훈민정음의 창제 동기, 목적 등이 상세히 기술되어 있습니다. 중국의 표의문자는 그림이나 형상을 시각적으로 나타내어 문자를 만들어서 다소 복잡한 면이 있었지만, 훈민정음은 영어처럼 표음문자로 말소리를 기초로 쓰기 쉽게 만들어졌습니다. 그리고 그 우수성이 인정되어 1997년 유네스코 세계문화유산으로 등재되었고. 우리나라 간송미술관에 보관되어 있습니다.

창제 당시에는 28자이지만, 4글자가 사라지고 지금은 자음 14자, 모음 10자, 합계 24자로 모든 음을 구성하고 있습니다. 겹 자음 5자, 겹 모음 11자도 있으나, 기본 자음과 모음의 중첩으로 생략하겠습니다. 한글의 우수성은 게일(J.S. Gale, 캐나다 출신 선교사·한국어 학자)의 선언문에서 "세종대왕은 단지 동양에만 기여한 것이 아니라 세계에 이바지한 왕이다. 훌륭한 일을 많이 하였지만, 한글(즉, 훈민정음이라는 새로운 글자) 창제가 그중에서 가장 위대한 일이었다." 라고 말함으로써 그 사실은 국제적으로 인정받았습니다. 훈민정음은 과학적이고 쉽고 편리한 언어로 1962년 대한민국 국보 70호로 지정되었습니다.

한글 사용 인구는 세계에서 12위로 기록되고 있습니다. 또한 인도네시아 바우바우 시에서는 찌아찌아어를 세계 각국 언어 중 가장 과학적이고 쉽고 편리한 한글로 표기하고 사용합니다. 뿐만아니라 태국과 미얀마 접경 소수민족 라후족도 한글로 언어 문자를 표기한다고 합니다. 이렇듯 한글은 명실공히 세계 언어로 알려지게 되었습니다. 과거 조선시대 한때는 의사소통의 어려움을 극복하기 위해 한국인들은 이두를 만들어 사용하기도 했습니다. 이두는 조정의 관리와 평범한 백성이 한자를 이용하여 한국말을 기록하는 문자 체계였습니다. 그러나 이두는 한자를 사용하여 표기하는 것이므로 한국말의 소리를 특징적으로 나타낼 수 없었습니다.

일제시대의 국어학자 주시경(1876~1914) 선생님은 외래어, 신조어까지 한글로 표기하여 한글 보급에 힘썼습니다. 요즘 세계는 문자를 종이에 쓰는 대신 컴퓨터로 작성하는 세상이 왔습니다. 컴퓨터는 입력 자판기가 있습니다. 이는 영어권에서 발명되어 표기하는 글자 수가 20~30개 수준과 특수문자로 되어있습니다. 한글도 이와 비슷하여 자판기 구성이 대동소이합니다. 이 또한 쉽고 편리하게 조작할 수 있어서 과학적인 측면에서 참으로 다행한 일입니다.

이제 바야흐로 컴퓨터 세상입니다. 한글은 컴퓨터 입력 문자에서 영어만큼이나 쉽고 편리하게 입력될 수 있어서, 한글이 컴퓨터 언어 입력 체계로도 세계 최고 수준으로 빠르고 편리하게 되었습니다. 또한 한국은 경제적으로도 세계 강국이 되었습니다. 기술적으로도 반도체 등 세계를 이끌어 가고 있습니다. 특히 문화 콘텐츠 강국으로도 손색이 없습니다. K-POP, 영화, 음악, 드라마 등도 세계 최우위를 달리고 있습니다. 한글을 세계에 널리 알리고 퍼뜨리려면 문자와 언어도 세계에 우뚝 서야 할 것입니다. 전 세계 각 대학에서도 한국어 학과가 많이 생기고 있고, 한국어를 배우려는 학생이 더 많아질 것은 명백합니다. 그러함과 아울러 우리 국민도 세계 공통언어를 몇 가지 정도 배우고 익혀야 할 것입니다, 그래야만 문학 등 문화 콘텐츠를 우리도 세계에 알릴 수 있으니까요. 우리 모두 가장 과학적인 세계 언어인 한글(훈민정음)의 우수성을 정확히 인지하고, 세계에 알리는 선구자가 됩시다. 감사합니다.

훈민정음을 말한다

손수여

국제펜한국본부 대구지회장
한국현대시인협회 부이사장
계명대학교 대학원 국어국문학과 문학박사
제34회 P.E.N문학상 수상(2017)
「한국시학」시, 「월간문학」 평론 등단

　'훈민정음'은 '백성을 가르치는 바른 소리[글]'이요, '한글'의 본래 이름이다. 훈민정음은 과학적이고 독창성이 있는 문자이다. 우리 훈민정음의 우수성은 누구나 배워서 쉽게 사용할 수 있는 실용성이 가장 큰 특징이다. 이미 많은 국가에서 한국어를 외국어로 가르치거나 공용어로 쓰고 있는 것만 보아도 훈민정음의 우수성이 입증되고 있다.

　세계에는 약 6500여 개의 언어집단이 있고 약 3,000여 종 이상의 언어가 사용되기는 하지만, 엄격하게 보면 23개 언어만이 세계 인구의 절반 이상이 공용어로 사용하고 있다. 달리 말하면 사용되지 않은 많은 언어는 실용성이 없기 때문이리라. 이 중 한국어는 아시아는 물론 미국, 유럽 지역뿐만 아니라 아프리카에서도 외국어로 배우는 국가가 늘어나는 추세이다. 미국과 캐나다, 태국, 말레이시아 등에서도 한국어 인기가 날로 증가하고 있다. 미국의 경우에는 워싱톤 D.C의 한국대사관 산하 총영사관 7개

기관에 한국어반을 구성하여 792개 학교에 4만여 명 학생과 한국어교사 6,900명이 3억3천여 명의 미국인을 대상으로 한국어반을 의욕적으로 운영하고 있다(김우영 2021:23 한글문학). 이 밖에도 지구촌이 한류를 타고 한식, 김치, 의복, 드라마 영화, 음악 등 다양한 문화를 통해 확산되고 있음은 주지의 사실이다. 특히 최근에는 영화계의 〈기생충〉과 〈오징어 게임〉등도 한류 확산에 크게 한몫하고 있다. 「국민정책평가신문(2022.8.16.)」에 의하면 제20회 재외한국어교육자학술대회에 몽골, 베트남, 에디오피아, 아제르바이잔, 중국, 태국 등 42개국 한국어교육 전문가 500여명이 "한국어교육의 현재와 미래"란 주제로 발표하고 논의하기 위해 한국을 다녀갔다.

국민 소득이 높고 문화 선진국일수록 그에 적합한 민족의 정체성이 요구된다. 반만년의 유구한 역사를 가진 민족에게 역사의식, 정체성이란 무엇인가? 중국은 왜, 동북공정을 빌미로 이웃 나라의 역사를 날조하고 왜곡하려고 하는가? 역사를 온전히 보존하고 바르게 지키려는 민족과 국가는 자주 국가이어야 한다. 그러기 위해서는 자주정신이 있어야 하고 깨어 있는 민족이어야 한다. '역사를 잃은 민족에게 미래는 없다'고 했다. 자주정신이 없으면 언제 주권과 영토를 빼앗길지 모르는 것이 오늘의 국제정세이다. 우크라이나와 러시아 전쟁이 이를 방증하고 있다. 힘을 길러야 하고 이는 개인이나 국가도 마찬가지다. 이럴 때일수록 바른 말, 바른 글은 민족의 양심이고 국력의 척도이다. 대한민국은 문화강국이 되어야 한다.

세종대왕은 우리말을 소리 나는 대로 표기할 수 있는 우리 문자 '훈민정음'을 만들었다. '백성을 가르치는 바른 소리'를 뜻하는 훈민정음은 이 문자를 만든 취지가 들어 있는 『훈민정음예의본』과 글자의 원리, 사용법 등을 밝힌 『훈민정음해례본』에 담겨져 있다. 훈민정음은 우주의 원리, 곧 자연과 사물의 근원인 '하늘, 땅, 사람'의 형태를 본떠 모음(홀소리)의 근본으로 삼고 사람의 발성 기관을 본떠 자음(닿소리) 글자를 만들었다. 그 기본 글자는 자음 열일곱 자와 모음 열한 자 모두 스물여덟 글자였다. 그러나 시간의 변천에 따라 모음 한 자와 자음 세 글자가 쓰이지 않고 현재는 스물네 자가 사용되고 있다.

世宗御製 訓民正音 國之語音。異乎中國。與文字不相流通。故愚民。有所欲言而終不得伸其情者。多矣。予。爲此憫然。新制二十八字。欲使人人易習。便於日用耳。

세종어제 훈민정음/ 나라의 말이 중국과 달라 문자와 서로 통하지 아니하므로 이런 까닭으로 어리석은 백성이 이르고자 할 바가 있어도 마침내 제 뜻을 능히 펴지 못하는 사람이 많노라. 내가 이를 위해 가엽게 여겨 새로 스물여덟 글자를 만드노니 사람마다 하여금 쉽게 익혀 날마다 쓰는 것이 편안케 하고자 할 따름이니라.

'어제 훈민정음 서문' 가운데 첫 구절부터 내용을 꼼꼼히 챙겨해 볼 곳이 있다. 바로 "국지어음 이호중국國之語音。異乎中國。"이다. "나라의 말이 중국에(과) 달라"의 내용 중 '중국'을 어떻게 봐야 할 것인가?에 대한 진지한 고뇌가 없었다. 훈민정음 예의본 어디에도 납득할만한 설명이 없이 '중국'을 그대로 옮겨 쓰고 있다. 시대적 상황으로는 당연히 '명'나라이고 수도는 '남경 南京'이었다. 그럼에도 당시의 '명'나라를 '중국'으로 표기할 까닭은 전혀 없는 것이다. 더구나 '중국'이란 국호를 쓰는 나라는 없었다. 그 당시 한문에 빼어난 집현전 학사들이 그것을 모르고 썼다는 것은 어불성설이다. 한편 훈민정음 창제 당시인 세종25년(1443년)의 시대적 상황은 교통 수단이 좋지 않던 시대였다. 따라서 나라 내에서도 교류와 소통이 어려웠고 특히 지역 간 언어 사용의 격차가 심하였기에 '나라 가운데서도 문자와 서로 통하지 아니하므로'라고 해야 이치에 맞는 것이다. 국가 구성 요소의 주체인 국민(백성)을 생각하는 '위민정책'과 '실용주의 정신'이 그대로 반영되어 있다. 세계 어느 나라에도 이렇게 역사성, 정체성 있게 밝혀진 문자가 어디 또 있었던가. 그 특징을 살려 쓴 필자의 다음 시 한 수로 마무리를 하고자 한다.

> 나라님이 창조하신 으뜸글 훈민정음
> 대대손손 지키고 가꿔온 우리 문자
>
> 사람의 목구멍, 입술과 혀의 모양,
> 하늘 땅 사람을 본뜬 으뜸 글자가
> 예서 말고 이 세상에 어디 또 있으랴
>
> 누구나 쉽게 배워 쓰기에 편한 글
> 소리대로 쓸 수 있고 못하는 표현 없는
>
> 한글은 우리의 얼이요 겨레의 자랑
> 나라 말이 오르면 국격이 높아지네
> 한류 열풍 지구촌이 한글로 넘실넘실
>
> 세계인이 함께 쓰는 공용어가 되는 날
> 그 날의 기쁜 물결이 온 세계를 출렁이네.
>
> — 손수여 〈지구촌, 한글로 넘실넘실〉 전문

하늘소리 우리소리 훈민정음

여근하

미국 OIKOS대학교 교수
바이얼리니스트
2014~2016 서울시 홍보대사
독일Weimar 국립음대 석사
『하늘소리 우리소리 훈민정음』 등 다수 싱글앨범 발표

2014~2016년 서울시 홍보대사 당시 연주자로서 서울을 어떻게 알리면 좋을까 생각 하다가 서울을 주제로 한 창작곡을 현존하는 한국 작곡가들에게 부탁하여 만들어 연주를 하였다. 그것이 계기가 되어 필자는 그동안 역사를 주제로 한 곡들을 많이 연주하고 있다.

클래식 이라고 부르는 서양 음악에는 자기네 나라의 이야기나 역사를 담은 곡들이 많이 있다. 요즘은 K클래식이 대세인 만큼 연주자로서 우리나라 역사와 우리나라 이야기를 담은 곡들을 후대에 많이 남겨야겠다고 생각하며 창작곡들을 많이 연주 하던 차 우리나라에 훈민정음 탑을 건립한다는 아주 멋지고 원대한 꿈을 가진 박재성 이사장님을 만나게 되어 훈민정음을 주제로 한 곡을 작곡가 성용원에게 의뢰하여 연주하게 되었으니 그 곡의 제목이 〈하늘소리 우리소리 훈민정음〉이다.

훈민정음 창제 당시 우리나라 백성들은 가난하고 무지했으며 글이라고는 중국의 한자를 썼는데 그 글이 너무나 복잡하고 어려워 까막눈인 백성들이 많았다. 그리하여 나라의 중요한 공고문도 읽지를 못하고 자신의 억울한 일도 글로 쓰지 못하는 백성들을 안타까워한 세종대왕이 우리나라 말을 가장 쉽게 가장 잘 표현할 수 있도록 글자를 만든 것이 바로 훈민정음이다.

그 당시 세종대왕이 미래 IT시대를 내다본 것도 아닌데 컴퓨터 키보드에 딱 들어가게 되어진 훈민정음은 초성, 중성, 종성으로 나뉘는데 종성은 종성부용초성終聲復用初聲이라하여 초성을 그대로 쓸 수 있어 실용적이며 무척 과학적이다. 이 훈민정음 즉, 한글은 대한민국 사람들에게 뿐 아니라 전 세계적으로 쓰고 읽기 편한 글자로 인정 받았다.

필자는 이 자랑스러운 한글을 독일유학 당시 많은 외국인 친구들에게 소개를 하고 가르쳤다. 구구단표처럼 자음을 세로로 놓고 모음을 가로로 놓아 두 개가 연결되는 지점이 하나의 글자가 되는 과정을 보며 친구들은 놀라움을 금치 못했고 자신들의 이름이 한글로 쓰여지는 것을 신기하게 여겼다. 심지어 몇몇 친구들은 한국어로 된 이름을 만들어 가지기도 했다.

필자가 연주한 〈하늘소리 우리소리 훈민정음〉이 곡은 피아노와 바이올린 두 개의 악기로 연주되는 곡인데 처음에는 피아노 없이 바이올린 혼자서 하늘소리를 표현한다. 무지한 백성들을 어떻게 도와줄까 고민하는 세종대왕의 마음을 읽는 듯, 또한 백성들의 어려움과 그들의 한과 그들의 삶을 바라보며 안타까워 하는 하늘의 마음을 담은 듯 선율은 느리게 또한 격정적으로 흐르다가 중음들이 나오면서 마치 천둥과도 같은 소리로도 표현이 된다. 그러다가 피아노가 등장하면 끝나지 않을 듯이 하나의 페턴이 반복이 되며 백성들의 마음을 담은 우리소리가 연주된다.

곡이 점점 격양되어 훈민정음 창제 순간이 다가오면 어디선가 들어본 듯한 흥겨운 선율이 들려오며 마치 훈민정음 28자가 춤추는 듯한 느낌이 든다. 마지막 부분은 하늘과 백성과 글자 모두가 하나 되어 함께 기뻐하며 감사하는 마음을 표현하며 음악이 마쳐진다.

7분 가량 연주되어지는 이 곡은 2020년 9월에 한국 음악실연자연합회에서 소형공연 지원사업에 선정되어 초연이 되었고 같은 해 국회 도서관에서 열린 「훈민정음 탑 건립조직위원회」 발촉식 행사에서 재연이 되었다. 두 번의 연주 당시 필자는 연주복으로 한복드레스를 입어 청중들의 눈과 귀로 K클래식을 느낄 수 있도록 하였으며 연주로서 훈민정음 창제의 기쁨과 감사를 표현하였다. 또한 한국 음악실연자연합회 음반지원사업에도 선정이 되어 디지털 싱글 앨범으로도 제작, 발표되었다.

너무 편하게 당연하게 쓰고 있는 이 훈민정음으로 인하여 우리의 삶의 질이 얼마나 높아졌고 세계적으로 우리나라의 위상이 높아졌는지 우리는 매순간 기억하기를 잊는다. 하지만 훈민정음 탑이 건립된다면 후대에도 훈민정음 창제의 위대함을 계속 기억하게 하고 세계적으로 우리나라의 문화를 알리는데 큰 기여를 하리라 믿어 의심치 않는다.

대한민국 국민의 한사람으로서 훈민정음 탑 건립 뿐 아니라 훈민정음을 알리고 기념할 수 있는 많은 일들이 전국 곳곳에서, 나아가 세계 곳곳에서 일어나면 우리나라가 더욱 자랑스럽고 좋겠다는 바램을 가져보며 글을 마친다.

훈민정음 창제한 뜻을 생각하다

석도일

대전 태전사 주지
한국고전번역원 수학
대만정치대학중문 연수
불교전문대학(강원) 강주

훈민정음訓民正音은 1443년(세종 25년) 창제하였다고 하니, 2022년 현재로 보면 578년이 되었다. 한글을 창제한 뜻은 "우리나라의 말이 중국말과 달라 한자와는 서로 통하지 아니하므로 이런 까닭에 어리석은 백성이 이르고자 하는 바가 있어도 마침내 그 뜻을 실히 펴지 못하는 사람이 많으니라. 내가 이를 불쌍히 여겨 새로 스물여덟 글자를 만드니 사람마다 쉽게 익혀 날로 씀에 편안하게 할 따름이니라."라고 하였다.

훈민정음을 언문諺文이라고 하거나, 속음俗音이나, 속자俗字라고도 하였다고 한다. 그렇지만 간경도감을 설치하여 훈민정음 발전에 대한 노력의 결과, 훈민정음을 사용한 불교 경전의 언해본과 유교의 사서삼경의 언해본 등이 간행되었고, 시조도 훈민정음으로 짓고 유포했다. 하지만 대부분의 훌륭한 문인들의 문집과 왕조실록은 한자로 기록되었다. 언문으로 기록된 자료가 있었지만, 한자로 된 자료에 비할 수 없이 적었다.

최근 '방탄소년단'과 '오징어 게임', 그리고 '기생충' 등 한국의 문화가 세계적으로 퍼지고 있다. 노래를 부르거나, 영화나 드라마를 보기 위해 많은 외국인이 한글에 대한 관심이 커졌다고 한다. 뉴스 보도 중에 "'복면 가왕', '히든 싱어' 포맷 유럽에 팔렸다"라는 기사를 읽었다. TV에서 이 프로그램을 보지 않은 사람이라면, 복면 가왕이나 히든 싱어가 무슨 말인지 이해가 잘 안 될 것이다. 한국 영화 기생충寄生蟲은 대만에서는 기생상류寄生上流로 번역해서 상영하였다고 한다. 영화 제목이나 노랫말이 명실상부名實相符해야 감동적이고 오래 기억될 것이다.

내가 알고 있는 지인 두 분은 아주 특이한 점이 있다. 한 분은 어떤 문제나 사물을 설명할 때 순수한 우리말로 설명하고, 또 다른 한 분은 영어와 전문용어로 설명한다. 때와 장소, 청중의 수준에 따라서 눈높이를 맞추어 말하고 글을 써야 할 것이다. 외래어나 외국어를 사용하지 말자는 것이 아니다. 무분별한 외래어, 외국어를 사용하게 되면, 의사소통의 문제가 생길 수 있으며, 나아가 한글을 훼손하게 될 수 있다.

우리는 인터넷을 기반으로 세계화된 시대에 살고 있다. 외래어는 국립국어원이 제시한 외래어 표기법을 참조하여 편리하게 사용하고, 외국어를 배운다면 그들의 역사, 문화, 사상도 함께 배워 의사소통이 잘되면 더 좋겠다.

1950년대의 "단장의 미아리 고개" 노랫말과 2022년대의 "신 미아리 고개"의 노랫말과 선율은 매우 대조적이다. 한글로 적은 노랫말이지만, 그 시대의 언어, 그 시대의 선율로 희로애락을 표현한다. 한글이란 단순 글을 쓰기 위한 도구가 아닌 생각을 담을 수 있는 중요한 도구다. "국립한글박물관이 준비한 〈노랫말-선율에 삶을 싣다〉는 선율을 타고 우리 삶을 실어 나른 대중가요 노랫말의 발자취와 노랫말에 담긴 우리 말과 글의 묘미를 소개하고자 한다."라는 홍보 기사를 보았다. 이렇듯 한글을 계승하고 발전시켜야 할 사명이 우리에게 있다. '홀로 아리랑', '만남', '향수' 등등 이런 노래는 지금 불러도 좋지 아니한가.

고려대장경은 한문으로 기록된 세계적인 보배이다. 많은 시간과 노력으로 한글 대장경으로 다시 태어났다. 불교 신도들이 많이 독경하는 한문 천수경이 있다. 이제는 한글 천수경을 운율에 맞추어 독경한다. 더 나아가 천수경의 내용을 요약하여 '천의 눈 천의 손'이라는 노래로 만들어져 부르기도 한다. 한글 독경과 한글 노래가 감동을 준다. 이는 한글 덕분이다.

태전사에는 신도들로 구성된 한글 독경반이 있다. 올해 9월 30일, 속리산 법주사에서 부처님 말씀 중 '마음의 주인이 되어라'라는 내용으로 신도들이 목탁과 북의 선율에 맞추어 한글 독경을 시연하였다. 독경하는 사람과 독경을 듣는 사람 모두가 한문으로 독경할 때에 비해 훨씬 좋다고 한다. 이 또한 한글이 우리에게 주는 값진 선물이리라.

훈민정음에서 나타난
세종대왕의 애민정신

신완호

청주시 문화관광해설사
훈민정음 해설사
대한노인회중앙회 시니어 강사
전) 청원군청, 충북도청 공무원
전) 한국자유총연맹 청원군지부

충청북도 청주시 청원구 내수읍 초정리는 세계3대 광천수와 함께 세종대왕이 눈병치료를 위해 머문 곳으로 유명하다. 조선왕조실록에는 세종대왕이 초수에 행궁을 짓고 머문 것은 1444년(세종26년) 3월 2일부터 5월 2일까지 60일간 머무르셨고, 같은 해 윤7월 19일부터 9월 22일까지 61일 총 121일간 초수 행궁에 머무르시며 훈민정음 창제와 연구를 하시며 국정을 살핀 것으로 나타난다. 세종대왕은 31년 6개월 동안 왕위에 있으면서 정치, 경제, 사회, 문화 등 국정 각 분야에서 많은 업적을 남겼다. 세종대왕이 남긴 업적 가운데 가장 돋보이는 것은 훈민정음 창제다. 훈민정음은 역사적 무게와 가치에 있어서 세종대왕이 이룬 나머지 업적 전체를 능가하고도 남는다.

전 세계에는 7천여 개가 넘는 언어들이 존재한다지만 자기만의 고유한 문자를 가지고 있는 나라는 그리 많지 않다. 우리에게 훈민정음이 없었다면 어떻게 되었을까?

아마도 삼국시대에 유입되어 고려, 조선시대에 사용되었던 한자를 쓰거나 만국공통어인 영어를 쓰고 있지 않을까? 훈민정음은 우리 언어만을 위한 글자이다.

세종대왕은 글자를 모르는 백성들의 삶을 안타깝게 여기시고 과학적이고 쉽게 배울 수 있는 훈민정음을 만든 것으로, 백성들이 글자를 알아야 나라를 다스리는데 이로울 것이라 생각하시어, 백성들이 글자를 알면 학문을 전하는 것은 물론 왕이 어떤 일을 하려는지 쉽게 알릴 수 있다는 생각에 일부 학자들의 반대에도 불구하고 새로운 글자를 만들기 위해 온 힘을 기울였다.

세종대왕은 훈민정음 창제 작업을 집현전 학사 최항, 박팽년, 신숙주, 이개 등 젊은 학사들과 세자와 수양 대군, 안평 대군, 정의공주도 함께 참여시켰다.

그러자 예전부터 한문을 중요하게 여기던 신하들이 세종대왕의 뜻에 심하게 반대를 했다. "전하, 우리가 중국의 학문을 따르고 있는 이상 새로운 문자를 만드는 것은 예의에 어긋나며, 스스로 오랑캐가 되는 것이옵니다. 백성들이 쓰기 쉬운 문자라면 이미 신라 시대에 설총이란 학자가 정리한 이두가 있습니다. 그러나 백성들은 이 문자도 사용하지 않고 있습니다"라며 반대를 하자, 부제학 최만리 등 신하들을 향해 "너희가 운서를 아느냐? 사성칠음에 자모가 몇인지 말해보라"며 준열하게 꾸짖을 수 있었던 것도 세종대왕은 그만큼 언어학에 자신이 있었기 때문이다.

새로운 글자를 만들겠다는 세종은 글자를 백성에게 알릴 방법을 찾는 데 몰두했다. 특히 중국을 수차례 다녀온 성삼문이나 밤낮없이 연구에

온 힘을 기울인 신숙주 등 집현전 학사들의 노력은 이루 말하기 힘들 정도였다.

정인지의 훈민정음 서문에 훈민정음은 우리 임금께서 친히 만드셨다고 기록되어 있고 어렵게 만들어진 새로운 글자가 사용하기에 편리한지, 실제로 소리를 기록하는데 문제가 없는지 집현전 학자들에게 연구하게 했고, 28개의 새로운 글자를 만들어 1446년에 백성들에게 널리 알리었다.

훈민정음의 자음은 발음기관의 모양을 본 따서 초성자는 모두 17자로, 어금닛소리 ㄱ은 혀뿌리가 목을 막는 모양이며, 혓소리 ㄴ은 혀가 윗 잇모양에 붙는 모양이고, 입술소리 ㅁ은 입 모양이고, 잇소리 ㅅ은 이 모양이며, 목구멍소리 ㅇ은 목구멍을 본떴다. 이런 방법으로 자음을 만들었고 아, 야, 어, 여 같은 모음은 하늘 사람 땅 모양을 본 따서 만들었는데, 이 창제원리는 훈민정음 해례본에서 찾을 수 있다. 오행의 기본 원리로 만든 자음은 ㄱ, ㄴ, ㅁ, ㅅ, ㅇ 이며, 해례본의 모음 11자의 창제당시 순서는 ·, ㅡ, ㅣ, ㅗ, ㅏ, ㅜ, ㅓ, ㅛ, ㅑ, ㅠ, ㅕ이다.

훈민정음의 한자를 풀이하면 '가르칠 훈, 백성 민, 바를 정, 소리 음' 즉, 백성을 가르치는 바른소리 라는 뜻으로, 백성들이 자신들의 이야기를 글자에 담아 말 하기를 기대했던 세종대왕의 깊은 뜻이 담겨있다.

"나라말이 중국과 달라 문자가 서로 통하지 않으니 어리석은 백성이 말하고자 하는 바가 있어도 마침내 제 뜻을 잘 펴지 못하는 사람이 많더라, 내가 이를 딱하게 여겨 새로 스물여덟 글자를 만드니 사람들로 하여금 쉽게 익혀 나날이 쓰기에 편하게 하고자 할 따름이라"고 훈민정음을 만든 이유를 밝히셨다.

훈민정음 서문에 나타나는 창제정신은

첫째, **자주정신** : 중국한자와 우리말의 불일치에서 오는 의사소통 문제
둘째, **애민정신** : 기회균등문제, 지식의 계급 타파, 백성들의 의사소통
　　　　문제, 애민정신
셋째, **실용적 문화주의** : 어려운 한자가 실용적이지 못함, 훈민정음을
　　　　날마다 사용
넷째, **사법 공평주의** : 송사에 있어 버슬아치보다 일반 백성의 한계를
　　　　인식

　우리의 문자가 1445년 드디어 결실을 보게 되었다. 훈민정음으로 쓴 작품으로 조선을 세우기까지 목조, 익조, 도조, 환조, 태조, 태종의 사적을 중국 고사에 비유하여 공적을 기리어 지은 125장 10권 5책의 『용비어천가』가 편찬 되었다.

　세종대왕은 선택과 집중이라는 전략적 마인드와 이를 효과적으로 수행할 수 있는 특유의 리더십을 바탕으로 조선시대 최고의 걸작인 훈민정음을 창제했으며, 그것이 국가의 공식 언어로 빠르게 정착될 수 있도록 만들었다.

　이상으로 백성을 가르치는 바른 소리 훈민정음의 창제의 원리와 세종대왕의 애민정신에 대하여 알아보았다. 훈민정음이 반포된 지 올해로 576년이 되는 해로 한글이 지구촌 곳곳으로 확산되어 세계화에 진격하기를 기대한다.

한글에 감추어진 창제의 비밀

이재준

언론인
사학자
전) 충북도 문화재위원
현) 한국역사유적연구원 고문
'세종시기 불일사간 월인석보 옥책 연구(근간)' 등 논문 다수

세종실록 103권에서 106권의 기록을 보면 세종대왕은 즉위 26년 1444AD 두 차례에 걸쳐 초정에 행행行幸한 것으로 나온다. 대왕이 초정에 머문 기간은 121일이었다. (초정 체류 기간이 122, 123일 이라는 견해도 있다.)

세종은 '청주에 물맛이 후추와 같아 초수라고 하는 곳이 있는데 여러 가지 병을 고칠 수 있습니다'는 말을 듣고 1월에 초정행궁을 짓게 하였다. 그해 2월 28일 드디어 집현전 엘리트 성삼문 등 근신을 대동하고 초정리에 행차한다. 왜 성삼문을 데리고 간 것일까.

이해 4월 초정에서의 요양이 효과가 있으니 더 머물렀으면 좋겠다는 대군들의 청이 있었으나 세종은 백성들에게 피해를 줄 것을 염려하여 대궐로 돌아갔다.

1444AD 윤 7월 15일 두 번 째 초정행행에서는 날고기를 금하고 간소한 초정행궁 생활을 하며 지냈다고 한다. 두 번 초정을 다녀간 후에도 또다시 행차하시라는 신하들의 건의에도 불구하고 세종은 백성들에게 폐를 끼친다며 행차를 하지 않았다.

대왕은 이 기간 동안 초정에서 단순히 눈병 치료에만 전념했던 것일까. 한 번도 아니고 왜 두 번씩이나 초정에 와서 적지 않은 날을 보냈을까. 분명 여기에는 알려지지 않은 역사의 비밀이 숨겨져 있는 것이다.

당시 속리산 복전암에는 신미대사信眉大師가 주석하고 있었다. 신미는 과연 누구인가? 세종은 소헌왕후의 명복을 비는 내불당을 궁 안에 짓고 신미를 주석케 했다. 그리고는 자신이 제일 좋아했던 능엄경을 강독받기도 했다. '이 경을 읽으면 나라가 평안해 지며 백성들의 삶이 안정을 이룰 수 있다'는 신미의 강독에 매료되었다. 세종은 겉으로는 세상을 떠난 부인의 명복을 빈다고 하였지만 속셈은 다른데 있었다.

신미는 파스파 문자에 능통한 승려였다. 그리고 '성리학', '성운학'은 물론 '성명기론'에 정통했다고 한다. 똑똑한 성삼문을 데리고 간 것은 신미와 조우케 함으로써 훈민정음 창제를 마무리 하기 위함이 아니었을까.

세계적인 한글 학자 정광교수(전 고려대 교수)는 '원나라 때 중국인에게는 파스파문자로 몽골어를 배우게 하고, 몽골인들에게는 파스파 문자로 한자 발음을 적어 한자를 배우게 했다. 이것이 고려에 전달돼 고려인도 파스파문자를 잘 알고 있었다. 세종에 이르러서도 파스파 문자는 한자의 발음을 읽어주는 중요한 발음기호였다'라는 이론을 주장한다. 세종이 훈민정음을 창제하면서 신미는 절대적인 언어학자였던 것이다.

신미의 내불당 상주는 유학자들의 큰 반발을 샀다. 결국 신미는 속리산으로 돌아갔으며 훈민정음 창제를 노심초사했던 세종의 신미에 대한 그리움은 커져갔다. 중신들의 비난을 받지 않고 신미를 불러 훈민정음 창제를 마무리 하는데 적당한 장소가 없을까. 그것이 안질 치료로 위장한 초정의 행행였던 것이다.

정광 교수는 '세종이 가족들과 만든 것은 자음만 27자(언문 27자)였다. 모음자는 7자였다. 신미는 모음을 11자로 해서 자음 17자, 모음 11자의 '훈민정음'을 완성시켰다'고 했다. '훈민정음'이 파스파 문자와 비해서 오랫동안 생명을 갖고 우리말 표기에 이용되는 것은 신미 스님이 이 모음이라는 '중성'을 중요하게 생각하고 이를 중심으로 문자를 만들었기 때문이다'라고 역설한다.

만약 신미대사가 훈민정음 창제에 참여하지 않았으면 우리 한글의 생명력은 짧았을 것이라고 말한다. 세계에서 가장 과학이고 훌륭한 한글이 이루어진 근원에는 신미대사의 공이라고 역설했다.

세종은 문종에게 신미대사에게 사상 유래 없는 칭호를 내리라고 유언했다. 문종은 즉위년(1452) 7월 6일 유명을 받아 신미에게 '선교종도총섭禪教宗都摠攝 밀전정법密傳正法 비지쌍운悲智雙運 우국이세祐國利世 원융무애圓融無㝵 혜각존자慧覺尊者'라는 칭호를 내렸다. 우국이세祐國利世란 '나라를 돕고 세상을 이롭게 했다.'는 뜻인데, 유교국가에서 줄 수 있는 칭호로선 극찬이다.

신하들은 아무리 선왕(세종)의 뜻이지만 승려에게 이런 칭호를 내림을 부당하다고 상소했다. 문종은 그해 8월 신미의 칭호에서 '우국이세'를 삭제하도록 하고 '대조계大曹溪 선교종도총섭禪敎宗都總攝 밀전정법密傳正法 승양조도承揚祖道 체용일여體用一如 비지쌍운悲智雙運 도생이물度生利物 원융무애圓融無礙 혜각종사惠覺宗師'라고 했다.

신미에게 내려진 칭호를 통해 세종이 그의 공로가 국가를 위한 큰 이로움을 주었다는 치하를 찾을 수 있다. 대사는 훈민정음 또는 언문을 가지고 『능엄경언해』, 『목우자수심결언해』, 『몽산화상법어약록언해』, 『불설수생경』, 『사법어언해』를 저술했으며, 수양대군과 함께 『석보상절』, 『선종영가집언해』, 『원각경언해』, 『법화경언해』, 『월인천강지곡』, 『월인석보』 등을 저술했다. 신미대사는 충북 영동출신이다. 동생은 세종의 총애가 두터웠던 괴애 김수온이다. 이 시기 영동 출신 난계 박연은 세종과 더불어 아악을 정리하였다. 잃어버린 국악기를 재현하고 아악을 정리했다.

세종실록에 아악 악보를 실린 것은 우리가 대단한 민족이라는 것을 입증하고 있는 것이다. 세종은 서양보다 200여년 앞서 국악 오케스트라를 편성, 궁중에서 연주했다.

백성들을 사랑한 위대한 세종임금. 그 덕치가 훈민정음을 창제하고, 대한민국을 세계 속에 가장 위대한 민족의 길로 나갈 수 있는 문화력의 원천을 마련해 준 것이다. 훈민정음 창제가 세계적인 명소 초정에서 마무리 지어진 것을 또 잊어서는 안 될 것이다.

어린 백성을 어엿비 여기사

정은오

프리랜서 강사
지역신문 마당발 수석기자
청주시 1인1책 강사
내수 아동센터 독서, 논술, 글짓기 강사 17년
훈민정음 해설사

내가 알고 있었던 훈민정음은 나랏말쌈이로 시작되던 몇 구절의 암기가 전부였다. 수십 년을 글공부를 해왔고 시와 수필을 쓰는 작가로 묘사를 위한 언어의 조탁을 늘 고민하고 연구해왔다. 아동 센터에서 독서토론과 논술, 동시 쓰기 등 글쓰기를 가르치는 강사로 일한 지가 15년이 넘었고 청주시 직지 사업의 일환인 1인 1책 강사로 성인들의 글쓰기를 가르치면서 어떻게 하면 아름다운 글, 감동적인 글을 쓸 수 있는지 이론과 실기를 강의했다.

그러나 우리 한글의 아름다움과 묘사의 미묘함을 문장을 통해 나누고 가르치며 감탄하였지만 정작 훈민정음의 창제 과정과 원리, 뿌리 등을 알지 못했고 설명하지 않았고 알아야 한다는 생각조차도 하지 못하고 있었다. 그 때문에 훈민정음 해설사 교육은 새로운 학문으로 설렘으로 다가왔다.

사단법인 훈민정음기념사업회에서 국민 모두에게, 세계에 훈민정음을 바르게 알려 주기 위한 사업의 하나로 훈민정음 해설사 교육을 한다는 이야기를 듣고 주저하지 않고 교육에 참여했다.

　교육받으면서 너무나 무지했던 우리 말과 글에 대한 원리와 뿌리를 공부하게 되었다. 훈민정음에 대한 애정도 없이 글쓰기를 가르쳐 왔던 자신이 부끄러웠다. 이제 가장 기본적인 것이라도 수강생들에게 먼저 알려야겠다고 생각되었다. 그래서 열심히 공부하였고 기초부터 차례를 정해 정리하기 시작했다.

　생각해보면 글쓰기를 놓지 못하는 내면의 정서적 문제일지 한국인의 핏줄 때문일지 훈민정음 하면 절대 잊지 않고 입안을 맴도는 것이 있었다. '어제 서문'이었다.

　나랏말ᄊᆞ미 中듕國귁에달아 文문字ᄍᆞ와로서르ᄉᆞᄆᆞᆺ디아니ᄒᆞᆯᄊᆡ 이런젼ᄎᆞ로어린百ᄇᆡᆨ姓셩이니르고져홇배이셔도 ᄆᆞᄎᆞᆷ내제ᄠᅳ들시러펴디몯홇노미하니라 내이ᄅᆞᆯ爲윙ᄒᆞ야어엿비너겨 새로스믈여듧字ᄍᆞᄅᆞᆯᄆᆡᇰᄀᆞ노니 사ᄅᆞᆷ마다ᄒᆡ여수ᄫᅵ니겨날로ᄡᅮ메 便뼌安ᅙᅡᆫ킈ᄒᆞ고져홇ᄯᆞᄅᆞ미니라

　언제든 이 훈민정음 어제 서문을 입안에서 웅얼웅얼 외워보면 괜스레 가슴 한쪽이 찡해 온다. 세종대왕께서 훈민정음을 만드실 때 얼마나 깊은 고심과 어려움이 있었는지, 세종대왕이 못 배우고 가난한 백성들을 얼마나 어엿비 여기셨는지 그 정이 사무치게 느껴지는 기록이기 때문이었다. 그 많은 조정 대신들의 반대 상소에도 불구하고 뜻을 굽히지 않은 것은 백성을 어엿비 여기신 세종대왕의 애민 사상이었다.

　훈민정음 창제원리가 과학적이고, 비유적이고, 철학이 담긴 위대한 문

자라는 것을 공부하게 된 후 이를 지켜내고 소중하게 간직해 준 간송 전형필님의 높은 안목에 후손으로서 천배, 만 배를 드려도 그 감사한 마음이 어찌 그 큰 뜻에 미치리오.

「비록 바람 소리와 학의 울음이던지 닭 울음소리나 개 짖는 소리까지도 모두 표현해 쓸 수가 있게 되었다.」〈정인지 서문 일부〉라고 기록하고 있다.

스물여덟 자로 만들어 낼 수 있는 변화 무궁한 문자들을 몇 가지만 살펴보자.

색을 나타낸 문자를 보면, 파랗다, 파르스름하다, 퍼렇다, 시퍼렇다, 새파랗다, 파랑과 노랑의 섞임인 초록, 연초록, 진초록, 연둣빛, 빨갛다, 시뻘겋다, 새빨갛다, 발그스름하다, 불그레하다, 불그죽죽하다, 뿔그죽죽하다.

까맣다, 꺼멓다, 시꺼멓다, 새까맣다, 이렇게 접두사 시, 싯, 샛, 새가 들어가면서 미묘한 색감의 차이를 느끼게 해준다.

겨울 추위에 꽁꽁 얼어붙으면 날씨가 '차다', '차갑다', '차가워', '차가우니', '얼어붙었다' 따뜻해지면 '풀린다'라고 말한다. '푹하다', '아늑하다', '으늑하다'

봄볕이 툇마루에 비치면 햇살이 '따뜻하다', '따스하다', '따사롭다', '따사로이'라는 표현을 한다. 이보다 조금 어감이 여린 말이 '다사롭다', '다습다', '따습다' 한여름 땡볕은 '뜨겁다'. 더운 날씨는 '덥다', '무덥다', '후덥지근하다', '후덥다', '후텁지근하다', '후터분하다'라고 표현한다. '바람이 서늘하다', '상크름하다'는 바람기가 있어 좀 선선하다는 뜻이다. '성크름하다'는 좀 더 쌀쌀해진 표현이고 '살랑하다'가 있고 '쌀랑하다'라는 온도의 차이가 있다. 이보다 큰말이 '썰렁하다'가 있다.

날씨가 강하게 추운 날은 '고추처럼 맵다'라고 말한다. 매운맛은 음양오행에서 火로 뜨거운 기운인데 극과 극의 대비로 비유적으로 쓰인다. '맵짜다', '맵차다'는 추위가 맵고도 차다는 뜻이다. 맵차다는 마음이 모질고 차다는 뜻으로도 쓰인다.

우리 문자는 원리나 형태가 독창적이고 과학적이며 이렇게 '아' 다르고 '어' 다른 작고 미세한 느낌을 포착하여 표현의 섬세한 차이를 통해 실감나게 표현할 수 있을 뿐만 아니라 비유적 언어로 사람의 마음을 표현하는 말을 동의어로 함께 한다는 것을 볼 수 있다. 훈민정음은 얼마나 위대한 문자인가!

이런 전차로 이제 교육받은 해설사들이 세종대왕의 뜻과 훈민정음의 위대함을 제대로 알리기 위한 사업을 시작하게 된 것이니 얼마나 역사적이고 가슴 뿌듯한 일인가.

지금은 아직 실행되지 못하고 있지만 여러 방면으로의 노력의 결실은 반드시 이루어질 것으로 생각된다. 이 일은 우리 민족이 지금, 반드시 해야 할 일이고 역사적인 이 큰 사업의 길에 참여하고 나름대로 역할을 하게 된다면 참으로 기쁜 일이다. 내가 지금까지 글공부를 놓지 못했던 것은 이 일을 하기 위한 운명적 사명이 있었기 때문이 아닌가 생각한다.

지금 초정약수 축제가 초정 행궁 일원에서 열리고 있다.

첫 번째 내가 바라는 것은 초정 행궁 한 채를 훈민정음 방으로 만들어 세종대왕 영정과 훈민정음 어제 서문, 해례본, 정인지 서문, 그 밖에도 사단법인 훈민정음기념사업회에서 보유하고 있는 자료들을 게시하고 세종대왕이 실제로 초정에 얼마 동안 계시면서 무슨 일을 하였는지 기록, 당시 집현전 8학사의 역할 면면들을 게시하여 한눈에 볼 수 있게 하고 해설을 해

주어서 확실하게 알고 갈 수 있게 되었으면 한다. 이 일은 축제 기간뿐만 아니라 이후에도 상시 이루어지길 바란다. 축제 후 아쉬웠던 점이기도 하다.

두 번째 「훈민정음 어제 서문」을 탁본하여 족자로 만들어가게 하여 벽에 붙여두고 어린아이들이 읽고 외움으로써 훈민정음에 대한 애정과 관심을 두게 하였으면 좋겠다. 내가 어릴 때 어제 서문을 잠시 배우고 외운 글이 나이 들어서도 가슴에 짠하게 남는 것처럼 우리 아이들에게 그런 깊은 애정을 바란다면 욕심일까?

세 번째 바램은 해설사 의복은 훈민정음 정신이 실려있었으면 좋겠다. 특별한 복장으로 즉, 한복 식 긴 가운 등으로 저고리 동정이나 길게 내려뜨린 옷고름에도 가운 자락에도 훈민정음 글자들을 새겼으면 좋겠다.
과학적이고 아름다운 세계 최고의 문자에 어울리는 고고하고 우아한 복장으로 훈민정음 해설을 하는 멋진 그 날을 꿈꾸면서 벌써 설레며 가슴이 뛴다.

하루빨리 사업이 순조롭게 진행되어 해설사들이 곳곳에서 활발하게 일하게 되었으면 좋겠다. 우리 국민이 모두 훈민정음에 대한 자부심과 긍지를 가지게 되는 참으로 보람차고 행복한 일이 될 것이라 믿는다.

한국인의 자긍심, 한글

김동근

경인종합일보 논설위원
대한민국약속재단 약속천사
UPF 평화대사
ADRF 홍보대사
AKU 통일천사

세계화를 이야기 할 때면 '가장 한국적인 것이 가장 세계적인 것이다.'라는 말이 단골로 등장을 한다. 거기에는 독창성, 희귀성, 고유성에 보편적인 가치가 내재된 것이어야 한다. 한국적인 것으로는 '태권도, 김치, 한복, 팔만대장경, 아리랑, 드라마와 영화, K-PoP' 등 다양하게 등장을 하지만, 가장 한국적인 것이요, 한류의 세계화에 근본적인 역할을 한 것으로는 한글을 언급하지 않을 수 없다. 그러나 한국사회에서 한글 보다는 오히려 외국어에 더 관심이 많고, 훈민정음에 대한 이해에도 아쉬움이 많은 편이다.

세계적 언어학자들은 한글이 가장 배우기 쉽고 과학적이어서 세계 문자 중 으뜸이라고 말하고, '신비한 문자', '알파벳의 꿈'이라고도 표현한다. 그 이유 중에 하나가 누구나 쉽게 읽고 쓸 수 있는 글이라는 점이다.

우리나라가 세계 최저의 문맹률이 가능한 것은 높은 교육열도 있지만,

한글이 배우기가 쉽다는 것도 그 이유이다. 글을 모르고는 지식을 습득할 수 없고, 정보의 교환이 이루어지지 않아 생활의 향상, 문화의 발전을 도모할 수 없다. 우리가 오늘날 여러 분야의 학문적 발전을 이루고 경제적으로도 높은 수준에 이르러 국제적 지위를 확보할 수 있었던 것은 우리에게 훈민정음이라는 글자가 있었기 때문이라고 할 수 있다. 언어는 학문의 기본이고, 배움과 지식은 사회와 국가발전의 원동력이 된다.

훈민정음은 1443년(세종 25년)에 창제를 하였고, 1446년에 반포를 하였다. 훈민정음은 인류가 사용하는 문자들 중에서 창제자와 창제년도가 명확히 밝혀진 몇 안 되는 문자이다. '훈민정음訓民正音'은 '백성을 가르치는 바른 소리'라는 의미로 그 창제 정신이 '자주, 애민, 실용' 있다는 점에서도 세계에서 가장 뛰어난 문자로 평가받을 만하다. 이러한 창제 정신과 제자制字 원리의 독창성과 과학성에 있어서도 뛰어나다.

훈민정음은 소리를 내는 원리와 자연의 형태를 이용해서 기본 글자를 만들었으며, 발음기관의 모양까지 반영한 음성 공학적 문자여서 세계의 언어를 다 표현해 낸다. 훈민정음의 기본 자음은 소리를 낼 때의 입안의 발음기관의 모양을 본떠서 만들었고, '닿소리'라고도 한다. 기본 모음은 하늘, 땅, 사람을 뜻하는 〈· ― ㅣ〉에서 따왔고, 발음기관에 닿지 않고 홀로 나는 소리라 해서 모음을 '홀소리'라고도 부른다.

지금의 한글은 그 만듦의 우수성에 힘입어 정보화 시대에 일등 주자로 달리고 있다. 컴퓨터 자판도 으뜸이고, 휴대전화기 자판도 12개로 해결한다. 입력 속도가 일곱 배 정도 빠르다는 얘기이다. 정보통신(IT)시대에 속도는 큰 경쟁력이다. 한국인의 부지런하고 급한 성격과 강한 승부 근성, 한글이 '디지털 문자'로서 세계 정상의 경쟁력이 있는 덕분에 우리가 인터넷 강국이 됐다고 해석할 수 있다.

한글은 이미 세계 언어학자들의 학술대회, 그리고 글자를 평가하는 문자 올림픽에서의 일등문자로 평가를 받았다. 한글 자모 24개를 조합해서 만들 수 있는 글자 수는 무려 11,172개나 되며, 그 중 우리가 사용하는 글자 수는 8,800개 정도로 알려져 있다. 사실상 세계 7,000여개의 언어를 가장 원음에 가깝게 적을 수 있는 글자는 한글 밖에 없다. 이에 따른 문자가 없는 소수민족 등에 한글 보급으로 지구촌의 문맹퇴치의 역할을 도맡아 하게 되는 기운이 일고 있다.

언어는 문화를 타고 스며드는 특성이 있어 한류 열풍을 타고 각국에서 한국어를 배우려는 열기가 식을 줄 모르게 타오르고 있다. 최근에는 한국어를 제2 국어로 삼는 나라가 늘고 있으며, 조만간에 UN에서 한국어가 공용어가 된다는 이야기도 돌고 있다. 미국에 일부 주정부에서는 이미 한국어를 공용으로 쓰고 있거나 한국어를 공용어로 채택할 조짐을 보이고 있다.

세계화는 지구라는 공동체를 하나의 문화세계로 조성하고자 하는 노력이요, 과정이며, 지구촌, 인류, 공동번영, 평화라는 용어가 등장하게 된다. 이를 실현하는 매개로서 가장 기본적인 것이 언어이다. 2002년 월드컵이 개최되었을 때 휴대폰을 통한 통역봉사를 하는 BBB(Before Babel Brigade)라는 봉사단이 창단되었다. 성경에 나오는 '바벨탑 이전의 시대로 돌아가는 군단'이라는 뜻의 언어의 장벽을 극복하자는 취지의 봉사활

동이다. 한 때 남미에서 생활을 하였던 경험으로 스페인어 봉사로 참가를
한 적이 있다.

모든 인류가 추구하는 이상세계는 하나의 언어를 사용하고, 인류는 한
형제, 지구촌 대가족 사회가 실현되는 것이다. 지구촌의 공용 언어로는 한
글이었으면 하는 바람이었는데, 이제는 그 꿈이 현실로 다가오는 것을 조
금 씩 느끼고 있다. 한국인으로서의 자긍심을 가져본다.

사름마다 히여 수비니겨
날로뿌메

천·지·인의 사랑 담은 훈민정음

송연희

용인시타오름시낭송봉사단 사무국장
용인시낭송협회 낭송국장
전) 국학원국학강사
훈민정음 해설사

　자랑스런 한민족의 문자 훈민정음이 낳은 한글의 우수성을 세계의 석학들은 이렇게 말했다. 〈한글은 세계 어떤 나라의 일상 문자에서도 볼 수 없는 가장 과학적인 표기체계이다〉-하버드대학 교수 에드윈 라이사워. 〈한글은 전통 철학과 과학 이론이 결합한 세계 최고의 문자이다〉-독일 함부르크 대학 교수 베르너 잣세. 이렇듯 세계 언어, 역사학자들의 말처럼 훈민정음은 세상의 거의 모든 소리를 나타내는 글자의 수가 모음과 자음을 합쳐 28자이다. 그래서 배우기 쉽고 정확하게 읽을 수 있다. 훈민정음의 원리는 하늘, 땅, 사람을 본따 기본으로 만들었다. 한국이 IT 강국이 되는데 한글이 큰 역할을 한 것은 누구나 다 아는 사실이다. 정보화시대에 문자 전송과 전자문서화를 위한 최적의 문자로 12개의 휴대폰 자판과 60여개의 컴퓨터 자판에서 빠르고 쉽게 작업할 수 있다. 휴대폰에서 한글 자판과 영어 자판을 비교하면 한글 입력이 영문입력보다 35%가 빠름을 알 수 있다고 한다. 현재의 한글은 24자로 10,000여 소리. 일본어는 71자로 300여 소리. 중국어는 214자로 400여 소리를 만들 수 있다. 한글은 체계적이고 과학적이며 합리적이라는 것을 세계의 유수 언어 학자들은 이미 알고 있다. 한글 속에는 천지인 사상이 담겨있다. 하늘과 땅이 사람안에 하나이며 서로 사랑하고 이롭게 한다. 찌아찌아족은 말은 있는데 글이 없어 구전으로 후손에게 전해야 하는데 말을 전하는 사람이 나이가 들어 죽으면 역사도 문화도 사라지게 된단다. 그래서 한글의 우수성을 인정받아 찌아찌아족이 한글을 선택했고, 한국이 지원을 하여 학교에서 자국의 말을 한글로 쓰며 배운다고 한다. 한글은 천지인 정신이고 수준 높은 문화를 가진 한민족의 홍익정신이다 홍익은 순수한 인간의 본성이고 누구나 홍익의 피가 흐른다. 미움도 사랑도 슬픔도 에너지로 전해진다. 우리의 말은 긍정적인 말을 하면 물분자도 변하여 제일 몸에 좋은 물인 육각수가 되고, 부정적인 말을 하면 물분자가 깨져 물이 오염수로 변한다는 정보를 알고 있다. 인간의 몸은 70%가 물이고, 지구도 70%가 물이다. 그러므로 말 한마디가 나도, 너도, 지구도 살릴 수도 있고, 죽일 수도 있다는 말이 된다.

세종대왕께서 말이 중국中國과 다르므로 백성이 억울함을 당하매…(저의 소견으로 중국은 지금의 중국이라는 나라 명칭이 아니라 나라 안에서 양반과 상민이 말이 통하지 않아)

(중국은 1914년 신해혁명이 일어난 후 중화인민공화국의 정식 나라 명칭이 사용된 것임.) 백성을 불쌍히 여기시어 창제 하신 훈민정음은 세종실록 훈민정음해례본에 옛글을 본따 새로이 28자를 만드노니…세종대왕께서 훈민정음을 창제 하실 당시에는 모음 자음 28자이었는데 잘 사용되지 않는 자음 4개를 탈락시키고 현재는 24자로 사용하고 있다. 훈민정음이

만들어지기 훨씬 이전에 훈민정음의 원형이 있었다. 바로 가림토문자다. 제3대 단군 가륵2년(BC2181년)에 천지인을 기본으로 하여 문자가 만들어 졌다. 세종대왕이 훈민정음을 재 창제하기 3600여년 전이다.

이제라도 한민족의 오천년 역사가 강대국의 입장에서 기록한 역사물을 방치하지 말고 우리가 주인의식을 가지고 다시 분석하여야 할때라 생각한 다. 내가 초등, 중등생일 때 극장에 가끔 단체로 영화를 보러 가면, 본 영 화전에 배달민족 단군할아버지 자손이라는 음향인지 자막인지 들었던 기 억이 난다. 나를 포함한 지금의 기성세대는 자손에게 올바른 뿌리의식과 중심사상을 제대로 교육하고 있는지 반문해 보지 않을 수 없다. 개인의 생 일, 나이, 이름 등은 잘 알면서 민족의 생일, 나이, 시조의 이름과 민족의 역사는 얼마나 알고 관심이나 있는가? 60~70년전 배고플 때도 아닌데 아 직도 밥그릇 싸움에만 몰두 하는지 힘 없는 소수민은 답답하기만 하다. 한 글은 홍익이고 사랑이다. 실천할 때 더 커진다

다른 나라는 없는 역사도 만들어 후손에게 세뇌 교육을 시키는데 우리 는 있는 역사도 위서라고 외면 하는지. 위서라면 어디가 어떻게 왜 위서인 지 더 연구를 해야 하지 않을까! 소시민이 떠들어 봐야 누가 들어 주기나 하겠는가?

공연히 훈민정음 글 모음 취지에 맞지 않는 글을 쓴건 아닌지…
실례가 되었다면 사과드립니다.
이것으로 글을 끝냅니다. 읽어주셔서 감사합니다.

대한민국 자존심 훈민정음

유제완

현) 충북문인협회 회장
전) 청주시도서관 운영위원장
전) 중부매일신문 업무국장
전) 충북경제신문 편집국장
전) 청주문화에집 관장

훈민정음은 대한민국 국민으로써 긍지를 갖게 한다,

세계에서도 그 유례를 찾아볼 수 없는 독창적이고 과학적인 문자이기 때문이다.

세종대왕께서 오랜 역사와 전통을 가진 나라이면서도 고유한 문자를 가지지 못한 것을 안타깝게 생각하고 창제한 것이 훈민정음이다.

중국 한자를 써오던 당시는 일반 백성들은 어려운 한자를 배울 기회가 없었다. 우리 고유의 언어에 알맞고 생각을 자유롭게 적을 수 있는 글자가 절실했던 것이다. 이에 세종대왕께서는 성삼문, 박팽년, 신숙주, 최항, 정인지 등 집현전 학사들을 동원하여 백성들의 생활이 편리하게 읽고 쓸 수 있는 "훈민정음, 백성을 가르치는 바른 소리"를 창제했다.

훈민정음은 창제 후 3년간의 시험을 거쳐 1446년 정식으로 반포 되었다. 이후 우리는 우리 문자를 가지게 됨으로써 생각과 감정을 마음대로 표현할 수 있게 되었고, 시조와 가사문학 등 국문학 발전에 크게 기여했다.

훈민정음은 창제와 창제연도 창제원리를 정확하게 알 수 있는 세계 70여개 문자 중 유일한 문자이다. 동양의 전통사상인 음행오양 사상과 천지인 사상이 담긴 우주 자연 원리 문자다. 사람의 발음기관을 반영 형상화하여 만든 과학적인 문자로 세상의 어떤 발음이든지 가장 정확하게 표현한다.

훈민정음은 세종대왕께서 이미 존재하는 문자에 영향을 받지 않고 새롭게 만들어 나라의 공용글자로 사용하게 한 세계에서 유일한 문자이다. 또 문자를 만든 원리와 문자 사용법을 정확하게 기록해 세계 언어학자들로 부터 높은 평가를 받고 있다.

IT시대를 맞아 더 큰 빛을 발한다. 높은 경쟁력을 가져왔기 때문이다. 지금의 한글은 24개 자음 모음으로 자판에서 모든 문자 입력을 단번에 할 수 있다. 휴대전화로 문자를 보낼 때도 중국 일본이 35초 걸린다면 한글로는 단 5초면 된다. 입력 속도가 일곱 배 정도 빠르다는 애기다.

한국인의 부지런하고 높은 승부 근성에 우수한 디지털 문자가 있어 인터넷 강국으로 발돋움 할 수 있었다. 한글의 어휘 조합능력도 다양하다. 소리 표현만도 8800여개여서 중국어 400여개 일본어 300여개와 비교가 안 된다. 정보 통신 시대에 준비된 문자다. 우리는 이렇게 훌륭한 고유 문자를 가진 민족으로써 긍지를 가지고 이를 계승 발전시켜 나갈 책임과 의무가 있다.

이에 지난해 문화체육관광부 소관 사단법인으로 발족한 훈민정음기념사업회(이사장 박재성)가 적극 나섰다. 훈민정음을 보유한 문화 강국의 자긍심을 고취시키고 미래 세대에게 훈민정음 창제 정신과, 창제 원리를 정확하게 전승 시켜나갈 계획이다.

첫 번째 사업으로 훈민정음 창제기념탑 건립이다. 청주시 청원구 내수읍 초정, 증평 좌구산 일원에 건립되며 2023년 착공 2030년 완공을 목표로 하고 있다. 규모 108m탑 형식은 전통한옥을 상징하는 28층의 건축물과 공공시설이 들어선다. 청주시장을 역임한 나기정 훈민정음탑 건립 조직위원회 공동 조직위원장이 시설 부지를 무상으로 제공하였다.

「훈민정음 창제 기념탑」과 훈민정음 공원이 들어 설 초정리는 세계3대 광천수 초정약수가 있는 곳으로 널리 알려진 곳이다. 세종대왕께서 123일간 머물면서 훈민정음 창제와 과로로 생긴 눈병 등을 치료한 곳으로 의미가 깊다.

건립될 「훈민정음 창제 기념탑」은 프랑스의 에펠탑, 미국의 자유의 여신상에 이어 세계인의 상장물이 될 전망이다. 앞으로 이곳에 훈민정음 관련 각종 시설이 들어서면 날로 발전하는 정보통신 시대에 훈민정음의 과학적이고 실용적인 우수성을 널리 알리는 명소가 될 것이다.

훈민정음 창제 후 세종26년(1444년) 훈민정음이 완벽한가를 시험해본 첫 작품이 『용비어천가』였다. "해동 육룡이 나르샤 일마다 천복이시니…"로 시작하는 용비어천가 123장 중 가장 중요한 대목이 아마 2장이다. 뿌리 깊은 나무는 바람에도 흔들리지 않고 꽃이 아름답고 튼실한 결실을 가져올 수 있다.

국가나 사회 개인 역사 모두 그 뿌리가 깊고 튼튼해야 아름다운 꽃 튼실한 열매를 얻을 수 있다. 그런 의미로 훈민정음기념사업회의 훈민정음 창제 정신 함양 및 보존사업 추진은 대한민국 역사상 민족정신 함양의 큰 첫걸음을 시작한 것이다.

訓民正音記念事業會有感

서동형

(사) 해동연서회 회장
충주박물관 자문위원
충주학연구소 연구위원
충주중원문화재단
계원서원교양대학 교수

人類文明文字導 인류문명문자도
世宗獨創正音先 세종독창정음선
爲民御製萬年赫 위민어제만년혁
愛族聖恩千古賢 애족성은천고현
五素原理制字本 오소원리제자본
三才構成發聲全 삼재구성발성전
習書簡易常時樂 습서간이상시락
訓讀容宜日用宣 훈독용의일용선
世界相通能普及 세계상통능보급
吾韓遺産盡周延 오한유산진주연
彬彬偉績矜持振 빈빈위적긍지진
事業多多後裔傳 사업다다후예전

인류의 문명은 문자로 이끌었나니
세종대왕 창제하신 훈민정음이 으뜸이네.
백성을 위해 직접 지으니 만년에 빛나고
겨레를 사랑한 성은은 천고의 어짊이네.
오소五行의 원리는 글자 만든 근본이요
삼재天地人의 구성은 발성이 온전하네.
글 읽힘에 간략하고 쉬워 상시로 즐겁고
뜻 읽기에 편안하여 날마다 쓰임에 펴네.
전 세계가 서로 통하도록 보급을 다하고
우리 대한의 유산은 두루 뻗어나가길 다하네.
빛나는 위대한 업적으로 긍지를 떨치나니
많고 많은 사업으로 후예들에게 전하리라.

2022 壬寅寒露節於淸祕精舍 玄史 徐東亨 蟹吟

훈민정음 보전保全
범국민운동을 제안하며…

박철희

(사) 한국인성교육협회 부회장
서울경기행정신문 총괄부회장
전) 매일신문사 기자, 부국장
전) 주간매경 편집국장
동국대학교 산업정보 대학원 수료(1기)

이 땅에 발붙이고 사는 지구촌 나라와 국민 가운데 말과 글言語을 지닌 숫자는 얼마나 될까? 정확한 통계를 찾아볼 수 없었지만, 결코 많은 숫자가 아닐 것이란 것은 분명해 보인다. 우선 이런 의미에서 보면, 우리가 한글이란 국민공통어를 지니고 있다는 것은 큰 자부심이 아닐 수 없다. 특히 한류열풍韓流熱風과 한국의 경제적 성공신화와 국격國格 급상승 등으로 지구촌 곳곳에서 '한글 배우기와 익히기'가 갈수록 뜨거워지고 있다. 하지만, 막상 한글을 바라보는 우리 국민의 시각과 마음은 그리 뜨겁지 않다. 냉랭해지고 있다는 게 정확한 진단일지 모른다. 올(2022년) 한글날 역시, 진정한 국민적·민족적 기념식이라기보다는 일부 인사들과 주한駐韓 외국인과 친한파親韓派 국가의 어린이와 어린 학생들이 참여하는 '한글 쓰고 말하기 경연대회' 등을 중심으로 한 면피(?)용 내지는 연례행사의 틀을 벗어나지 못했다. 명분 세우기에 급급했다는 평가이다. 이런 상황이라면 과연 우리가 그토록 자랑하고 있는 '한글의 존재성'은 과연 얼마나 오래 보존될 수 있을지 그것이 궁금해진다. 미래를 염려하는 몇몇 뜻있는 학자와 지도자들이 '훈민정음의 위대성과 절대적 가치'에 대한 국민적 반성과 계몽 활동에 나서고 있지만 정작, 많은 국민은 '훈민정음'이 무엇인지조차 인지하지 못하고 있다. 아무리 훌륭한 민족적 유산이나 문화라 하더라도 계승 발전시키겠다는 국민적 의지가 없다면 그 문화나 유산은 부유浮游하다 사라질 수 밖에 없다.

훈민정음訓民正音은 1443년 세종대왕께서 '백성을 가르치는 바른 소리'라는 뜻으로 세상에 반포하셨다. 여기까지는 예전에 한두 번가량 들어 본 듯한 이야기이다. 세상에 반포될 때 28자였다는 이야기기도 들은 것 같다. 하지만 이 판각 원본 28자 가운데 반시옷(Δ), 옛이응, 여린 히읗(ㆆ), 아래아(·)字 등 4글자가 사라져 현재 '우리 손에 없다'라는 사실을 아는 사람은 거의 없다. 정설定說 여부를 떠나 매우 중차대한 역사적 사건임에도 흐지부지되고 있다는 건 난감한 일이 아닐 수 없다. 들리는 소식으로는 '실종된 훈민정음의 4글자 원본'은 일본에 있다고 한다. 4글자의 가치는 '한글의 100% 유용성 보장'과 직결된다고 한다. 영문 표기를 한글로 바꾸는 과정에서 현실적으로 많은 흠결과 부족함이 드러나고 있는데 만약 실종된 4글자를 범용화할 경우 영문 표기를 완벽하게 소화할 수 있다는 것이다.

이웃 나라 중국은 주지하는 바와 같은 동북공정東北工程이란 정책적 기치旗幟 아래 우리나라 고대역사 가운데 고구려와 발해, 만주와 한반도의 역사를 지우려 하고 있다. 원래는 2006년에 이 공정을 끝내겠다고 했으나 중국의 억지 정책은 지금도 진행 중이다. 일본은 사사건건 독도獨島를 자신들의 땅 '다케시마'라고 주장하며 역사 왜곡에 혈안이 되고 있다.

이와 같은 한반도 주변국들의 역사찬탈 침략 행동 등과 연계하여, 그 일

차적 국민운동의 하나로 가칭假稱 '훈민정음 보전 범국민운동'을 제안하려 한다. 일본은 '훈민정음의 완벽함'을 훼손시키려는 악랄한 목적 아래 판각 원본 4 字를 의도적으로 무단 실어 냈을 가능성이 크다. 식민사관植民史觀의 꿈에서 깨어나지 못하고 있는 일본인들로서는 충분히 하고도 남을 수 있는 일이라고 볼 수도 있다.

범국민운동은 특별히 자라나는 새로운 세대를 중심으로 한 교육개혁으로부터 시작돼야 한다. 올바른 역사를 교육개혁을 통해 다시 세우고 이를 계승 발전시키는 핵심동력으로 전면에 내세워야만 한다. 많은 대한민국의 어린이들과 젊은이들이 우리의 진정한 문화가 무엇이며 얼마나 소중한 것인지를 깨닫지 못하고 있다. 스승을 통해 들은 것도 없고, 배운 것 또한 없으니 당연한 결과일 수밖에 없는 노릇인 셈이다.

필자는 1970대 말 매일경제신문 사회부장 시절, 1년여에 걸쳐 '범국민 무재해 1천만 명 서명운동을 노동부와 공동으로 전개했던 적이 있다. 단순한 서명 행사가 아니었다. 수많은 전국의 산업현장에서 재해와 안전의 필요성에 근거한 교육적 캠페인과 함께 현장근로자들의 결속과 다짐을 선포하는 자리였다. 이 결과 우리나라 산업 재해율 0.76% 수준으로 일거에 두 자리 숫자에서 한 자리로 낮춰졌다. 재해율의 낮춰짐보다 더욱 가치 있었던 점은 건설 및 산업현장에서의 안전수칙 게시 및 구호 복창, 헬멧과 안전띠 착용, 긴급의료장비 설치 등이 보편화하면서 드디어 '안전의 기본 틀'이 자리를 잡기 시작했다는 것이었다. 오늘날의 산업현장에서의 재해 예방과 괄목한 성과는 그냥 얻어진 게 아니다. 훈민정음을 포함한 중국과 일본의 잇따른 역사 왜곡 문제해결에서도 미래에 대비하는 우리의 지혜가 절실하다는 게 필자의 주장이다.

한글학회와 조선어학회 사건

김춘동

농자재 백화점 대흥종묘농약사 대표
(사) 파독광부간호사간호조무사연합회 회장
전) 민정당중앙정치연수원 총학생회장
전) 노원구 중계동 방위협의회 부의장
전) 파독광부

올해 10월 9일은 576돌을 맞는 한글날이다. 한글날은 한글의 우수성을 널리 알리고 세종대왕이 훈민정음을 반포한 것을 기념하기 위한 날이다. 우리는 10월 9일을 한글날로 정하여 태극기를 게양하며, 공휴일로 지정하였다.

1926년 11월 4일 조선어연구회(한글학회 전신)가 주축이 되어 매년 음력 9월 29일을 '가갸날'로 정해 행사를 거행했고, 1928년 명칭을 '한글날'로 바꾸었다.

뜻 깊은 한글날을 맞아 일제 침탈기에 당했던 한글 수난의 역사를 조선어학회 사건과 오늘날 한글학회로의 명칭 변천사와 연관해 살펴보고자 한다.

한글학회는 한글과 한국어를 연구하는 민간학술단체이다. 1908년에 '국어연구학회'라는 이름으로 창립되었다. 여러 차례 학회 명칭이 변경되었으나 1949년에 이르러 '한글학회'라는 이름을 가지게 된 것이다. 또 1907년에 설치되었던 '국문연구소'를 계승하며 우리말과 글의 연구, 통일, 발전을 목적으로 하고 있다. 한글학회는 1926년 11월 4일에 한글날(가갸날)을 제정하였다. 1933년에 한글맞춤법통일안을 제정하고, 한글 보급에 앞장 섰던 단체다. 광복 후 학회는 한글전용을 주장해 국한문혼용을 한글전용으로 쓰는 것을 장려했다.

한글학회의 변천사

우리말과 글의 연구, 통일, 발전을 목적으로, 1908년 8월31일 주시경 선생이 뜻을 같이하는 사람들과 서울 봉원사(새절)에서 창립총회를 열고 '국어연구학회'를 창립하였다. 그러나 1910년 한일합병이 이루어지며 국어라는 말이 일본어를 뜻하게 되면서 1911년 9월3일 '배달말글몯음'(조선언문회)으로 이름을 변경하였다. 1913년 3월 23일에 다시 '한글모'로 바꾸고, 1921년 12월3일 '조선어연구회', 1931년 1월 10일 '조선어학회'로 이름을 고쳐 활동했다. 1942년 일제에 의해 자행된 조선어학회 사건으로 큰 시련을 맞게 되었다.

한글학회의 기원은 "1921년 12월 3일, 조선어연구회"로 알고 각종 기념 행사를 진행해왔었다. 그런데 1976년 주시경 선생의 자필 이력서의 기록 내용, 1981년 12월에 한글학회에서 주최한 학회 창립 기념 도서 전시회를 통하여 입수하게 된 '한글모죽보기'의 필사본의 내용, 1908년 8월 27일자 '대한매일신보'와 '황성신문'의 내용을 면밀히 검토해본 결과 학회의 창립일은 1908년 8월31일에 서울 봉원사에서 설립된 '국어연구학회'라고 결론

내리게 되었다.

따라서 한글학회의 발상을 "1908년 8월 31일, 국어연구학회國語硏究學會"로 바로 잡게 된 것이다. 광복 후 활동을 재개한 조선어학회는 초.중등 교과서 편찬(1945), 훈민정음 원본 영인(1946), 세종 중등 국어교사 양성소 설치(1948) 등을 했고 또한 1949년 9월 25일 '한글학회'로 이름을 바꾸게 된 배경이 되었다.

조선어학회 사건

조선어학회 사건은 일제가 1942년에 한글을 연구하는 민간단체인 조선어학회의 회원 및 관련인물들을 강제로 연행하여 재판에 회부한 사건이다. 조선어학회는 장지영, 김윤경, 이윤재, 이극로, 최현배, 이병기 등을 회원으로 하여 연구발표회와 강연회를 개최하면서 한글의 우수성과 소중함을 홍보하였다.

일제는 한글 말살을 꾀해 각급 학교와 공식 모임에서 한글 사용을 금지하는 한편, '조선어 큰사전' 편찬 작업을 하고 있던 조선어학회를 해체시키기 위하여 1942년 10월 함흥 영생여자고등보통학교 학생 사건을 조작하여 조선어학회 회원과 그 사업에 협조한 사람들을 체포하였다.

조선어학회 수난의 발단은 함흥 영생여자고등보통학교 학생들이 기차 안에서 우리말로 대화하는 것을 경찰이 알고서 부터다. 일제는 여학생들에게 민족주의 의식을 교육한 교사 정태진을 체포했다. 그가 관여한 조선어학회를 '독립운동'으로 몰아 33명의 조선어학회 회원을 체포하고 조선어학회를 해산시켰다.

조선어학회사건朝鮮語學會事件은 일제강점기 말기인 1942년 일본이 조선어학회를 항일독립운동단체로 판단, 관련 인사들을 집단 체포 및 투옥한 사건이다. '한글학회 사건', '한글학자 집단 체포사건' 이라고도 불리며, 조선어학회가 광복 후 이름을 바꾼 한글학회는 '조선어학회 수난'으로 지칭한다. 이 사건으로 국어사전 편찬 사업은 중단되었고, 원고가 실종되는 등의 우여곡절을 겪은 뒤 남한에서는 1957년 한글학회에 의해 '우리말 큰사전'의 편찬 사업이 완료되었고 북한은 김두봉 등의 주도로 '조선말사전'이 편찬되었다.

한글학회와 조선어학회

한글학회가 조선어학회와 다른 단체인 줄 아는 사람들이 의외로 많다. 그러나 한글학회는 옛 조선어학회가 광복 이후 이름만 바뀐 것일 뿐 그 당시 그 단체의 명맥을 온전히 유지하고 있다. 1988년 문교부에서 고시한 한글 맞춤법은 조선어학회의 한글맞춤법통일안을 토대로 일부 고쳐서 고시한 것이다. 한글학회에서 펴낸 "한글학회 100년사"에 따르면 학회의 시작은 주시경 선생과 여러 사람이 모여 만든 "국어연구학회"를 그 시작으로 본다. 따라서 학회의 시작은 1908년 8월 31일로 보는 것이 타당하다. 실제로 한글학회는 매해 8월 31일에 창립 기념 잔치를 열고 있다.

2022년, 제576돌 한글날을 맞으며

김민정

한국문인협회 시조분과 회장
성균관대학교 일반대학원 국어국문학과 문학박사 졸업
1985년 《시조문학》 지상백일장 장원 시조시인 등단
시조집 『꽃, 그 순간』, 『함께 하는 길』 외 9권 출간
공동번역시조집 『해돋이』, 『시조, 꽃 피다』, 『시조 축제』

2022년 10월 9일, 제576돌 한글날이다. 우리 민족에게 우리말과 우리글이 있다는 것은 얼마나 큰 축복인가. 세계의 많은 민족 중에서 고유의 말과 글을 가진 민족은 많지 않다. 늘 이맘때면 잊었던 우리말과 우리글에 대한 감사함을 새삼 느끼고 세종대왕과 집현전 학자들에게 감사한 마음이다. 평소에 공기의 고마움을 잊고 살 듯 편하게 한글을 사용하여 여러 가지 글을 참 쉽고 편하게 쓰면서도 그 고마움을 잊고 있다는 것에 가끔은 미안한 생각이 든다.

우리 한글의 가치를 가장 먼저 서구에 알린 사람은 조선 최초의 근대 관립학교인 육영공원에 교사로 와 있던 미국인 헐버트(Hulbert, Homer Bezaleel)다. 그는 한글을 사용하면 조선의 근대화도 이룰 수 있을 것이라고 생각하여 한글의 가치를 강조하면서 "사민필지士民必知"라는 한글체 교과서를 처음 펴내기도 했다. 그는 조선의 문화를 서양에 알리는 영문 잡지를 창간하고, "이보다 더 간략하게, 이보다 더 과학적으로 발명된 문자는 없다."고 한글을 극찬하는 논문을 실어 서양에 한글을 학술적으로 처음 소개하였다. 서재필은 한글의 가치를 깨닫고 한글체 독립신문을 발간하여 국민 계몽에 나섰고, 그의 제자 주시경은 국어와 국사를 연구하고 가르쳤다. 그리고 주시경의 제자들은 조선어 학회를 결성하고 한글날을 제정하였다. 또한 그들은 1929년부터 조선어대사전의 편찬을 시작하고 한글 맞춤법 통일안과 같은 어문 규정을 만드는 등 우리말과 우리글의 연구, 정리, 보급을 위해 노력해 왔다.

현재 한국어를 쓰는 인구가 8천만이 넘어 세계 15위권의 언어가 되었다. 또한 한글은 정보화 시대에 컴퓨터, 휴대전화 등 소프트웨어 산업에도 유리해 다시금 그 우수성과 과학성이 입증되고 있다. IT강국으로 발전하는데 한글의 공헌이 컸음을 우리는 알 수 있다. 앞으로도 우리는 계속해서 IT강국으로 발전해 갈 것이며 그 밑바탕에는 한글의 우수성이 있기 때문이라 생각한다. 유네스코는 1989년 '세종대왕상'을 제정해 1990년부터 문맹 퇴치 운동에 힘쓴 개인이나 단체에 수여하고 있고, 1997년에는 한글의 가치를 인정하여 세계 기록 유산으로 등록하였다. 배우기 쉽고 쓰기 편한 글자라서 동티모르와 인도네시아의 찌아찌아족은 한글을 공용문자로 채택하여 쓰고 있다. 그 외 많은 나라에서 한글을 배우는 열풍이 점점 강해지고 있다.

그렇다면 한글의 우수성은 어디에 있는 것일까? 우리는 외국인이 한글의 우수성이 어디에 있느냐고 물으면 그 자리에서 대답할 사람은 많지 않을 것이다.

세종대왕은 1443년(세종25년)에 훈민정음 스물여덟자를 만들었다. 세종실록 102권, 세종 25년 12월 30일에는 다음과 같이 기록되어 있다. "이 달에 임금이 친히 언문 28자를 지었는데, 그 글자는 옛 전자篆字를 모방하였으며, 초성·중성·종성으로 나뉜 것을 합한 연후에야 글자를 이루었다. 무릇 문자文字에 관한 것과 항간의 속된 말에 관한 것까지 모두 적을 수가 있다. 이 글자는 비록 간단하고 요약하지마는 전환轉換하는 것이 무궁하니, 이것을 훈민정음이라고 일렀다." 이후 3년간의 실험을 거쳐 1446년에 훈민정음을 백성에게 반포한다.

훈민정음의 자음 글자는 그 소리를 낼 때 쓰이는 발음 기관의 모양을 본떠 만들었다고 한다. 'ㅁ'은 입 모양을, 'ㅅ'은 이의 모양을, 'ㅇ'은 목구멍 모양을 본뜬 것이다. 그리고 'ㄱ'과 'ㄴ'은 둘 다 혀의 모양을 본떠 만들었으나 혀가 가만히 있을 때의 모양이 아니라 그 혀가 이들 소리를 낼 때의 모양을 본떠 만들었다. 'ㄱ'은 혀뿌리가 목구멍을 막는 모양, 'ㄴ'은 혀가 윗잇몸에 붙는 모양을 본떴다. 이를 상형의 원리라고 하는데, 발음기관을 상형으로 글자를 고안해 낸 발상은 세계적으로 가장 과학적이고 독창적이라고 한다. 또 한 가지 놀라운 점은 다섯 자음 외의 다른 자음은 기본자에다가 소리가 조금 더 세어지면 획을 하나씩 더하는 방식을 취한 가획의 원리로 만들었다.

모음도 마찬가지 원리이다. 모음은 'ㆍ'는 하늘의 둥근 모양, 'ㅡ'는 땅의 평평한 모양, 'ㅣ'는 사람이 서 있는 모양을 본떠 기본으로 삼고, 나머지는 이것들을 조합하여 만든 것이다. 'ㆍ'를 'ㅡ'의 위와 아래, 'ㅣ'의 오른쪽과 왼쪽에 붙여서 초출자 'ㅗ, ㅜ, ㅏ, ㅓ'를 만들고 다시 'ㆍ'를 하나씩 더하여 재출자 'ㅛ, ㅠ, ㅑ, ㅕ'를 만든 것이다. 이처럼 훈민정음은 스물여덟 자를 하나하나 만들지 않고 일단 기본자를 만든 후에 나머지는 기본자에서 파생시키는 이원적 조직으로 만들어졌다. 그리고 또 한 가지 우수한 점은 훈민정음은 모아쓰기를 한다는 것이다. '젊고'를 'ㅈㅓㄹㅁㄱㅗ'로 풀어쓰지 않고 '젊고'로 묶어씀으로써 '젊'만 보아도 그 뒤에 무엇이 붙든 이미 이 단어가 무슨 단어인지 알아차릴 수 있어 그만큼 빨리 의미 파악이 가능하다. 즉 독서능률이 높아질 수 밖에 없다. 훈민정음은 쓰기 쪽과 읽기 쪽을 모두 고려하여 만든 글자로 이원적 조직으로 만든 것은 쓰기 쉽게 한 것이고, 모아쓰기를 한 것은 읽기 쉽게 한 것이다. 그런데 아쉽게도 훈민정음 창제 당시의 28자 중에서 4자는 사용하지 않게 되어 지금 우리가 쓰고 있는 한글의 기본 글자는 자음 14자와 모음 10자로 되어 24글자만 쓰고 있다.

발음기관을 본뜬 점(발음기관 상형원리), 이원적으로 조직한 점(가획원리), 모아쓰기를 한 훈민정음의 우수한 점(이익섭, 「한글의 개성」 참조)을 이어받은 한글 때문에 우리 한국인은 세계에서 가장 IQ가 높다는 민족이라고 평가받을 수 있는 것인지 모르겠다. 보고 듣고 생각하는 속도는 우리가 평소에 쓰는 언어와 깊은 관련이 있다고 생각되기 때문이다. 그만큼 언어를 빨리 눈으로 읽어 받아들이고 생각하고 판단하기 때문이다. 또한 책을 읽는 속도가 빨라 지식이나 문명을 받아들이는 속도도 빨라지기 때문이다. 한국인의 시민의식이 남다르고 민주주의 의식이 잘 발달되어 온 것은 우리 민족이 추구하는 인간형이 주변사람을 널리 이롭게 하는 홍익인간弘益人間이라는 교육적 이념과 훈민정음 덕분이라고 생각한다. 누구나 읽기 쉽고 배우기 쉬우라고 훈민정음을 만든 세종대왕의 애민정신은 이미 백성을 근본으로 생각하는, 즉 모든 사람이 존엄하고 평등하다고 생각하는 민주주의 사상이 그 바탕에 깔려 있었던 것이다. 반상班常의 구별없이 누구나 읽고 쓸 수 있어 자기의 의견을 분명하게 말할 수 있고 쓸 수 있는 능력을 길러 주는 일은 백성의 의식을 자라게 하고 백성들을 현명하게 하는 일이었기 때문이다. 이것은 장영실 등 뛰어난 인재를 반상을 따지지 않고 등용해서 쓰던 그의 인재등용법과도 상통하는 사상이다. 때문에 훈민정음은 우리 민족의 언어 사용만 편하게 한 것이 아니라 모든 인간은 존엄하고 평등하다는 민주주의 발전에도 지대한 공헌을 했다고 생각되는 것이다.

요즘 많은 외국인들이 한글을 쉽게 배워 쓰고 있는 모습을 볼 수 있다. 나에게도 여러 명의 외국인들이 편지를 한글로 보내오고 있는 실정이고 나도 한글로 편지를 보내고 있다. 그래서 영어가 서툰 나도 어렵지 않게 그들과 의사소통을 하고 있다. 이처럼 외국인들은 한글의 가치를 점점 높이 평가하고 우리말과 우리글을 많이 사용하려고 하는데 정작 우리는 외래어와 외국어를 남용하고, 맞춤법에 맞지 않는 표기를 사용하는 등 우리말과 우리글을 경시하는 풍조를 보이는 경우가 많다. 앞으로 세계에서 가장 과학적, 체계적, 경제적인 글자인 우리글을 더욱 갈고 다듬어 아름다운 언어가 될 수 있도록 노력하는 자세는 한국인이라면, 한국문학인이라면, 한국의 정형시 시조를 쓰는 시조시인이라면 반드시 해야 할 일이라고 생각한다.

아~! 세종대왕님!

장영환

주) 동일에서지 대표이사
전) CBS PD
전) 경제정의실천시민연합 중앙위원
전) 바르게살기운동 용산구 회장
전) HK경영위원회 경영특보

중국인이 컴퓨터 자판을 치는 모습을 본다.

3만개가 넘는다는 한자를 어떻게 좁은 자판에서 칠까? 한자를 자판에 나열하는게 불가능해, 중국어 발음을 먼저 영어로 묘사(한어병음)해서 알파벳으로 입력한 다음에 단어 마다 입력 키를 눌러야 화면에서 한자로 바뀐다.

불편한 건 더 있다. 같은 병음을 가진 글자가 20개 정도는 보통이다. 그중에서 맞는 한자를 선택해야 한다. 한국의 인터넷 문화가 중국을 앞선 이유 하나가 여기에 있다. 타이핑을 많이 하는 전문직 중국인들은 한자의 획과 부수를 나열한 또 다른 자판을 이용한다. 자판을 최대 다섯번 눌러 글자 하나가 구성되므로 오필자형五筆字型이라고 한다. 속도가 빠르지만 익히기 어려워 일반인은 못한다.

일본인은 어떨까.

컴퓨터 자판을 보니 역시 알파벳이다. 일본인들은 '世'를 영어식 발음인 'se'로 컴퓨터에 입력하는 방법을 쓴다. 각 단어가 영어 발음 표기에 맞게 입력되어야 화면에서 가나로 바뀐다. 게다가 문장마다 한자가 있어 쉼없이 한자 변환을 해줘야 하므로, 속도가 더디다. 나아가 '추'로 발음되는 한자만 해도 '中'을 비롯해 20개 이상 이니 골라줘야 한다. 일본어는 102개의 가나를 자판에 올려 가나로 입력하는 방법도 있지만, 익숙해지기 어려워 이용도가 낮다. 이러니 인터넷 친화도가 한국보다 낮을 수 밖에 없는 것 같다.

말레이시아처럼 언어가 여러 가지인 국가들은 컴퓨터 입력방식 개발부터 골칫덩어리다. 24개의 자음·모음만으로 자판 내에서 모든 문자 입력을 단번에 해결할 수 있는 한글은 하늘의 축복이자 과학이다. 휴대전화로 문자를 보낼 때, 한글로 5초면 되는 문장을 중국, 일본 문자는 35초 걸린다는 비교가 있다.

한글의 입력 속도가 일곱배 정도 빠르다는 얘기다. 정보통신(IT)시대에 큰 경쟁력이다. 한국인의 부지런하고 급한 성격과 승부 근성에, 한글이 '디지털문자'로서 세계 정상의 경쟁력이 있는 덕에, 우리가 인터넷 강국이 됐다고 해석할 수 있다.

한글로 된 인터넷 문자 정보의 양은 세계 몇 번째는 된다.

10월 9일은 세종대왕이 훈민정음을 반포한 한글날.

세종이 수백년 뒤를 내다 본 정보통신 대왕이 아니었나~! 하는 감탄이

나온다. 26개인 알파벳은 훈민정음과 같은 소리 문자이고 조합도 쉽지만, 'a'라도 위치에 따라 발음이 다르고 나라별로 독음이 다른 단점이 있다.

그러나 훈민정음은 하나의 글자가 하나의 소리만 갖는다.

어휘 조합능력도 가장 다양하다. 소리 표현만도 8800여개 여서, 중국어의 400여개, 일본어의 300여개와 비교가 안 된다. 세계적 언어학자들은 한글이 가장 배우기 쉽고 과학적이어서 세계 문자 중 으뜸이라고 말한다. '알파벳의 꿈'이라고 표현한다. 그래서 거의 0%인 세계 최저의 문맹률이 가능했고, 이게 국가발전의 원동력이었다.

훈민정음은 발음기관의 모양까지 반영한 음성공학적 문자여서 세계의 언어를 다 표현해낸다.

맥도널드를 중국은 '마이딩로우', 일본은 '마쿠도나르도'라고 밖에 표현하지 못한다. 이것이 네팔 등의 문자가 없는 민족에게 한글로 문자를 만들어 주는 운동이 추진되는 이유다. 외국인에게 5분만 설명하면 자신의 이름을 한글로 쓰게 할 수 있다.

한글은 기계적 친화력도 가장 좋아 정보통신 시대의 준비된 문자다.

세계화의 잠재력이 적지 않다.

모두가 세종대왕님의 은혜입니다. 덕분입니다.

훈민정음

최중환

행복코디네이터 교수
전) 세계문화예술인연합회
    사무총장
한국한복모델한복지도사(모델겸)
한맥문학초대시인
한국을 빛낸 의인 봉사대상

천년의 폭 넓은 한글 품어
세종대왕의 위대한 용비천어 옷소매 끝 핏빛
하늘 놀라움 움직이는 고유의 언어
가 갸 거 겨 고 교
가 나 다 라 마 바
ㄱ ㄴ ㄷ ㄹ ㅁ ㅂ

과학적인 울림
문화 융성의 힘
소프트파워의 원천 뜻깊은 IT의 최적화된 한글

그대여 사랑받아
뿌리 깊게 쫙쫙 뻗어나가는 전 세계 하늘 즈음
존재 휘어 날으리

백성과 나라 위해
바른 소리
세종대왕 마음처럼 별 속에 피어나는 꽃

훈민정음 언어 독특한
신비의 한글 위대한 문화유산
바른 글 듣고 쓰기 우리 언어 앞에 훈민정음 애민사상
그 묘미 여명의 태양처럼 사랑하리라

훈민정음

전선희

사회복지사
대한문인협회 홍보국장
대한문인협회 경기지회 사무국장
한국문인협회 용인지부 정회원
한국문학 올해의 시인상 등 다수 수상

가나다라 가갸거겨
닿소리 홀소리로 마음을 그려내는
독창적이고 과학적인 표기체계
역사적인 세종대왕의 훈민정음

천하 만민을 사랑하는 마음
집현전 학사들과 고심 끝에
탄생시킨 우리말 우리글
역사상 최고의 대한민국 훈민정음

민족혼 얼을 심고 하나 되는 인류애로
선열들이 목숨 걸고 지켜온
우리 민족의 귀중한 자산
만고의 찬란한 업적 훈민정음

천지인 음양오행
우주 법칙 따른 지상의 모든 소리
오늘날 대한민국을 있게 한 기틀
세계가 인정한 자랑스러운 유산

삼천리 금수강산 한민족 최고의 실록
국보 제70호 유네스코 세계기록
우리의 역사와 문화 가슴에 새기며
세계만방에 한글의 꽃 피우리

기업인과 함께하는 훈민정음

최수석

㈜헬로핀테크 대표
㈜한국외환은행 39년 근무
법무법인 현 금융컨설팅실 상무
전) 건국대 부동산대학원 겸임교수
전) 한양대 융합산업대학원 겸임교수

연휴를 마치고 맞이하는 월요일 아침에 직원들과 반갑게 인사를 하면서 한 주를 시작합니다. 가족들과 휴일을 보내면서 머리를 짓누르던 여러 생각들을 우리 회사 직원들께 어떻게 설명하고 동의를 구해야하나 하는 무거운 마음이지만 서로 주고받는 인사만은 웃음지우며 함께 나눕니다.

제가 대표를 맡고 있는 회사의 여러 어려움들, 각종 인건비 지출과 경비를 해결할 수 있는 수익 올리기, 회사의 기반을 튼튼히 하고 발전시켜 주식시장에 상장함으로써 직원들이 고생한 과실을 서로 즐겁게 나누어야 한다는 목표가 항상 머릿속에 맴돕니다.

기업의 대표는 자신의 사업을 3분 안에 설명할 수 있어야 하고 10년 후에도 살아남아 있을 기업을 만들어야 하며 상대방을 설득하기 위해서는 같은 말을 1천 번 이상 되풀이할 각오를 가지고 있어야 한다는 말이 있습니다.

또한 세상은 절대적으로 잘 하는 사람을 원하지도 필요로 하지도 않는 다며 그냥 남보다 조금만 더 잘하면 된다고 합니다.

그런데 다른 사람보다 잘 하고 있는지 아니면 못하고 있는지를 판단하는 기준은 무엇일까요?

그것은 남보다 좀 더 하는 것이라고 합니다. 인간의 능력은 큰 차이가 없기 때문에 내가 하고 싶은 만큼만 하고 그 선에서 멈추면 남들과 큰 차이를 만들 수 없습니다.

때문에 남들보다 약간의 괴로움이 추가되었을 때 비로소 노력다운 노력을 했다고 할 수 있으며 남들보다 큰 차이를 만들 수 있을 것입니다.

세상에 존재하는 위대한 기업가는 이와 같이 남들보다 조금 더 노력하여 남다른 결과를 만들어 내었고 역경에서도 불만을 품지 않고 실패해도 좌절을 하지 않으면서 기업을 경영하는 과정에서 성공해도 자만하지 않고 지속적으로 나아가는 모습을 보여 주었습니다.

세계 문자 중에서 가장 과학적이며 독창적인 글자인 훈민정음이 한국인에게 존재한다는 것은 그 자체로 우리 민족의 자부심이고 긍지이며 행운일 것입니다.

이처럼 세계적으로도 손꼽히는 창작품인 훈민정음의 창제과정을 보면 수많은 날을 지새우고 고민하고 토론하여 사용대상인 백성들에게 쉽게 익히고 쉽게 사용할 수 있도록 모든 노력을 기울인 것으로 알려지고 있습니다.

훈민정음의 창제이념과 창제과정은 현대의 기업 경영과 매우 닮아 있다고 볼 수 있습니다.

기업이 소비자입장에서 더 유용한 제품을 만들고 고객만족도가 계속 높아져서 소비자로부터 신뢰받는 기업이 되면 지속적인 이윤 창출을 통하여 기업의 재무상황은 계속 탄탄해질 거고 아울러서 기업도 날로 성장하면서 그 성장의 과실을 임직원들이 기쁘게 향유할 것이며 이는 훈민정음 창제의 작은 모습이라 할 수 있을 것입니다.

훈민정음 한글이여 비상하라!
더 멀리 더 높이

박찬원

UN.NGO.KARP 대한은퇴자협회 협동조합이사, 단장
서울동구로초등학교 교장 퇴임
계양어린이집 원장 퇴임
아름다운이야기 할머니(국학원) 3년 봉사활동
시낭송작가

　　지난 10월3일 개천절 날 모처럼 연휴이고해서 난 자유로운 영혼이 되어 서울시광화문광장을 찾았다. 코로나19로 인한 사회적 거리두기로 외출도 쉽지 않았던 지난 시간들, 실내에서는 아직도 마스크 착용으로 답답하고 짜증스럽다. 새롭게 단장된 광장에서는 마스크도 쓰지않고 마음껏 활보할 수 있어서 가슴도 확 트이고 기분이 참 좋았다. 광화문광장을 들릴 때마다 제일 먼저 찾는 곳이 세종대왕 동상이다. 늠늠하고 장하신 세종대왕 동상을 바라다보면 어릴 적 위인전에서 가장 위대한 임금으로 정말 닮고 싶은 나의 우상처럼 우러러 본 분이다. 백성을 어버이 마음처럼 사랑하고 나라의 국방을 튼튼하게 세우고 모든 관례들을 세워 백성들이 행복하게 살 수 있도록 국격을 세우신 임금님이 아니더냐, 오늘따라 새롭게 단장된 광화문광장을 걸으며 간간히 뿌리는 빗줄기도 신선하고 즐겁다. 제일 훌륭한 창조는 훈민정음, 즉 한글을 만들어내신 것이다.

지난 일요일 아름다운우리교회 오후 2부 설교 시간에 세계 미전도 지역의 언어로 성경을 번역하는 사역을 하고 있는 선교사의 현장체험 간증시간에 "우리나라는 세종대왕 같은 위대한 임금이 계셨기에 이렇게 빠른 시간 안에 세계 선진국 대열에 들어섰다며 정말 감사해야한다"고 강조하였다.

　요즈음 영국의 BBC와 미국의 CNN 등 영어권 매체들은 세계적인 K-POP, 걸그룹과 최근 전 세계 드라마 팬을 사로잡은 '오징어게임' 등 한국문화 열풍이 세계적인 시선까지 이르렀다고 보도한다. 사실 그동안 우리는 외래를 더 많이 받아들이고 좋아했는데 이제는 오히려 외국의 젊은이들이 우리나라 가수의 노랫말을 배워 따라 부르고 드라마나 영화를 제대로 보기위해 한글을 공부하기 시작한 외국인들도 많고 한글이 세계적으로 높은 평가를 받는다. 세계 한국어학교는 수강신청자가 넘쳐나고 대학에서는 한국어 과목을 개설하여 집중적으로 교육하고 있는 모습을 보게된다. 한글을 수입하여 자국어로 교육하는 민족도 생기고 있다. 얼마나 자랑스럽고 가슴 뿌듯한 일인가? 오늘날 한류로 세계를 휩쓸고 열광하여 문화강국 대한민국으로 부상할 수 있었던 그 원동력은 바로 훈민정음 즉, 한글이라는 위대한 문자가 있었기 때문이라고 나는 믿는다.

　독일의 언어학자 에칼트 박사는 '그 나라의 문자로 그 민족의 문화를 측정하기로 한다면 한글이라는 문자를 사용하고 있는 한국민족이야말로 최고의 문화민족이다.'라고 칭송하고 있다. 또한 영국의 제프리 심슨 교수는 '한글은 한국 민족뿐 아니라 전체 인류의 업적으로 평가되어야 함은 의심할 여지가 없다.'라고도 했다.

프랑스의 파브로 교수는 '한글을 창제한 세종대왕뿐 아니라 한국 사람의 의식 구조를 분석해 볼 필요가 있다.' 라며 지구상에 발명자가 분명한 글자는 오직 한글 뿐이다.'라고도 하였다. 네덜란드 프리츠 포스 교수는 '한국인들이 세계에서 가장 간단하면서도 논리적이며 고도의 과학적인 방법으로 한글을 만들었다.'라고 칭송한다.

내외적으로 세계적인 우수성과 칭송을 받는 한글, 그 한글을 만드신 세종대왕이 계시다는게 자랑스럽고 한국 국민의 한 사람으로 자부심과 자긍심을 갖게 된다. 한글은 왜 우수할까 한 번 깊이 생각해보았다. 한글은 인류가 사용하는 문자들 중에서 창제자와 창제연도가 명확한 문자이다. 한글은 그 창제정신이 '자주, 애민, 실용'에 있다는 점에서 세계에서도 가장 뛰어난 문자로 평가받는다. 이러한 창제정신과 더불어 제자制字원리의 독창성과 과학성에 있어서도 뛰어나다. 이러한 한글의 특수성은 국제기구에서 공인을 받게 되었다. 유네스코(UNESCO)에서는 해마다 세계에서 문맹퇴치에 공이 큰 사람에게 '세종대왕문맹퇴치상(King Sejong Literacy Prize)'을 주고 있다. 이 상의 명칭이 세종대왕에서 비롯한 것은 세종대왕이 만든 한글이 가장 배우기 쉽고 문맹자를 없애기에 가장 좋은 글자임을 세계가 알고 인정하고 있기 때문임을 알 수 있다.

인생후반기 삶을 사는 내게 이렇게 질문해본다. 당신은 남은 생애를 어떻게 보낼 것인가? 전반기 인생을 앞만 보고 달려와 주변을 돌아볼 겨를이 없었다면 남은 생애는 보람있고 가치로운 일을 하고 싶다. 이웃과 사회, 국가를 위해 섬기고 배려하는 일에 최선을 다하자라는 비전과 소망이 생겼다. 아름다운 문자 한글을 아끼고 다듬어 더욱 우수한 한글, 세계적인 문자로 만들어나가도록 노력하는 한편 한글의 우수성과 민족적 자긍심을 되살리는 계기로 삼아 세계로 더 높이 더 멀리 비상하는데 남은 생애 온 힘을 기울이고 싶다.

　나는 아름다운 한글을 세계에 알리는 한글 전도사가 되고 싶다. 낭송회도 열고 유튜브, SNS 등을 통해 전파하고 있는 중이다. 한국문화에 열광하고 있는 세계인들에게 아름다운 한글을 익히고 배우며 암송하도록 안내할 것이다. 작은 씨앗 하나가 많은 열매가 맺을 수 있는 한 알의 밀알이 되려고 한다. 처음은 미약하지만 끝은 창대하리라는 말씀을 믿는다. 뜻이 있는 곳에 길이 있음을 믿는다. 꿈꾸는 자만이 꿈을 이룰 수 있음을 믿고 더 높이 더 멀리 비상하는데 나의 남은 생애 바치고 싶다. 그리하여 마침내는 한글을 중심으로 세계문화예술 축제의 중심지로서의 역할을 감당하고 세계평화를 이룩하는 통로가 되는 자랑스럽고 위대한 한국을 이룩하는데 나의 첫걸음이길 소망하며 진심으로 기대한다.

한글 자모 이름, 알고 계십니까?

서상준

전남대학교 국어교육과 명예교수
『국어의 이해와 탐구』(역락 , 2011)
『고등학교 국어 (상),(하)』(더텍스트 , 2011)
『현대국어의 상대높임법』(전남대출판부, 1996)
『국어와 국어교육』(박이정, 1995)

　　오래 전 연구실로 'ㅎ' 자의 이름을 어떻게 발음해야 하는지를 묻는 전화가 걸려 왔다. '히읗'으로 적고 [히은]으로 발음한다고 일러 주었더니, 다른 데에서 들은 답과 다르다고 해서 자세하게 설명해 주었다. 느낀 바가 있어 전공 강의 시간에 학생들에게 한글 자모의 이름과 순서를 말해 보라 했더니, 세 명 가운데 한 학생은 도중에 자리에 앉아 버렸고 다른 한 학생은 틀리고 한 학생만 바르게 알고 있었다. 무척 실망스러웠다. 만나는 사람마다 물었다. 초등학교 교사에서부터 대학 교수에 이르기까지. C대학을 수석으로 입학했다고 자부심이 대단했던 교수도, S대학을 나온 교수까지도 모두 다르지 않았다.

　　실망스러운 일은 이것만이 아니었다. 우리말의 특징을 말해 보라는 문제에 "신라 시대에는 우리말이 없었기 때문에…"로 답을 시작하는 연수 교사도 있었고, 〈한글 맞춤법〉의 원리가 무엇이냐는 물음에 그럴싸한 답을 내놓는 국어교사를 아직까지 본 적이 없다. 한글을 창제한 사람이 누구냐고 물으면, 어디에서 누구에게 물어 보건, 세종이 지원하고 집현전 학자들이 지었다는 대답이 얼추 반이 넘는다. 심지어 한글이 언제 창제되었느냐는 물음에 1400년대, 1800년대라고 답하는 국어 교사도 만난 적이 있었다. 웃어야 할까, 울어야 할까?

그러나 이들만을 나무랄 수는 없다. 아랫물이 흐린 것은 윗물 탓이다. 아래에 훈민정음의 창제와 관련된 세 개의 글을 인용하겠다.

(1) 한글은 조선의 4대 임금인 세종이 1443년에 완성하여 1446년에 '훈민정음'이라는 이름으로 세상에 내놓았다.

(2) 훈민정음은 세종대왕 자신이 중심이 되어 집현전 학자들과 더불어 세종 25년(1443년) 음력 12월에 창제하였으며, 집현전 학자들로 하여금 이에 대한 해례解例를 짓게 하여 세종 28년(1446년) 음력 9월 상순에 반포하였다.

(3) 한글은 세종대왕이 1443년(세종 25년) 음력 12월에 창제하였으며, 집현전 학자들에게 이에 대한 해례解例를 짓게 하여 1446년 음력 9월 상순에 반포하였다.

위의 글들은 훈민정음의 창제자, 창제 연대, 그리고 이른바 '반포'에 관하여 기술한, 전국의 몇몇 국어국문학과와 국어교육과에서 사용하고 있는 전공 교재의 내용을 그대로 옮긴 것이다. 얼핏 보면 아무런 문제가 없는 글이라고 할 테지만, 이 가운데 훈민정음 창제의 역사적 사실을 정확하게 기술한 글은 하나도 없다. (1)은 세 가지 사실을 간결하게 서술한, 오류가 없는 글처럼 보이지만, '1443년'과 '1446년에~세상에 내놓았다'는 대목은 아무래도 창제 사실을 바르게 서술한 것은 아니다.(음력 12월에 창제한 것이 사실이라면, 창제 연도를 1443년이라고 하는 것은 부적절하다.) (2)는 한글을 세종과 집현전 학자들이 공동으로 창제했다고 서술하고 있어서 다른 (1)과 (3)의 서술과 차이를 보인다. (1), (3)의 '한글'과 (2)의 '훈민정음'은 다른 것인가? 그래서 창제자를 다르게 말한 것일까? 또 (1~3)에서 '1446년에 세상에 내놓았다'든가 '반포하였다'는 대목은 문자 '훈민정음'을 말한 것인지, 아니면 해설서 '훈민정음'을 말한 것인지의 문제는 접어 두더라도, 적어도 '반포'라는 용어는 명확한 근거가 없이 사용한 자의적인 해석이고 용어이다.

일은 이런 데에서부터 꼬이게 되고, 이로부터 쓸모없는 논란과 잘못된 교육이 시작되었다. 누구에게서 배웠느냐, 어떤 책을 읽었느냐에 따라 우리의 지식은 (1)이 되기도 하고, (2)나 (3)이 되기도 한다. 이 정도는 약과다. 여기에 제시한 것보다 훨씬 더 많은 '학설'이 난립해 왔다. 학자라는 사람들이 관련 자료(역사 기록 등)를 면밀히 검토해 보지도 않고, 앞사람 따라 하기에 급급하거나 어설픈 내 주장 하기에 몰두하는 사이에, 사실은 왜곡되고 진실은 묻혀 버렸다. 같은 말, 같은 글자를 쓰는 남한과 북한의 한글을 기념하는 날이 10월 9일과 1월 15일로 왜 달라야 하는가.

이건 모두 학자들의 문제다. 생각해 보라. 한글을 만든 사람이 누구인지는 기록에 따를 수밖에 없는 일인데, 무슨 생각으로 역사 기록을 무시한 '주장'을 하는가. 기록마다 차이가 있으면 교차 검증을 하고 보충 자료를 충실하게 검토하면 될 일을, 굳이 말단지엽에 매달리거나 자의적인 해석과 판단을 하는지 참으로 안타까운 일이다. 전해 오는 기록이 우리들의 궁금증을 모두 풀어 주는 것은 아니지만, 〈실록〉과 〈해례본〉 등의 기록이 명확하고 당사자들의 증언이 하나로 분명한데, 이 자료들을 살펴보지 않았거나 해석을 잘못하지 않고서는 다른 '주장'이 있을 수 없다. 그럼에도 불구하고 우리들은 이렇게 잘못 알고 잘못 배워 왔다.

이런 것들을 바로잡지 않으면, 자꾸 엉뚱한 쪽으로 이어지게 된다. 우리 말이, 우리 문법이 왜 그리 어려우냐고 한다. 그럼 영어와 영문법은 쉽다는 말일까? 우리 맞춤법은 쓸데없이 어렵기만 하다거나 너무 자주 바뀌어서 혼란만 초래한다는 등의 이야기도 흔히 나온다.(일리 있는 푸념이다.) 더욱이 학교에서도 국어 교사가 아니라면 판서나 문건들이 어법이나 맞춤법에 벗어나더라도 대수롭지 않게 여기거나, 심지어는 그런 줄조차 모른다. 믿기 어려울 테지만, 어법에 맞게 말하고 맞춤법에 맞게 적는 일을 문법 전공자들만의 일로 치부하는 국어과, 국문과 교수들도 있다. 전공이 아니니 한글을 언제 누가 만들었는지 관심 밖이라는 같은 학과 교수의 말은 충격을 넘어 연민을 느끼게 했다.

하기는 이런 생각들을 전적으로 잘못된 것이라기에는 조심스러운 면이 있다. 우리말뿐만 아니라 어떤 언어든 규범을 지켜 바르게 말하고 적으려면 여간해서 되는 일이 아니기 때문이다. 더군다나 이조차도 우리말을 아끼고 바르게 사용하려는 태도를 밑바닥에 두고 한 말일 수도 있다는 점을 고려하면 더욱 그러하다.

이런 빗나간 생각들을 바로잡아 주는 일도 물론 학자, 교육자들의 몫이다. 잘못된 지식의 단초도 그들이 제공했고, 그것을 가르쳤으니, 바른 길로 안내하고 이끄는 일도 모두 그들이 해야 한다.

불편하더라도 교통 규칙을 지켜야 편리하고 안전한 삶을 누릴 수 있는 것처럼, 맞춤법은 문자 생활의 효율성과 경제성을 위해서 우리의 지혜를 모아 만든 사회적 약속이라는 인식부터 갖게 해야 한다. 문법 교육도 지식을 익히는 게 아니라 언어를 바르고 효과적으로 사용할 수 있도록 하는 데 초점을 맞추고, 낱말의 정확한 의미도 실제 용례를 통해 파악하고 익힐 수 있도록 가르쳐야 한다.

그러기 위해서는 먼저 틀부터 바꾸어야 한다. 국어 교사에게도 어려운 띄어쓰기를 어떻게 일반인들이 지킬 수 있겠는가. 국문학과 학생들도 어려워하는 문법 용어와 지식 체계를 중학생 고등학생이 누구를 위해, 무엇을 위해 배워야 하는가. 발상을 바꾸지 않고 틀을 바꾸지 않는 한, 사실 따로 지식 따로, 교육 따로 현실 따로의 부조리한 우리의 모습은 또 몇 십 년을 그렇게 흘러갈 것이다. 참으로 걱정스럽다.

다시 한글 문제로 돌아가 한글 정보의 대중화와 소통 현실을 직시해 보자. 유튜브는 개방성, 접근성, 내용의 다양성 등에서 우리의 삶 속에 빠르게 자리 잡은 사회 소통망으로, 전통적인 대중 매체의 영향력을 훨씬 뛰어넘는다는 점에서 주목되는 매체이다. 문제는 여기에 실려 있는 정보가 정제되지 않은 것도 많아서, 논란이 커지고 있다.

한글의 창제와 관련해서도 셀 수 없을 만큼 많은 유튜브가 제작, 유통되고 있다. 우리 한글에 관심이 그만큼 높다는 점에서는 환영할 일이지만, 내용을 들여다보면 거의 대부분이 검증되지 않은 부적절한 정보를 담고 있어서 심히 우려스럽다. 앞에서 말한 것처럼 전문가들마저도 명명백백한 기록과 동떨어진 주장을 하는 바람에 이것을 바로잡기 위해 온힘을 쏟아야 할 판에, 어설픈 전문가들의 잘못된 지식의 무분별한 전파가 또 얼마나 많은 해악을 끼칠지는 생각만 해도 끔찍한 일이다.

한두 가지 제안을 함으로써 한글과 관련된 총체적 난국을 돌파하고 싶다. 우선 관련 학계가 총의를 모아, 한글 창제의 역사적 사실을 종합적으로 검토, 정리하고 공인하는 일을 해야 한다. 이것을 바탕으로 각급 학교에서 국어와 역사를 통일하여 교육하고, 한글의 참모습을 바르게 알게 해야 한다.

또 하나는 공신력 있는 검증단을 꾸려, 여러 경로를 통해 유통되고 있는 잘못된 정보를 바로잡는 역할을 맡기자. 국내외 각종 교재를 검증하여 오류를 지적하고 바로잡는다든지, 사회 소통망에는 댓글을 달고 시정을 요구한다든지 하는 일을 지속적으로 수행한다면, 성과는 분명히 있을 것이다. 이런 일들은 국가기관, 학술 교육 단체 등이 지혜를 모으면 가능할 것이다.

길다면 긴 세월을 우리말을 공부하고 가르치면서 우리말과 우리글의 기초적인 지식이나 규범을 바르게 알고 실천하는 이가 많지 않은 안타까운 현실을 볼 때마다 자괴감을 떨칠 수 없었다. 이 짧은 글로 책임을 벗어날 수는 없겠지만, 우리말과 우리글에 대한 작은 관심이라도 불러일으키려는 간절한 바람을 표하고, 후일의 기약은 없어도 우리 말글의 앞날이 좋아지길 바라는 마음을 담고 싶었다.

곳간에 은과 금이 그득하옵니다

김둘

대구 삼육초등학교 도서관 사서
문화콘텐츠 수마노탑 스토리텔링공모전 시나리오 부문 금상
삼국유사 스토리텔링 대상 수상
호미문학대전 시 부문 동상
제53회 한민족통일 문화제전 대구지역 대구시장상 수상(소설 부문)

감쫑염, 콩딸육, 검반자, 냠룡웅, 흉자둥, 걀셧흉, 미쭝후, 인천집, 악자흥, 감자우유, 항영효, 봉혓종, 옥슝염, 몽룡화힁, 넘돈양, 익공초, 잉웃초, 광택근….

초등학생들 이름이다. 한 글자당 하나씩의 모음이나 자음만 남겨두고 새로운 자음과 모음을 넣었다. 어린이들은 완전히 다른 글자로 변하는 자신의 이름이 신기해서 눈을 반짝반짝한다. 우리가 현재 쓰는 한글 자모 24자로 어떤 이름이든 만들 수 있고 어떤 말이든 쓸 수 있음을 증명해 보였다. 아이들이 놀라서 입을 다물지 못한다. 전국의 개성 있는 사투리와 낯선 제주도 방언조차도 표기하지 못하는 것이 없다는 것을 알고 아이들은 다시 한 번 놀란다.

아이들은 친구 이름도 고구려 식으로 지어달라고 부탁했다. 그 친구 이름으로 만든 고구려 식 이름은 '전남친'. 이야, 정말 멋지구나. 전 여자 친구는 없을까? 그리고 나는 학생들에게 이렇게 말했다.

"어? 검반자, 안녕? 인천집 너 오늘 좀 늦었다. 악자흥, 글씨 조금 더 바르게 쓰자…."

나는 초등학교 1학년 올라가서 국어 숙제를 하면서 울었던 적이 있다. 담임 선생님께서 자기 이름 열 번씩 써오라며 가로 세 칸 세로로 10줄 되는 종이를 나누어 주셨다. 그때까지만 해도 종이가 귀할 때라 선생님이 나누어 주는 종이를 애지중지하며 집에 와 숙제하려는 찰나, 나는 숙제를 제대로 못 해갈 게 뻔하다는 걸 알았다. 내 이름은 '둘', 성은 '김'. 합해봐야 두 자밖에 되지 않으니 세 칸을 채울 수가 없었다. 울음소리를 듣고 방에 들어온 어머니는 사연을 들으시고는 세 칸 중 가운데를 띄우면 된다고 알려주셨지만 나는 막무가내로 떼를 썼다. 이름을 바꿔 주지 않으면 울음을 멈추지 않을 듯 자지러지자 등짝을 후려치시면서 이름을 갑자기 어떻게 바꾸냐고 소리치셨다. 나는 악다구니를 하면서 '김둘이'로 바꿔 달라고 했다. 하지만 그 이름도 한자 뜻이 없으며 부르기는 더 애매하다는 걸 몰랐다. '김둘이'역시 아무 뜻도 없으며'둘이야'로 불려 '둘'일 때와 다를 바 없는 것이다.

세월이 한 참 지났을 때 나는 또 한 번 큰 충격을 받았다. 어느 교장 선생님께서 아들 동생 봤냐고 묻는 것이다. 집에 딸이 많은 걸 어찌 아시냐 여쭈었더니 예로부터 딸 많은 집에 아들을 보려고 '둘'이라는 글자를 쓰는 경우가 많다는 것이다. '둘러 둘러 다음에는 아들 낳으라'는 뜻의 부적^{符籍} 같은 이름이라는 것이다.

요즘은 한글 이름을 흔히 볼 수 있으며 '사람 이름 둘芐'이라는 내 이름 한자를 한글 파일에서도 찾을 수 있다. 게다가 이름 예쁘다는 소리도 더러 듣는다. 다들 예명인 줄 알고 있다가 실명이 이렇게 예쁘니 좋겠다고 부러워한다. 어쩌면 그 시절에 누군가가 내 이름을 고구려 식으로 멋지게 이름을 불러 주었더라면 나는 좀 더 씩씩 자랐을지도 모른다.

　　학생들이 자기 이름을 해체하며 고구려 식으로 이름을 바꾸고 있을 때 나도 이름을 쓴다. 김둘… 김록… 민록… 만들록… 민들레… 아, '민들레' 좋구나. 싱그러운 이름이다. 고백하자면 그날 나는 부모님보다 세종대왕님을 더 많이 원망했고 훈민정음을 저주했다. 나를 이렇게 만든 건 모두 훈민정음 탓이라는 게 여덟 살의 내 절대적 믿음이었기 때문이다.

　　허나, 훈민정음이 내게 가져다준 특이한 이름과 오늘 학생들과 글자 놀이하는 이 순간이 참 좋다. 만약 세종대왕이 곁에 계셨다면 나는 서슴지 않고 이렇게 말씀 올렸으리라.

　　"훈민정음을 고구려씩 이름으로 지어 드리겠사옵니다…. '곳간은금' 어떠하옵니까? '곳간은 금'이라는 뜻도 되고 '곳간에 은과 금이 많다'라는 뜻도 있사옵니다. 새로운 글을 곳간으로 보고 은과 금을 우리 백성으로 보시옵소서. 이 글 훈민정음으로 인해 우리 민족이 자손만대 빛날 것이옵니다."

한글을 사랑하는 노래

이향재

공학박사
건축시공기술사
건축품질기술사
충북 충주 출생

집현전 용마루 위 세종 임금 혼을 담아
천 지 인天地人 이십 팔자 한글의 기원 되니
어여쁜 어린 백성들 웃음소리 하늘 닿네

우주의 자음 모음   소리글자 으뜸 됨에
사투리 문화 되고   한자어도 한글 이라
우리글 사랑하는 마음 천둥처럼 요동치네

우리말 훈민정음   온 국민 심장 되어
천지와 소통하여   무궁화꽃 곱게 피니
억 만년 살아 숨쉬는 우리 민족 혈맥일세

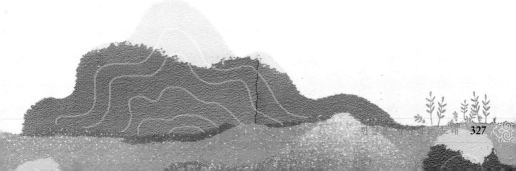

훈민정음 경매

박지빈

부산 토성초등학교 6학년 1반
제1회 전국 훈민정음독후감공모대회 최우수상
제51회 부산 어린이 글 잔치 (운문부) 은상
제10회 나라사랑 태극기 그리기·글짓기 경진대회 (글짓기 부문) 우수상
제28회 우체국예금보험 글짓기 대회 우수상

"전 세계에서 오신 신사 숙녀 여러분 이렇게 귀한 시간 내어 와주셔서 감사합니다. 그럼 지금부터 마지막 한글날인 2080년 10월 9일을 맞이하여 우리 대한민국의 문자였던 훈민정음의 경매를 시작하도록 하겠습니다."

경매가 시작되기 몇 시간 전.
회의실에선 말도 안 되는 주제로 소란스러워지고 있었다.
"아니! 우리의 모국어 훈민정음을 판다는 것이 말이 됩니까?"
"그게 뭐가 어때서요. 요즘 오염될 때로 오염된 모국어를 팔아 돈을 받는 것이 대세지 않습니까?"
이렇게 말도 안 되는 '훈민정음 경매'라는 주제로 회의실에서는 훈민정음을 지키려는 파와 팔려는 파가 서로 대립하고 있었다.
비속어와 신조어, 줄임말까지 너무 오염이 되어 복구를 포기한 모국어를 경매로 파는 '언어 마켓'이 요즘 유행이었기에 팔자고 하는 사람들이 많았다.

"아직 가치가 있을 때 팔아서 큰돈이나 벌자고요. 팔아도 우리 국민이 더 많이 쓰는 제2의 언어 영어가 있는데 무슨 걱정입니까?"

"맞아요. 미국과 친한 우리는 서로 윈윈(win win) 이지요."

"어째서?"

"우리는 미국과 친해져서 좋고, 미국도 그럼 영어를 쓰는 곳이 늘어나니, 돈을 많이 벌어 좋을 것이고, 그럼 우리나라도 같이 경제가 발전할 것 아니요. 그리고 아직까지 자기 나라 언어를 지킨다고 번거롭게 모국어와 영어를 다 사용하는 나라는 몇 안 된다오. 게다가 영어만 국어로 사용한다면 영어만 배우면 되니 수능을 치르는 수험생들도 얼마나 편하겠소?"

"암만 그래도 도를 지나쳤습니다. 어찌 세종대왕과 집현전 학자들이 피땀 흘리며 만들고, 우리의 선조들이 힘들게 지켜내었던 소중한 우리의 모국어를 팔겠단 말입니까? 저는 너무 분통이 터져 미칠 것 같군요."

"저 또한 그렇습니다. 저는 죽어도 반대입니다. 아니, 이 세상을 다 준다 해도 저는 반대할 것입니다. 훈민정음은 세종대왕께서 백성을 어여삐 여긴 진심에서 나온 언어입니다. 또한 우주와 세상의 이치를 담은 문자일 뿐만 아니라 소리 기관을 본떠 과학적으로 만들어졌습니다. 그 때문에 세계에서도 인정한 위대한 우리의 모국어인데, 어찌 다른 나라에 판단 말입니까?"

"이미 2000년대 우리의 선조들부터 시작하여 지금까지 그 소중함을 잊어버리고 온갖 비속어와 신조어를 만들어 내고 다 알 수 없는 줄임말까지 수없이 써왔습니다. 선조들이 먼저 그렇게 다했는데, 왜 우리는 한글, 아니 훈민정음을 지켜야 하지요? 계속 이렇게 오염 될 바엔 그냥 파는 게 났습니다."

이렇게 열띤 토론이 난무하는 가운데 휴대전화 문자음이 울렸다.

30분 뒤부터 훈민정음 경매를 시작하겠습니다.
경매일시 : 2080년 10월 9일 10시
위치 : 훈민정음 타워 5층 대강당 홀
많은 참여 부탁드립니다.

여기저기서 수군거리는 소리와 함께 팔려는 사람 중에 한 명이 말했다.

"그런데 여러분 이상하지 않습니까? 지금 우리는 경매를 할지 말지를 상의하기 위해 이 자리에 모인 것이었지 않습니까? 그런데 어떻게 벌써 경매 시작 문자가 온 것이지요? 일단 이 회의를 중단하고 대강당 홀로 가봅시다."

그렇게 회의하던 국회의원들은 부랴부랴 대강당 홀로 갔다.

국회의원들이 도착하자 대강당 홀의 빛이 한 사람을 비추었다. 그러자 그 사람은 이렇게 말했다.

"전 세계에서 오신 신사 숙녀 여러분 이렇게 귀한 시간 내어 와주셔서 감사합니다. 그럼 지금부터 마지막 한글날인 2080년 10월 9일을 맞이하며 우리 대한민국의 언어였던 훈민정음의 경매를 시작하도록 하겠습니다."

"안 됩니다. 이 경매를 멈추어주세요."

그는 이렇게 외치며 놀라 꿈에서 깨어났다. 꿈이 너무 생생한지라 그는 이런 일이 일어날까 봐 무서웠다. 그래서 그는 훈민정음을 보존하고 지키기 위해 법으로 발의했으며, 그 법은 통과되었다. 앞으로도 무수히 많은 일들로 훈민정음이 위기를 맞을 수도 있지만, 이렇게 법으로 발의하고, 지키려는 사람들로 인해 훈민정음은 영원히 우리의 자랑스러운 문자로 곁에 있을 것이다.

훈민정음 통일을 품다

송봉현

시인, 평론가, 수필가
전) 과학기술부 이사관
전) 국제Pen한국본부 감사
전) 한국문인협회 이사
「제8회 한국문학백년상」 수상 외 다수

인류가 문자를 발명한 것은 5천 년 전쯤이다. 우리말이 중국과 다른데 어려운 한자의 사용으로 일반백성 대부분은 문맹이었고 불편했다.

세종대왕의 훈민정음창제는 문자의 혁명이며 중국 측에서 보면 문자의 반란이었다. 최만리 등이 훈민정음 창제를 반대 한 것도 중국 거스름에 대한 반발로 보여 진다. 훈민정음 28자는 한글로 진화 해 자리잡아갔다.

일본강점기 한글(이후 한글=훈민정음) 말살정책은 우리나라 지우기였다. 유대민족이 박해 받아 세계에 흩어져 떠돌면서 구약과 신약에 담긴 언어를 지켜 2000년 후 나라를 세운 것은 문자와 국가의 연계성을 입증한다.

오늘날 훈민정음에 뿌리 한 한글은 컴퓨터 발명과 어깨동무한 전자정보처리에 자음과 모음을 결합한 논리 정연한 으뜸 글자로 평가 받고 있다.

현대 우리문학의 석학 이어령 교수는 컴퓨터 출현으로 한글의 전자정보처리과정을 보며 모음과 자음의 과학성에 기회 있을 때마다 찬탄 했었다.

영국의 언어학자 존 맨도 "한글이야 말로 모든 언어가 꿈꾸는 알파벳"
이라 했다. 독일 본대학 명예교수 한글연구가 알브레히트 후베는 "한글
은 묶여 있는 영웅"이라며 묶인 끈을 풀고 더 높이 날아오를 것이라고 예
견한다.

소리글인 한글은 세계 언어 중 가장 많은 발음을 할 수 있는 문자로 정
착했다. 훈민정음을 창제할 때에 소리 내는 목의 구조와 입술 혀 움직임
을 관찰하여 자음 열일곱(17)자를 창제했다. 모음 열한자(11)는 •(하늘) ㅡ
(땅) ㅣ(사람) 셋으로 우주를 담아낸 것이다. 하늘 땅 사람 셋을 펼쳐 모음
열한자로 하고 앞뒤로 자음을 결합하여 다양한 소리와 뜻을 나타낸다.

소리 나는 구강의 구조와 우주를 아울러 28자(현재 24자)의 훈민정음
발명은 세종의 문화정책이 피워낸 세계문자학 적 위대한 업적이고 우리민
족의 창의성을 드러낸 아름다운 꽃이다.

국립한글박물관을 찾아갔었다. 전시된 훈민정음해례본을 설명한 해설
사의 눈은 빛나고 목소리는 탱탱하여 눈과 귀를 쏠리게 했다. 우리가 접해
온 일반 책에서는 보지 못한 선비와 부녀들의 다양한 한글문장들을 전시
한 고귀한 장소다.

감탄과 감격에 젖어 구십여 분간의 견학을 마치고 나온 동료들은 "우
리들의 보배요 자랑인 한글을 너무 무관심으로 대하며 살았다."는데 공
감했다.

국제 Pen은 영국런던에 본부를 두고 153개국이 회원국으로 참여하고
있다. 국제Pen한국본부는 우리나라 여러 문학단체 중 전국적인 회원을 아
우르는 첫 번째 문학단체로 출발했다. 한국본부에서는 문화체육관광부와

지방자치단체 지원을 받아 「세계한글작가대회」를 개최하고 있다.

국내외 동포 작가 200-300명 정도씩 참여한다. 해외에서 활동하는 동포 작가는 15-17개국에서 참석하여 발표하고 토론한다. 한글과 한국문학을 탐구하는 독일인 일본인도 주제발표자로 선정되기도 했다. 몇 년 전부터 우리나라 노벨문학상 후보자 추천은 국제Pen한국본부가 맡아 하고 있다.

이 대회에서 수많은 작가와 문학교수 등 발표를 통해 한글문학이 조명되고 있다. 한글찬양 일색의 대회에서 독일인 주제발표자 알브레히트 후베는 한글창제과정에서부터 →16세기 초 훈몽자회→1933년 현재의 자음 모음 순서 확립과정을 탐구한 과정을 발표했다. 일제강점기 우리말 찾기 한글연구회 등은 독립운동과 대등한 반열이었다.

그는 먼저 세계문자 중 가장 뛰어난 문자라고 정의하고 있다. 그런데 뜻밖의 단점 지적에 정신이 번쩍했다. '영어 알파벳 컴퓨터자판은 33개, 한글은 67개,' 그래서 대용량 컴퓨터전산처리에서 한글이 영어알파벳보다 속도가 느리다는 것이다. ㄲ등 자음의 겹침 ㅒ등 모음의 변화 등까지 들여다보니 바른 지적이었다.

그럼에도 가장 많은 발음을 할 수 있다는 점과 앞으로 더 많은 아름다운 어휘를 만들어 갈 수 있는 잠재성에 대한 높은 평가를 곁들었다. 외국인으로서 한국학자 이상으로 한글을 탐구하여 몇 번 째 초대했는데 그때마다 새로운 내용을 발표해 왔다.

필자는 세계한글작가대회에 북한작가를 초청하자는 제언을 한 바 있다. 북한은 6.25 전쟁 때 최현배 말본을 가져갔다. 비행기→날틀(최현배) 식 우리말을 창안해 사용하는 북한이다. 코너 킥(모서리 차기) 등 수많은 순수

한글용어를 발전시키고 있다. 한국의 간판에서 시작된 외래어가 방송 등 언론까지 확산 되어가고 있는 한국과 대비하면 훈민정음창제에 바탕 한 한글과 말의 진화만큼은 북한이 앞서가고 있다.

'한글전용'은 한자배제 차원에서 선포 되어 문맹률을 80%에서 1%로 낮춰 세계에서 문맹률이 가장 낮은 나라다. 하지만 현실을 보면 일반백성들이 알아들을 수 없는 언어의 난무현상은 울적케 한다. 이는 훈민정음창제의 정신을 심히 훼손함이다. 제2의 국어 정화운동을 시작해야 할 때다.

그런 측면에서 순수한글 용어를 창안하며 사용하는 북한작가들을 세계한글작가대회 초청은 당연하고 자연스러운 일이다. 주최 측과 참여자들도 공감했지만 남북대결 장벽에 막혀 사그라진 불꽃으로 아쉽다.

유대인들이 까마득한 세월 떠돌다 세계2차 대전 뒤 자신들이 사용해온 고유 언어를 품고 와 이슬람진영 한 가운데에 나라를 세웠다. 600여만 명으로 출발 한 작은 나라지만 에워싼 아랍 적국들과 대결하며 첨단무기로 나라를 지켜 확장하고 있다.

2차 세계대전 마무리단계에서 미 소(러)강대국이 38선을 그어 조국이 분단됐다. 그로부터 풍토병 아닌 유럽에서 날아 든 좌. 우 이념바이러스로 70년 이상 상처와 분열 갈등을 겪는 비통한 상황이다.

희망적인 것은 남북이 훈민정음이 뿌리인 '한글'을 모국어로 구사하며 말과 문화의 동질성을 유지하고 있는 공통점이다.

시간이 걸리더라도 보편타당한 가치인 자유민주주의로 통합은 이루어질 것이다.

훈민정음이 통일을 품고 있기 때문이다.

이 또한 전하 책임이옵니다

전병제

㈜한얼경제사업연구원 대표
진천군 정책자문단 자문위원
전) (사)한국산업경제연구원 정책실장
전) 충청북도 도정자문단 자문위원
전) 청주시 도시계획위원

    민주주의의 요체는 특정 충돌 가치에 대한 50.1% 이상과 49.9% 이하 간 공존이라고 볼 수 있는데 서로 100%를 장악하겠다는 이루어질 수 없는 욕망으로 사회의 금도襟度는 실종되고 있다. 특히 어떤 정치적 이슈가 부상하면 즉각 세계 최고 수준의 IT 강국답게 SNS 커뮤니티에서는 가뜩이나 분단된 나라가 그나마 다시 두 조각이 날 듯한 기세로 세계 최고 속도와 물량의 저질스런 공방이 불꽃을 튄다.

    그런데 병이 의심가는 몇몇 커뮤니티나 악플러가 아니라면, 진영의 반목을 거의 찾아 볼 수 없이 일치단결하고 같은 겨레임을 서로 자랑스러워하는 청정구역이 있다. 예컨대 한류, 국방무기, 고구려·발해의 고토 회복, 명량·한산의 이순신, 중국 축구 돌려까기, 근자감 뿜는 일본 뭉개기 등이 그것이다. 이 중 단연 두드러져 거의 종교에 필적하는 충성심을 보이는 대상이 있다. 세종과 훈민정음(한글)이다.

과장이 아니다. 훈민정음의 탁월성과 세종의 전인성全人性을 조명하는 인문학 강의가 유튜브에 올려지기라도 하면 당장 수백 수천 개의 댓글이 달리는데, 세종은 교주이시고, 훈민정음은 경전이며 우리는 그 은혜를 입은 신도이옵니다, 하는 분위기다.

* 세종대왕님 당신이 스스로의 시력을 희생해 가며 만드신 훈민정음, 저 또한 당신의 백성 중 한 명으로서 늘 감사하며 살고 있습니다.
* 세종이 한국의 레오나르도 다빈치라고? 감히 다빈치 따위로 어디서 개소리를…
* 훈민정음이 없었다면 오늘날 한류가 있었을까요? 정말이지 세종대왕은 시대를 앞선 군주이자 백성의 어버이라고 해도 부족함이 없는 왕입니다.!!
* 세종대왕님 진짜 진짜 환생하고 또 하고 지구 멸망하고 새 행성 가시더라도 만수무강 하세요!! 인간사 지겨우심 하늘에서 천수 만수 누리세요. 정말 감사합니다!!
* 대왕 아닌 태왕이시다. 세종태왕 만세~! 대한민국 만세~! 훈민정음 만세~!
* 한글 없었어 봐, 일본처럼 한자 겁나 써야 했을 텐데, 내 머리 생각하면 끔찍함
* 한글이 세계 공용문자가 되기 위해서는 훈민정음 28자를 복원해야 한다.
* 천지인 키보드 시스템, 볼 때마다 놀랍다. 컴퓨터 언어도 한글 베이스로 만들자.
* 세계 최고 문자를 가진 나라에서 태어난 건 금수저로 태어난 것 못지 않은 행운
* 28개 자모가 거의 모든 소리를 담을 수 있다, 세종대왕은 외계인이었다!
* 신사임당이 5만인데 세종대왕이 1만이다. 뭔가 잘못된 듯. 하긴 이순신 장군이…
* 중국의 문화 도적질을 내다 보시고 "중국과 다르다"고 미리 못 박은 신의 한 수
* 국보 1호는 숭례문 아닌 훈민정음(해례본)이 되어야 한다.

이보다 더 국민과 사회와 의식마저 통합하는 구심점이 있을까? 단순 생활도구로서의 문자를 뛰어넘는, 세계가 부러워 하는 세종과 훈민정음의 또 다른 권능이다.

다만 여기서 사소한 문제가 하나 있다. 일상의 편의를 넘어 디지털과 인터넷 시대에 최적화한 성능이다 보니 간혹 옥의 티이듯 부작용이 발생한다. 이런 댓글처럼.

　* 한글이 (SNS상에서) 욕하기엔 정말 최고가 아닐까 싶다.

서두에서 본, 정치 이슈를 놓고 시전되는 욕 기반 저질 논쟁의 구동 엔진이 우리 한글일 수 있다는 의미다. 너무나 사용하기 쉽고 거기에다 온갖 생리적 발음들을 창조하다시피 표기할 수 있는 문자 체계이다 보니 생각이고 뭐고 다듬을 새 없이 혀 끝에 떠오르는 감정을 한자나 가나에 비해 일곱배나 빠른 속도로 즉각 배설할 수 있는 것이다. 실제로 어떤 이슈에 대한 한중일 네티즌들의 댓글을 비교할 때, 종종 선택 단어나 논리의 품위에서 우리나라가 밀리는 경향이 그 결과다.

이쯤 생뚱맞지만 호강에 겨운 투정이 생긴다. "언어 순화 또한 세종 전하의 책임 아니오니까?" 물론 전하는 빙그레 웃기만 하실 것 같다. 누가 이런 댓글을 남겼다.

　* 그저 편안케 하고저 할 따름이니라 하셨죠. 흐뭇 하시긋죠^^ 쿨한 냥반임

생각해 보니 시중의 장삼이사가 부조리한 권위에 대해 자유롭게 욕하는 한글 사발통문이야 말로 진정한 민주주의의 시초이기도 하겠다. 한자와 가나로서는 도저히 구현 못할 경지다. 평생 살면서 우리 찰진 욕에 자부심을 느낄 줄은 몰랐다.

세종대왕의 애민정신

정춘미

의정부시 건강지원센터
2014년 의정부시 문예지 당선
2019년 크리스천 문학나무 등단
2020년 전국 꽃 시화전 서울시의장상
2021년 다선문인협회 수필 금상

제 뜻을 능히 펴지 못하는 백성을 가엽게 여겨 쉽게 쓰고 익힐 수 있는 글자 만들어 백성이 편히 제 뜻을 표현하며 살 수 있게 하신 세종대왕의 그 깊고 거룩한 마음이 지금에 대한민국을 세계 으뜸으로 만든 발판이 되어 우리가 잘살고 있는지도 모른다. 알파벳은 26개 한글과 같은 소리 문자이고 조합도 쉽지만, a라도 위치에 따라 발음이 다르고 나라별로 음이 다른 단점이 있지만, 한글은 하나의 글자가 하나의 소리만 갖는다. 어휘 조합 능력도 가장 다양하다. 세계적 언어학자들은 한글이 배우기 쉽고 과학적이어서 세계 문자 중 가장 으뜸이라고 말한다. 지구상에서 독창적이고 진보적인 글자로 인정한다.

훈민정음은 음성 공학적 문자여서 세계 언어를 다 표현할 수 있다. 그 옛날 세종대왕이 만드신 훈민정음이 얼마나 과학적인가 하면 휴대전화로 문자를 보낼 때 한글은 5초면 가는데 중국이나 일본 문자는 35초 걸린다는 비교가 있다. 한글 입력 속도가 그만큼 빠른 덕분에 우리가 인터넷 강국이 됐다고 할 수 있다. 수백 년 후를 내다본 세종대왕이 얼마나 자랑스러운가. 이 자랑스러운 대왕 후예답게 대대손손 후손을 위해 지금 우리가 누리고 있는 세계자리에서 밀려나지 않게 열심히 일하며 성실하고 정직하게 세계 여러 민족에게 존경받는 그런 대한민국으로 거듭나길 빌어본다.

훈민정음 자음은 인체의 발음기관을 본뜬 것이고 훈민정음 모음은 천·지·인 삼재를 음양오행의 원리에 따라 배치해 만들었다는 것이 명백해졌다. 훈민정음 반포는 세종대왕의 뜻을 기리기 위한 기념일로 10월 9일로 정해졌고 2005년 국경일로 승격하고 2013년 공휴일로 지키고 있다.

세종대왕의 능인 영릉은 경기도 여주에 자리 잡고 있다. 훈민정음 창제된 지 578년이고 반포된 지 올해 576돌을 맞이했다. 우리나라 역사 인물로 세종대왕과 이순신 장군을 뽑는 이유 중 제일 첫째가 백성을 위한 애민정신 때문일 것이다.

훈민정음은 백성을 가르치는 바른 소리라 했다. 이 깊은 뜻을 생각해서 바르게 살아가는 대한민국 국민으로 우리 모두 힘을 합해 이 나라를 빛내 봅시다.

훈민정음이 있다

서광식

전) 언론사 편집국장
전) 한국경제 부장
한국문인협회 문학치유위원
국회 시낭송 지도자
황금찬 천료로 문예운동 통해 시인등단

백성을 가르치는
바른 소리….
우리에겐,
'훈민정음'이 있다
1446년 10월 9일 반포,
한글 덕에 576년 살았고
또 만 년을 살리라
훈민정음 해례본은
유네스코에 등록됐다.
다른 문자에 없는
창제 정신을 기록한 서문이 있고
또 제자원리 등이 심히 과학적이어서란다.
광화문 세종대왕 동상에
머리 조아리자

한글은 배우기 쉽고 감정표현 또한 넓고 깊어 신령스럽다.

그렇게 모든 외국어를 압도한다.

OECD 예측대로 21C는 문화·예술의 시대 ---

그걸 한글이 앞장선다.

디지털시대에도 한글은

안성맞춤, 4G, 5G 시대에

더 두각 보일 것이다.

글자안보 시대다

각국이 한국어과를

설치하고 동남아,

아프리카 일부에서는

국어화 설도 나온다.

언제부턴가 우리는

TV에서 한국어가 자유로운 외국 젊은이들을 본다.

노래와 춤, 영화로 한글이

세계를 휩쓴다.

훈민정음이 지구촌

가르치는 바른 소리

될 날 멀지 않았으리

모든 길이 로마로 통했듯 한국이 지금 그렇다.

한국엔 훈민정음,

한글이 있다.

훈민정음은 우리의 뿌리

조우현

민숙식물원 한국약초산업학교 이사장
(사) 한국민속식물생산자협회 회장
민속문학종합예술인협회 회장
한국석부작문화총연합회 회장
민속식물 보존협회 고문

인간의 존엄성과 존재감은 어디에서부터 시작되는 것인가? 문명의 발달함에 밀려가듯 첨단의 시대가 점령 해옴으로써 각박해지는 삶의 연장이다 보니 어느 누가 가장 소중한 사람이었는지 어느 것이 가장 소중한 것이었는지 망각하며 살아온 것이다. 훈민정음의 뿌리 우리의 글과 언어를 소중하게 생각하며 살아가는 사람이 얼마나 될까 생각해본다.

많은 사람의 생각은 물질이요 명예와 지위라고 착각 속에 살아가는 사람이 대부분이다. 하지만 그것은 결코 아니다. 부강한 나라의 언어와 글을 보라 1개국 언어가 세계의 공통어로서 자리 잡은 지 오래되었으며 세계를 지배한 것이 현실이다. 우리나라에서도 역시 영어를 못하면 낙오자라도 되는 것처럼 죽기 살기로 영어를 배우며 배우게 한다. 만약에 우리의 언어와 글이 없었다면 어떻게 되었을까? 고민을 한 번이나 해본 사람이 얼마나 될

지 의문스럽다. 어느 나라의 글과 비교해도 그 우수성은 이미 검증된 정황은 많이 있다.

세종대왕께서 창제하신 글자(문자)인 훈민정음은 오늘날 우리나라가 반석 위에 올라서게 된 근본이며 뿌리다. 우리가 세계의 주목을 받는 상위권 나라의 백성으로 자랑스럽게 생각해야 한다는 것이다. 제자원리와 운용법 등을 설명한 한문 해설서로 훈민정음 원본에 해당한다는 것이 얼마나 위대한가? 자랑스럽게 생각하지 않을 수가 없다. 크게는 본문인 〈예의例義〉와 해설서인 〈해례解例〉로 구성되어 있다는 것이다. 오늘날에 있어 국보 제70호로 지정되어 있으며 세계 유네스코에 기록유산에 등록되어 있다는 사실이다. 유네스코에 기록된 다른 국가의 문자가 얼마나 되는가?

1443년 음력 12월에 창제되어 1446년 음력 9월에 반포된 훈민정음은 오늘날 우리에게 있어 축복이며 위대한 탄생이다. 시대의 변화에 따라 걸맞은 산업화 시대의 한 축을 지탱하며 어느 나라 누구도 모방할 수 없는 우리만의 영원한 자원이라 할 수 있다. 산업디자인에서도 문자 산업의 시장은 무한 큰 시장이 우리 앞에 있다. 그저 늘 우리가 사용하는 우리만의 글자(문자)를 다양한 방법으로 디자인하여 산업화할 수 있다는 큰 장점은 우리의 자랑이 아닐 수 없다.

이렇게 자랑스럽고 위대한 한글을 얼마나 깊이 생각하며 살았는가 생각해보자! 나부터도 내가 잘나 잘 먹고 잘산다는 착각 속에 살아온 것을 부정할 수 없다. 요즘에 사용하는 글과 언어는 도무지 알아들을 수도, 이해할 수도 없는 문법들이 난무한다. 아무리 빨리빨리 하는 시대라 하더라도 아름다운 우리 말만은 제대로 써야 할 것이다. 변절 되어 가는 우리의 소중한 글자(문자)를 우리 스스로가 알아듣지 못할 정도라면 심각한 한글 훼손이며 부끄러운 것이다. 이제부터라도 우리의 근본이며 뿌리인 역사의 숨소리 한글을 올바르게 사용하고 자랑스러운 훈민정음의 씨앗 언어까지 소중하게 생각하는 계기가 되어야 할 것이다. 그때 비로소 우리는 진정한 훈민정음의 뿌리 대한민국 후손으로 자긍심을 가질 것이다.

훈민정음은 모든 풍경이다

윤정미

(주)대한제품조합 대표
사단법인 훈민정음기념사업회 특별회원
훈민정음 건강식품 명장
경기 방송 '제6회 경기 경제인 대상' 소상공인
훈민정음 해설사

우리나라에 여름 냇가라는 동요가 있다.

시냇물은 졸졸졸~졸 고기들은 왔다 갔다~
버들가지 한들한들 꾀꼬리는 꾀꼴꾀꼴~

어릴 때 따라 부르고 들었던 노래들이, 상상으로 지금은 시냇물이 그려
지고, 고기들이 보이며 버들가지의 한들거림, 꾀꼬리의 울음까지~ 글자를
쓰면서 풍경을 상상하기까지 우리나라의 글 훈민정음은 놀라지 않을 수
없다.

세상 어디의 글에서 1,100개의 소리가 글자로 가능할까?

"쓰기에 갖추지 않는 소리가 없다. 따라서 어떤 경우라도 두루 통하고 바

람 소리와 학의 울음소리와 닭 홰치는 소리와 개 짖는 소리까지도 모두 적을 수 있다."

세계의 무수히 많은 소리와 문자들이 있지만 유일하게 발음 기관을 본떠 만든 문자가 바로 훈민정음이다. 훈민정음은 소리글자로 인체의 발음 기관 모습을 본떠 만들었기 때문에 누구나 쉽게 깨우칠 수 있다. 백성들이 말을 할 수 있어도 글을 알지 못하는 것을 안타깝게 여겨 세종대왕 25년 1443년 12월에 훈민정음을 창제하고 1446년에 반포하셨다. 또한, 훈민정음은 신비로운 문자로 세계 문자 가운데 유일하게 문자를 만든 사람과 창제일을 알고 글자를 만든 원리까지 알기 때문이다.

미국의 여류작가 '펄 벅'은 한글은 전 세계에서 가장 단순한 글자이며 가장 훌륭한 글자라고 말했다.

1997년 10월에 유네스코 세계기록 유산으로 지정된 우리나라 글자 훈민정음이 대한민국을 빛내는 글자로도 빛나길 바란다. 백성을 가르치는 바른 소리라는 뜻의 훈민정음이, 언어는 있으나 글자가 없는 세계 나라 중의 글자가 되길 기대한다.

세계 인구 77억 5395여 명의 인구 중 4천 800여 개 언어와 191개 국어를 사용하고 있고 약 1천여 개 미만의 언어만 고유 문자를 쓰고 있다. 세계의 나라 중에 인도네시아에 있는 인구 8만여 명의 소수 민족 찌아찌아족 역시 언어는 있으나 언어를 표현할 문자가 없어 한글을 공식 문자로 채택했다. "한글 수출 1호"인 찌아찌아족이 한글을 문자로 사용한지는 벌써 13년이 되었다. 찌아찌아족 언어 사전이 발간될 예정인데 단어와 뜻을 한글 소리로 표기하는 방식으로 제작될 예정이라고 하고 "찌아찌아에 만들어진 한글 학교"에서는 한글 수업과 한글문화 체험 활동을 진행할 예정이라는 소식을 들었다.

찌아찌아족에 이어 남미 볼리비아 아이마라족도 우리나라 글자를 2010년 7월 시범교육으로 시작되어 상당한 진전을 보인다고 한다. 이처럼 6천 800여 개의 세계언어 가운데 13번째로 많은 7천 500만 명이 사용하고 있다고 하며, 그중 공용어로 글자를 쓰는 나라도 상당수라고 하니 훈민정음을 창제하신 세종대왕께 감사와 함께 자긍심을 갖게 된다.

훈민정음이 세계에서 빛나는 글자가 되며 ㈜대한제품조합으로 훈민정음기념사업회에서 수여해 준 30년 건강식품 훈민정음 명장으로, 순수 우리나라 토종 재료만 사용한 정직한 원료, 정직한 제품으로 대한민국 국민과 세계인의 건강을 내 몸같이 생각하여 77억 5395여 명의 모든 인구가 글자로 자신의 삶을 표현하며, 더 많은 배움과 발전 있는 삶을 살기를 기대한다.

사람의 "행복"은 생활에서 충분한 만족과 기쁨을 느껴 흐뭇함과 그러한 상태라 한다. 인간은 전 세계인 누구나 행복을 추구하며 살고 있고 행복할 권리가 있다. 하지만 글을 모르고 배우지 못해오는 불이익과 말로 하지 못하는 감정표현을 글로 할 수 있고, 건강할 때 건강 지키는 건강식품으로 나를 만들고 다듬으며 건강하면 행복의 첫걸음으로 되지 않을까 생각하면서 세계 속에서 우리 대한민국 문자의 수출과 건강식품의 수출로, 세계인이 행복해지는 권리를 누리기를 기도드린다.

신이 내려 주신 완벽한 글자

이희복

작가
국제펜한국본부 이사
한국문인협회 회원
한국기독시인협회 이사
현대수필 운영이사

백성을 가르치는 바른 소리라는 뜻의 훈민정음을 만들어 반포하면서 세종대왕은 생각을 이렇게 요약하였다.

'나라의 말이 중국과 달라 문자와 서로 통하지 아니하므로 이런 까닭으로 어리석은 백성이 이르고자 할 바가 있어도 마침내 제 뜻을 능히 펴지 못하는 사람이 많노라. 내가 이를 위해 가엽게 여겨 새로 스물여덟 글자를 만드노니 사람마다 하여금 쉽게 익혀 날마다 쓰는 것이 편안케 하고자 할 따름이니라.'

지구상에 수많은 민족과 언어 가운데 스스로 문자를 가진 민족이 채 서른도 되지 않는다. 그 가운데 대개는 영문 알파벳을 빌어 표기한 경우가 많아서 우리 한글의 독창적이고, 독특함과는 비교가 되지 않는다. 그리고 한글과 다른 문자를 비교하면 근본적인 차이가 나타난다. 1446년에 나온 한글의 원전인 『훈민정음』을 보면 다음 사실을 알 수 있다. 훈민정음은 어떤 세계관, 즉 성리학 내의 음양오행 우주론을 바탕으로 새로 개발된 문자지만, 다른 문자는 오랜 사회적 합의로 사용되면서 형성되었다는 것이다.

널리 사용되고 있는 로마자를 하나의 예로 들면 그 문자는 아무런 세계관과 관련이 없다는 사실이다.

이러한 글자를 만들었던 이유가 '어린 백성의 불편함'을 알았기 때문이며, 모든 백성이 글을 쉽게 배워 쓰면서 편안하길 바랐던 것이었다니, 정말 놀라울 따름이다. 이것이 왕의 가없는 '백성사랑'의 진심이 아니고 무엇이 겠는가. 더구나 신하들의 격렬한 반대를 예상한 왕이 훈민정음을 거의 혼자서 만들었다고 한다.

이렇게 탄생한 훈민정음은 다른 글과 다르게 최고 권력을 가진 왕이 신하들의 반대를 무릅쓰고, 백성들을 사랑하는 왕의 절절한 마음을 담아서 만들었으니, 어느 문자가 이와 견줄 데가 있겠는가. 그 사랑으로 우리나라는 세계에서 문맹률 1% 미만의 유일한 나라가 되었고, 영국 옥스퍼드대학이 세계의 모든 문자를 놓고 합리성, 과학성, 독창성 등의 기준으로 순위를 매긴 적이 있는데 당당히 한글이 1위를 차지했으며, 문자를 보낼 때 한글이 중국과 일본보다 일곱 배나 빠르다니, 이것이 바로 기적이 아니고 무엇이겠는가.

그래서 훈민정음은 세상에서 유일하게 성경 말씀과 사랑하고, 아파하고, 그리워하며 감사하는 등 인간의 감정과 희로애락, 그리고 우주 만물의 자연현상과 모든 생명체의 생로병사를 섬세하고 아름답게 표현할 수 있는 인류역사상 가장 합리적이고, 과학적이고, 독창적인 신이 내려 주신 우리 민족의 축복이며, 자랑인 완벽한 글자이다.

훈민정음 노래 발표하던 날

이미선

훈민정음 해설사
전) 제일약품주식회사 노동조합위원장
전) 노총용인지부여성부장
전) 용인피렌체2차아파트 부녀회장
어린이집 교사

2022년 10월 6일 목요일 사단법인 훈민정음기념사업회 사무실로 훈민정음 전통 서각 명장으로 선정되신 성기태 박사님과 문하생들께서 오셔서 〈훈민정음 노래〉 서각 작품을 증정하셨다. 서각의 전통적인 아름다움과 현대적인 미를 더하는 독특한 작품을 보고 감탄을 아니 할 수 없었다. 사단법인 훈민정음기념사업회의 특별회원으로서 감사한 마음을 전한다.

설레는 마음으로 간 경기아트센터에서 새로운 꿈과 비전을 위한 천사들의 합창 공연 중 처음으로 박재성 사단법인 훈민정음기념사업회 이사장님이 작사, 오병희 작곡 〈훈민정음〉노래를 아가페콰이어 선교 전문합창단(단장 노영아)의 목소리로 들었다.

훈민정음 노래

(1절) 삼천리 금수강산 터전을 잡고 / 반만년 오랜 역사 이어온 겨레
거룩한 세종대왕 등극하신 후 / 무지한 백성들을 어여삐 여겨
새롭게 만든 문자 훈민정음은 / 누구나 쉽게 배워 쓸 수 있다네

(2절) 천지간 음양오행 원리에 기초 / 천문도 이십팔 개 별자리 같이
자모음 이십 팔자 글자의 모양 / 볼수록 아름답게 자연을 담은
신비한 창제원리 훈민정음은 / 수많은 글자 중에 으뜸이라네

(3절) 하늘땅 사람의 도道 이치를 담고 / 대우주 기운 품은 하늘의 소리
세상의 온갖 소리 쓸 수 있기에 / 새 세상 밝혀주는 스물 여덟 자
위대한 소리글자 훈민정음은 / 세계화 물결 속의 으뜸이라네

노래가 끝나고 가슴이 뭉클해지면서 감동이 밀려왔고 뜻깊은 시간을 같이할 수 있음에 감사하였다. 청중들도 큰 박수로 환호하였다.

공연이 끝나고 공연관계자에게서 사단법인 훈민정음기념사업회가 뭐하는 곳이냐는 질문을 받았다. 바로 대답을 못 하다가 "훈민정음의 현대성은 빠르고 번쩍이는 빠른 활용성과 시대와 국경을 넘나드는 상상력의 불꽃이 번뜩이는 보편적이고 문화적이며 실용적인 문자로서의 장점을 지녔다는 것을 만장에 알리고 훈민정음기념탑을 건립하여 세계 문자의 이정표가 되게 하여야 함을 알리는 일을 합니다"라고 설명하였다.

오늘은 10월 9일 한글날이다.

어떤 기념일이든 최초의 탄생일을 기념하는 것이 상식이다. 그런데 오늘날 기념하는 한글날이 제정된 것은 1945년 독립이 된 이후 10월 9일에 한글날 행사를 진행하였고 정부가 공휴일로 선포한 것은 1970년 6월 15일, 대통령령으로 '관공서의 공휴일에 관한 규정'을 제정·공포하여 공휴일로 정하면서부터라고 한다. 정부가 한글날로 정한 10월 9일은 한글 창제일도 아니고 한글 반포일도 아닌 집현전 학자 정인지가 훈민정음 해례본 서문을 쓴 날짜를 율리어스력(Julian calendar)을 기준으로 하였다고 한다. 그레고리력(Gregoriancalendar)은 현재 세계적으로 통용되는 양력으로, 1582년에 교황 그레고리오 13세가 율리우스력을 개정하여 이 역법을 시행했기 때문에 그레고리력이라고 하는데, 우리나라는 "천문역법을 통하여 계산되는 날짜는 양력인 그레고리력을 기준으로 하되, 음력을 병행하여 사용할 수 있다.(천문법 제5조 ①항)"고 법으로 정하고 있다.

그래서 법에 맞지 않을뿐만 아니라 한글을 창제한 날도 아니고, 반포한 날도 아닌 〈훈민정음해례본〉을 작성한 날을 한글날로 정하는 것은 이치에 맞지 않다고 생각한다. '한글날'은 조선왕조실록의 기록에 따라 음력을 따르든지 양력으로 한다면 창제일인 12월 30일로 변경되어야 하지 않는가? 〈훈민정음해례본〉이 완성된 날짜보다는 훈민정음 28자가 최초로 세상 밖으로 나온 창제일인 1443년 음력 12월 30일을 그레고리력의 양력으로 환산한 1444년 1월 28일이 훈민정음의 생일이 되어야 할 것이라고 생각한다.

세종 25년 되던 1443년 섣달 그믐날의 세종실록 기록에 '이달에 임금께서 친히 언문 스물여덟 자를 창제하셨다. (중략) 이것을 훈민정음이라고 한다.'라고 간단히 기록되기에는 너무나 위대한 한민족의 대 역사적 사건을 넘어선 인류 문자 사에 있어서 전무후무한 커다란 획을 그은 것이다. 그래서 세종대왕이 만드신 것은 한글 24자가 아니고 훈민정음이고 28자라는 것을 제대로 가르치고 바르게 알려야 할 것이다.

그리고 우리 대한민국이 세계에서 가장 자랑할 수 있는 위대한 문화적 자산인 훈민정음을 기념하는 탑이 세계 문자의 이정표가 될 수 있도록 온 국민의 정성으로 건립되기를 기대한다. 그러면 관광 대국으로서의 위상도 높일 수 있게 될 것이고 천년 후를 내다보는 문화유산을 후손에게 물려준 선견지명의 조상으로 역사는 기록할 것이라고 확신하기 때문에 훈민정음을 전 세계에 알릴 수 있는 훈민정음기념 탑이 하루라도 빨리 건립되기를 바래본다.

훈민정음 사랑, 나라 사랑

장호병

(사) 한국수필가협회 명예 이사장
계간 문장 발행인
(사) 한국수필가협회 이사장 역임
전) 대구문인협회장
수필집 『웃는 연습』, 『너인 듯한 나』, 『눈부처』 등 다수

훈민정음은 20세기에 들어 한글로 불리어졌다. 취학 전 그 한글 처음 깨우칠 때의 기쁨이 기억에 생생하다.

닿소리 열네 자를 가로로, 홀소리 열 자는 세로로 하여 조합된 "가갸거 겨고교······"를 천자문 외듯 기다란 꼬챙이로 짚어가며 소리 내어 읽었다. 받침연습을 조금만 하였는데도 웬만한 글씨는 다 읽고 쓸 수 있었다. 천자 문은 복습으로 외우기만 했지 책 밖을 벗어나면 글자를 구분하기도 어렵 고 쓰는 일은 더 어려운 일이었는데 말이다.

요즘 아이들은 유치원 들어가기 전에 낱말 카드나 길거리의 간판을 보 고 한글을 다 깨우친다. 이것은 한글이 쉬워서라기보다는 음성학에 근거 한 문자의 조립이 단순하면서 매우 과학적이기 때문일 것이다.

지구상에 7천4백여 종의 언어가 존재한 것으로 알려졌다. 교통 통신의 발달로 잦은 왕래와 교역 때문에 경쟁력이 약한 언어는 점차 퇴출당하여 현재는 6천여 종이 사용되는 것으로 파악된다. 이마저도 2050년까지는 90%가 사라질 것으로 전망된다고 한다. 문자를 갖지 못한 언어의 소멸 속도가 빠를 수밖에 없다. 문자를 갖춘 언어라고 안심할 수만은 없다. 382종 문자 중 현재 사용되는 문자는 28종에 불과하다.* 훈민정음이 창제되지 않았다면 한국어 또한 소멸의 위기에서 벗어날 수 없었을 것이다.

훈민정음 창제 당시로 시계를 돌려본다.

표의문자인 한자는 강희자전에 4만 6천여 자가 수록되어 있고 시대변화에 맞추어 더 만들어지기도 한다. 평생을 공부해도 글자를 익힐 시간이 모자란다. 경제적 여유가 있는 양반의 자제나 두뇌가 명석한 젊은이가 아니고서는 엄두조차 내기가 어려웠다. 백성 누구나 자신의 뜻을 펼 수 있는 문자를 창제하겠다는 뜻을 세운 것만으로도 세종대왕은 성군임이 틀림없다.

당시 조선 선비들에게는 훈민정음이 오히려 너무 쉽다는 이유로, 누구나 금방 깨우칠 수 있어 한나절 글 또는 언문이라 하여 낮추어 보았다. 그 언저리에는 새로운 식자 그룹이 탄생할 것을 염려한 때문이 아니었을까. 예나 지금이나 기득권 사람들은 그 진입장벽을 견고히 하는 데 몰두한다. 글자 깨우치기에 오랜 시간이 걸리지 않았으니 남은 시간을 심오한 내용의 학문 연구에 시간과 열정을 쏟았어야 했다. 지도급 선비들의 악의적 폄훼를 물리치고 조정에서 과거 시험 답안지를 훈민정음으로 작성하게 하였더라면 우리나라의 학문은 더 심오해졌고 세계적 학자들이 줄을 이어 나왔을 텐데. 앞날을 내다보지 못한 일은 내심 안타까운 일이다.

---

* http://www.k-today.com/news/articleView.html?idxno=1211

한국의 문맹률이 세계 최저치를 기록하는 데는 훈민정음이 낳은 한글 덕분이다. 유네스코는 1989년 세종대왕상을 제정하여 인류의 문맹 퇴치에 이바지한 단체나 개인에게 매년 시상하고 있다. 그리고 1997년에는 『훈민정음 해례본』을 세계기록유산으로 지정하였다. 평소 공기나 물의 중요함을 잊고 살듯 정작 국내 생활에서는 한글을 있게 한 훈민정음에 고마움을 느끼는 사람이 거의 없다.

한글은 음소문자로 세계에서 가장 많은 소리를 문자로 표현할 수 있다. 특히 컴퓨터나 스마트폰에서의 문자입력 속도가 어떤 언어보다 편리하고 빠르다. 우리나라가 IT 강국이 된 것은 많은 양의 정보를 신속하고도 다양하게 처리하고, 기록 전달할 수 있었기에 가능했다. 한글이 정보화 시대에 가장 적합한 문자임을 세계인들이 주목하고 있는 이유이다.

한글은 문자를 통한 경험과 지식, 사상, 문화의 축적과 배분을 가장 빠르게 순환시킬 수 있게 했다. 누구나 이런 콘텐츠의 생산자가 될 수도, 수혜자가 될 수도 있는 세상이 되었다. 그 중심에는 이런 문화 환경에 가장 적합한 한글이 있었다. 콘텐츠는 다른 콘텐츠와 결합하면서 또 다른 콘텐츠로 융합되어 실시간 분배와 소비가 이루어졌다. 이런 창의성의 선순환이 음악이나 영화, 드라마 등 문화 분야 전반으로 확대 재생산되면서 K-Pop, 한류 열풍을 만들어나가고 있다.

과거에는 국제관계에서 군사력이나 정치력이 영토확장에 큰 변수로 작용하였다. 교통 통신의 발달과 여행 자유화의 바람을 타고 문화유적, 자연환경 등이 주목을 받더니 이제는 문화 콘텐츠가 디지털 영토확장의 주역이 된 것을 실감한다. 세계인들의 주목을 받는 우리의 문화 콘텐츠 이면에는 훈민정음이 낳은 한글의 기여가 컸음을 부인할 수 없다.

　"自動車 자동차 engine 엔진 ちょうしぞ시 좋다"는 것과 같이 한글은 4개국어를 섞어 써도 전혀 어색하지가 않을 만큼 전혀 다른 언어와의 결합이 자연스럽다. 다른 문자와 결합하여 번뜩이는 기지를 발휘하는 데도 탁월하다.

　　일어서自! (서울의 버스나 전철역에 부착된 광고문)
　　중소 企UP (서울도시철도공사의 광고문)
　　스타夜 놀자! (서울동물원의 광고문)
　　중랑천愛 놀자 (중랑천 광고문)

　한국어나 한글은 외국어와의 혼용이 자연스러워 외국어에 의해 훼손되기도 쉽다. 기발함, 표현의 자유를 광고에서까지 간섭하는 것은 심할 수도 있다. 하지만 한국어의 순화와 사용에 모범을 보여야 할 국가기관은 이 문제에 좀 더 신중해야 한다. 광고 문안을 쓸 때나, 새로운 제도나 용어를 만들 때 아름다우면서 이해하기 쉬운 우리말을 사용하도록 노력해야 할 것이다.

　홈리스homeless는 물론 어반 테라스urban terrace, 트라이 아웃 센터 tryout center, 시니어 패스senior pass, 문탠로드moon-tan road, 마린시티 marine city 등의 생소한 외국어를 국가기관에서 행정용어로 사용하고 있는 것은 문제다. '시니어 패스' 보다야 '어르신 교통카드'가 훨씬 이해하기 좋은 말이 아닌가. '타슈'는 외국어처럼 들릴지도 모른다. '타십시오'란 뜻의 충청도 사투리로 대전시가 시민들에게 무상으로 대여하는 자전거를 이른다.

처칠은 미래의 제국은 정신의 제국이 될 것이며 언어가 패권의 중심이 될 것이라고 말했다.

음악 영화 드라마 등 한류 콘텐츠에 힘입어 한국어는 세계인들의 귀에 친근한 언어가 되어가고 있다. 세상 거의 모든 소리를 표현할 수 있는 한글은 이미 찌아찌아족과 체팡족, 라후족의 언어를 한글로 표기하고 있다. 또 100여 나라에서 운영되고 있는 한국어 학당이 2천여 곳에 이른다니 언어 패권 국가를 꿈꾸어 봄 직하다.

어느 나라든 국어교육 정책이 있다. 한국인이라면 피부색이 어떠하든 한국어를 구사할 수 있어야 한다. 한국어는 소통을 위한 도구이자, 한국 사회의 문화를 담아내고 한국인으로서의 사고의 틀을 형성함으로써 사회 통합을 이루어 내게 한다. 국어 방치는 한국인으로서의 정체성 확보를 위해서나 사회통합을 위해서나 결코 바람직하지 못하다.

자신의 문자를 가진 언어가 세계에서 몇이나 되랴. 가장 과학적인 글자, 훈민정음을 사랑하는 일은 한국인의 책무다.

나와 훈민정음의 인연

김제홍

강릉영동대학교 교수
제15대 강릉영동대학교 총장 역임
전) 강릉영동대학교 교학처 처장
전) 강릉영동대학교 전기과 교수
훈민정음 해설사

세계 최고의 문자인 훈민정음에 대한 국민의 소리를 담는 『108인의 훈민정음 글모음』에 참여할 수 있도록 기회를 주신 사단법인 훈민정음기념사업회에 감사를 드리며 같이 할 수 있어 대단히 영광스럽게 생각한다.

나는 대한민국 사람이라면 누구나 할 것 없이 훈민정음이란 무엇인지에 대해 기본적인 소양으로 알고 있어야 한다고 생각한다. 훈민정음이란 표준국어대사전에 의하면 백성을 가르치는 바른 소리라는 뜻으로 1443년에 세종대왕이 창제하고 1446년 반포한 그 당시의 공식 명칭이며 우리나라 글자를 이르는 말이다.

세종대왕이 밝히신 훈민정음 창제 이유는 "우리나라의 말이 중국과 달라서 한자와 서로 통하지 못하며 이런 까닭으로 어리석은 백성이 말하려고 하는 바가 있어도 마침내 제 뜻을 펴지 못하는 사람이 많은데 이것을 딱하게 여겨 새로 스물여덟 글자를 만드노니 모든 사람들로 하여금 쉽게 익혀서 날마다 쓰는 데 편하게 할 따름이다"라고 하셨다.

즉, 훈민정음 창제 전 우리 민족은 한자의 음과 뜻을 빌려 우리말을 표기했었기 때문에 먹고살기 바쁜 백성들은 배울 틈조차 없을 만큼 너무 어려웠고 복잡했던 글자를 사용하고 있었다. 이를 가엾게 여긴 세종대왕이 백성들이 쉽게 읽고 자신의 의사를 표현할 수 있는 우리나라 문자를 창제하였으며 우리말의 특성을 충분히 반영할 수 있는 새롭고 독창적인 매우 위대한 문자로 탄생시켰다.

전 세계 2,900여 종의 언어들 가운데 유네스코에서 최고의 평가를 받고 있는 언어가 바로 우리글 훈민정음이다. 세종대왕이 창제한 훈민정음은 세계에서 가장 과학적이고 합리적인 문자로 알려져 있으며 세계문자사상 매우 진보된 글자로 평가를 받고 있다고 한다.

이토록 우수한 우리글 훈민정음을 세종대왕이 창제하는데 나에게 17세 선대인 김담 할아버지께서도 주요 인물로는 평가를 받지 못하고 있으나 집현전 학사로 계시면서 참여하신 것에 큰 자부심을 느끼고 있다. 어릴 적 할머니께서 선대 조상들의 자랑스러운 업적을 옛날이야기처럼 말씀해 주셔서 이미 알고는 있었다. 그러다 우연한 기회에 훈민정음 해설사를 공부하게 되면서 인터넷 조회를 하면서 실제로 조선 세종대왕 때 관직을 하신 김담 할아버지께서 집현전 학사로 계시면서 훈민정음 창제에 참여하셨다는 것을 사실로 확인하게 되었다.

경상북도 안동과 영주가 세거지世居地인 예안(선성)김씨 제10대조 김담金
淡(1416년 12월 ~ 1464년 7월 10일)은 조선 전기의 문신, 유학자, 수학자,
천문학자이며 27대 후손인 나의 직계 조상이다. 조선 시대 사헌부 장령 등
을 거쳐 중추원 예하 중추원사 등을 지냈으며 1435년(세종 17) 문과 정시
庭試에 병과로 급제하여 종사랑 집현전 정자 경연사경經筵司經에 임명되었다.

김담 할아버지의 본관은 예안으로 자는 거원巨源, 호는 무송헌撫松軒으로
알려져 있다. 세종, 문종, 세조 때의 문신이자 천문학자, 지리학자이자 월력
과 천문 연구가이다. 이순지와 더불어 당대에 가장 뛰어난 천문학자로서
천문·역법 사업에 크게 공헌하였으며, 세종대왕의 왕명으로 이순지와 함
께 『칠정산외편』을 저술했으며, 이것은 조선을 기준으로 하는 최초의 달
력 역법曆法이라고 한다.

비록 조선 전기 유명한 천문학자로서 더 잘 알려져 있으나 나의 선조인
김담 할아버지께서도 훈민정음 창제에 참여하셨고 나는 지금 훈민정음 해
설사로서 훈민정음에 대한 올바른 바른 이해와 훈민정음의 세계화를 위해
서 활동하고 있다는 것이 뭔지 모르는 깊숙한 인연이 있는 것 같다는 생각
이 들고 있다.

또한, 내가 살아가고 있는 우리 고장 청주시 청원구 내수읍 초정리 일원
에 훈민정음 기념탑 건립과 공원 조성계획이 추진되고 있다. 그러면서 우
리글 훈민정음을 전 세계에 알리기 위한 세계적인 관광 명소로 만들기 위
한 원대한 계획이 진행되고 있는바 나도 선대 조 김담의 뜻을 받들어 훈민
정음의 바른 이해와 세계화에 미력하나마 공헌을 할 수 있도록 최선을 다
해나갈 생각이다.

우리글 한글을 사랑하자

김동석

시조시인, 시인, 수필가
한국문예협회 회장
한국문인협회 회원
전) 수원문인협회 이사 및 감사
삼성전자 20년 근무

나는 길거리나 언론지에서나 아파트 등 이름을 보면서 반성을 많이 해야 한다는 생각을 하였다.

아파트 이름이 영어로 되었거나 프랑스어 등 다양하게 말하기도 어렵게 지어 놓고 길도우미를 치거나 찾아가거나 검색을 하려고 하여도 어렵고 편지 주소를 쓰려고 하여도 어려움이 많다.

군이 내가 나열을 하지 않아도 우리 국민이라면 다 알 것이다.

그런데 외국의 재외 교포를 만나는데 친척이나 형제들에게 편지를 쓰거나 물건을 보낼 때 주소를 쓸 때 이상한 외국어 아파트 이름이 쓰기도 힘들고 이해도 안 되어 불편을 토로하는 경우를 많이 들었다.

언론에서 툭하면 영어나 프랑스어나 스페인어, 독일 등도 있다고 하며 한자인 경우도 우리가 발음하는 대로 써야 하는데 군이 중국어 발음으로 하려고 한다.

신문이나 방송에서 많이 보고 있으며 영어로 말하면 유식하다고 생각하는 사람이 많아졌다.

거기다 간판도 너무 외국어가 많아졌다. 오히려 교회 이름들이 한글 사랑을 많이 하여 다행이라는 생각이고 감사하게 생각하고 있다.

치킨이나 햄버거나 치즈 등등 우리글을 만들면 좋겠으나 편하다는 것은 어쩔 수 없지만 가능한 외국어 사용을 하지 않았으면 한다.

먼저 부탁하는데 아파트 이름을 바꾸어 주면 안 될까요.
우리 언어 중 좋은 언어가 참 많습니다.

내가 아는 분 중에 교장이며 국어 선생님 출신이 많은데 이러한 이야기를 할 때마다 안타까워하시고 자식들 이름과 본인 이름까지도 한글로 바꾸시어 사용하고 계시다.

혹여 우리 언어가 한자를 많이 사용하는데 배척만 하지 말고 한자의 뜻글자를 최대한 활용하여 의미를 높이는 일도 하여야 할 것이다.

오히려 한류가 세상을 환희 속으로 몰고 가고 우리 영화가 매년 시상을 받고 있으며 우리 한글을 배우려고 애쓰는 사람도 많다. 그런데 정작 아파트나 방송 신문 거리의 간판을 영어로 쓰고 툭하면 영문자를 쓰는 국민도 반성해야 할 것이다.

[시] 훈민정음

발음기관 상형설이 밝혀진 제자원리
예의는 세종대왕이 해례는 집현전에서
한글은 세계문화유산 훈민정음 해례본

최고의 훈민정음 세계가 놀라면서
신비한 문자라고 불러준 램지 교수
한글날 온 우주 기쁨, 축하 잔치 했다네

한글은 과학적인 천지인과 발성 기관
본떠서 만들어진 자모음 스물넉 자
자모음 조합의 글자 훈민정음 우수성

자음은 다섯 글자※ 기본으로 열넉 자며
모음은 기본으로 천지인※ 열 글자네
모두가 스물넉 자로 못 하는 말 없다네

※ 자음의 기본은 5자로 "ㄱ·ㄴ·ㅁ·ㅅ·ㅇ"인데 획을 하나 더하여
"ㄱ·ㅋ·ㄲ·ㄴ·ㄷ·ㄹ·ㅌ·ㅁ·ㅂ·ㅍ·ㅅ·ㅈ·ㅊ·ㅇ·ㅎ" 열네 자가
모음과 합하여 글자가 만들어진다.

※ 천지인 3개의 모음 "·, ㅡ, ㅣ" 하늘·땅·사람으로
ㅏ, ㅑ, ㅓ, ㅕ, ㅗ, ㅛ, ㅜ, ㅠ, ㅡ, ㅣ 열자가 자음과 합하여 글자가 만들
어진다

훈민정음은 하늘 글자

조정빈

삼성생명(주) & 정동회계법인 고문
전) 세계일보 부사장
전) 삼성중공업(주) 건설기계부문 CIO
전) 삼성전자(주) 가전본부 수석부장
공장관리 기술사

    산업사회의 막내이자 정보화 사회의 문열이로 기업에서 정보전략 담당 임원의 필요성을 막 인식할 무렵 제1세대 CIO를 역임하면서 IT 강국에 대한 자부심을 느끼게 되었다. 어쩌면 우리 시대에 우리보다 20년 앞선 일본을 극복할 수 있는 유일한 길이 이 분야 아니겠나 하는 기대 속에 우리보다 20년 뒤진 중국에 컨설턴트로 나간 것이 20년 전이었다. 동양 3국 모두 컴퓨터로 서류작업을 하는데 중국에서는 간체자를 컴퓨터로 여러 번 쳐서 글자 하나를 표기하는 모습이 참 신기해 보였던 기억이 난다. 그랬던 중국이 3국 중 가장 앞서가고 있다. 규모도 거대하지만, 그 규모를 움직이는 사물인터넷을 비롯한 최첨단 IT 기술이 자연스럽게 작동하고 있는 마천루들이 빼곡히 들어선 상하이 푸둥 지구를 보면서 든 위기감이다. 20년이 지나는 동안 우리는 돈, 사람, 기술 등 이 분야에서 한참 뒤져있다. 혁신적인 아이디어와 기술로 창업에 나선 수많은 중국의 젊은이들과 좋은 직장에서

월급쟁이가 되기 위해 시험공부에 청춘을 바치는 우리의 학생들이 대비하면서 이러다 우리가 다시 중국의 변방으로 돌아가 사대와 굴종을 일삼던 조상들처럼 되는 건 아닌가 우려스럽기까지 했다. 그래도 막연하나마 한 가닥 희망처럼 빛을 비추는 것이 한글이라는 IT 시대 최고의 경쟁력을 갖춘 문화력이다.

훈민정음은 백성을 하늘로 아는 세종대왕께서 백성을 가르치는 바른 소리로 창제하신 세계 유일무이한 문자로서 발명자가 있고 창제의 목적을 분명히 밝힌 문자이다.

"세종은 무기력했다." 아버지 이방원의 눈치를 보고, 신하들에게 무시당하는 세종. 그의 실제 모습이었다고 한다. 세종실록에는 이런 세종의 모습이 고스란히 담겨있다. 외가에서 컸던 세종은 어릴 때부터 자신이 봐오던 친인척을 아버지 태종 이방원이 죽이는 것을 보며 자랐다. 아버지를 향한 두려움이 극심했는데, 무조건 눈치를 보고 복종했다. 은연중에 무기력이 학습됐던 것 같다. 그래서 신하들도 초창기 세종을 허수아비 왕이라고 무시했다. 누구나 이런 상황에 부닥칠 수 있다. 부모의 강한 기대, 각자 가진 자존심, 사회적 지위 등 족쇄에 갇혀 무기력한 삶을 사는 경우가 많다. 원하는 도전을 하지 못하는 것이다.

세종이 달랐던 점은 가슴 속에 칼을 갈고 있었다는 것이다. 아버지 이방원이 죽자 세종은 품고 있던 칼을 꺼내며 본색을 드러낸다. 학습된 무기력과 무능함에 굴하지 않고, '창조적 에너지'로 극복해 냈다.

박제상의 〈징심록〉에 '세종대왕이 훈민정음을 만드실 때 가림토 문자에서 아이디어를 얻었다.'라고 나와 있다. 〈단군세기〉는 고려 말 대학자인 '행촌 이암'이 서기 1363년에 편찬한 역사책이다. 행촌 이암 선생의 집안에 비장 됐던 〈단군세기〉는 그의 손자 '이원'에 의해 세종대왕에게 전해진다. 이원은 임금 즉위 전 충녕대군을 가르쳤다. 큰 나라를 섬기는 자들에 의해 위서로 전락한 〈단군세기〉를 읽은 세종대왕은 단군이 국조國祖임을 확신하고, 세종 7년(1425년) 9월 25일 평양에 단군 사당을 건립했다. 단군세기 앞부분에 3번째 가륵 단군의 기록에서 '가림토'를 발견한 세종대왕은 '소리글자'를 만들겠다는 영감을 얻지 않았을까? '발음의 원리는 따로 만들었으나 글자는 옛 글자를 본떴다'라고 한 훈민정음 반포 당시의 말을 유추컨대 실제로 가림토 문자의 38자 중에서 10자를 빼면 훈민정음 28자의 원형이 된 것 아닌가 하는 생각이 든다.

기록에 의하면, 지금으로부터 4천여 년 전 단군 시대 때, 제3세 단군이었던 가륵 단군께서 BC2181년에 을보륵에게 명하여 정음 38자를 만들고, 이를 '가림토'라 불렀다고 하였다. 여기서 가림토 이전에는 문자가 없었을까? 하는 의문이다. 단군조선 이전에 배달국 환웅 시대의 녹도문자에 대한 기록이 『환단고기』「태백일사 신시본기 제3」을 보면, 초대 환웅께서 신지혁덕에게 명하여 글자를 만들게 했다고 남아 있다. 앞으로 우리나라 상고사에 관한 연구가 진전되면, 우리 한민족이 세계 문자 역사의 종주이며, 배달국은 세계최초로 문자를 가졌던 일등 문명국이었음이 만천하에 밝혀지는 그 날이 올 것이다.

한국의 문자를 바른 소리[正音] 즉, 국어와 참글[眞書]이라 하고 훈민정음으로 표현하고 있다. •[天], ﹣[地], ㅣ[人]의 모음과 ○(원 天) □(방 地) △(각 人) 자음으로 이루어졌다고 하는데, 이는 민족의 경전인 〈천부경〉에 나오는 금척의 이치에서 근원 한다고 한다. 이처럼 천문지리를 함축한 우리 글은 6천 년 전 태초에 에덴동산에서 아담과 해와의 타락으로 말과 문자를 달리 쓰게 만들기 전부터 있었던 하나님의 말씀 즉, 천지의 기운과 어우러지는 수단이었다. 하늘은 분명 지구촌을 하나의 나라 하나의 언어로 통합하길 원할 것이다.

예수가 이 땅을 다녀간 지 2천 년 만에 인류는 사이버 공간에 빛의 속도로 달리는 하늘나라를 만들어 놓았다. 이 나라의 이름을 아리다움이라 하고 그곳 백성이 아리랑이라 한다. 아리마을 가로지르는 강이 아리수이고 아리마을에서 사용하는 글자가 하늘 글자 즉 훈민정음이다. 바야흐로 세상은 홍익인간 이념과 훈민정음 창제 정신으로 문화 예술이 꽃피는 세상으로 변해 가고 대한민국과 훈민정음이 그 중심에 서게 될 것이다.

훈민정음, 한글날에 부쳐

조정숙

강동구 마을교사
마을기자 소소통신원
한국문인협회 회원
강동문인협회 사무국장
한국디지털문인협회 회원

자랑스러운 훈민정음에 우주만물이 들어있다.

훈민정음은 과학적으로 만들었으며, 우수하고 누구나 쉽게 배울 수 있다.

훈민정음은 조선 시대, 1443년 조선의 4대 왕 세종이 창제한 우리나라 글자로, 자음 17자, 모음 11자로 모두 28자로 이루어졌으나, 지금은 24자만 쓰고 있다.

세종대왕의 훈민정음 창제는 가장 위대한 업적으로 꼽힌다.

우리 조상들은 훈민정음이 만들어지기 전, 한자의 소리와 뜻을 빌려 우리말로 적었는데 서민들은 글을 몰라 억울한 일을 당해도 하소연할 곳이 없어 불편함이 많았다.

훈민정음은 전권 33장 1책으로 되어 있다. 1962년 12월 20일 국보 제70호로 지정되고, 1997년 유네스코 세계 기록 유산으로 지정되었으니 참으로 자랑스럽다.

　몇 년 전, 지하철 타고 오다가 본의 아니게 어르신들이 자랑삼아 하는 말씀을 듣게 되었다. 며느리가 임신 했는데 영어유치원 등록했다고, 그것도 대기자가 많아서 오래 기다리고 어렵게 등록했다며 운이 좋았다고 했다.
　태아 때부터 영어유치원에 등록하는 사람들은 분명 대한민국 사람들이다.
　어쩌다 조기 영어 교육 바람이 불어 너도나도 대학 등록금보다 비싼 교육비를 내면서 아이들을 혹사 시키고 있다. 말도 못하는 아이에게 영어를 가르치는 것은 바람직하지 않다고 아동교육 전문가들은 말한다. 조기 영어 교육은 무엇보다 한글을 먼저 알고 영어공부를 해야 좋다고 강조한다.
　우리나라에 영어 체험마을은 있는데, 훈민정음 체험마을은 없다. 훈민정음 체험마을에서 아이들이 자연스럽게 훈민정음을 접하고 전통놀이를 하며 마음껏 뛰어놀 수 있으면 얼마나 좋을까?

　동사무소를 주민센터로 바꾸었다. 동사무소에 동장이 있으면 동주민센터에는 센터장이 바람직할 텐데 여전히 직책은 동장이다. 그 꼴은 마치 갓 쓰고 양복 입은 것처럼 우스꽝스럽다.
　아파트 이름은 또 어떤가. 무슨 파크가 그렇게도 많은지 세종대왕이 지하에서 통곡할 일이다. 아무리 좋은 것도 구색이 맞아야 한다. 사람들이 우스갯소리로 아파트 이름을 영어로 길게 하면 시어머니들이 찾기 어려워서 못 오게 하려고 한다는 말을 들었다. 그 말이 왜 그렇게 슬프게 들리던지.
　우리 동네에 '즈믄 아파트'가 있다. 정겨워서 근처를 지날 때마다 한 번씩 더 바라보게 된다. 기관만이라도 훈민정음으로 이름을 붙이면 얼마나 좋을까?

　우리말을 찾기 위해 인터넷 검색을 해야 하는 경우가 많아지고 있는데, 참으로 어처구니가 없다. 페이스 실드(얼굴 가림막), 제로 웨이스트(쓰레기 없애기), 언택트 서비스(비대면 서비스), 뉴 노멀(새 일상) 등.

　누구나 알기 쉬운 훈민정음을 두고 왜 어려운 영어를 써서 불편하게 하는지, 거리 간판은 또 왜 그렇게 영어 간판이 많은지 이해가 안 된다. 영어로 말하면 유식해 보인다고 말하는 사람들이 있다. 뜻도 모르면서 발음도 제대로 안 되는 영어로 거들먹거리는 사람들을 만나면 슬그머니 피하고 싶다.

　며칠 전에 유튜브 영상을 보고 감동 받았다. 미국의 평범한 고등학교 역사수업 시간에 진지하게 시조를 배우는 학생들, 외국에서는 학생들에게 한글로 된 시조를 번역해서 가르치고 있었다. 우리나라는 초등학교, 중학교 교과서에 있는 시조도 줄이고 있는데 참으로 부끄러운 일이다.

　초등학교, 중학교 다닐 때 외웠던 시조는 지금도 생각난다. 어릴 때 외운 것은 오랜 세월이 지났어도 기억이 나서 좋다. 지금부터라도 시조 보급운동을 해서 초등학교 다니는 아이들이 시조를 읽으면 좋겠다. 교과서에 나오는 시조를 줄이자는 사람들이 많다는 말을 듣고 참담한 심정으로 이글을 쓴다.

　한글날에 부쳐 훈민정음을 사랑하는 마음으로 이 글을 쓴다.

　요즘 디카시를 쓰는 사람이 많아졌다. 한글로 쓰는 디카시 공모전도 많이 생기는 것을 보면 훈민정음의 미래가 밝아서 좋다. 외국인이 디카시 공모전에서 상을 받기도 한다. 이렇게 한글을 사랑하는 사람들이 많은데, 교육은 반대로 가는 것 같아 안타까울 뿐이다.

아이들과 세종대왕과 훈민정음에 관한 책을 읽고 수업을 했다.

"훈민정음이 없었다면 우리가 어떻게 공부를 했을까?" 질문했더니, 아이들이 모두 입을 모아 한자로 공부하면 너무 어려웠을 거라고 말하는 아이들 표정이 매우 밝았다.

영어유치원에 가면 구석에서 혼자 노는 아이가 다른 장소에서는 친구들을 만나면 대장 노릇을 한다. 그 아이에게 유치원에서 왜 혼자 노느냐고 물어보았더니 영어로 말을 해야 하는데 말을 못해서 혼자 놀 수밖에 없다고 했다. 영어유치원에 가기 싫은데 엄마가 자꾸 가라고 해서 할 수 없이 간다고 말하는 아이의 표정이 슬퍼보였다.

엄마들은 자기합리화를 잘 시킨다. 모두 너의 미래를 위해서라고!

그런데 아이는 보이지 않는 미래보다 지금 친구들과 즐겁게 놀고 싶은 것을 수많은 엄마들은 왜 모르지? 어릴 때부터 스스로 결정하지 못한 아이들이 진로는 제대로 선택할 수 있을까? 부모라면 아이들 스스로 결정할 수 있도록 기다려주면 좋을 텐데.

그 아이가 자라서 영어만 잘 한다고 과연 성공한 인생이라고 할 수 있을까?

요즘 아이들에게 해 주는 말이다.

무슨 일이든지 자기가 좋아하고, 잘 하는 것을 하라고. 하고 싶은 것을 하다보면 열심히 노력하게 되고, 가장 잘 하게 될 것이라고 말이다.

훈민정음이 참 좋다.

우주만물을 마음대로 표현할 수 있으니 더욱 좋다!

세계 공용어로 부상되는 한국어

박광선

천안시 시니어리포터
국내 목회 활동
아프리카 선교사
남북통일운동 국민연합 천안지부장
용인시낭송연합회 자문위원

우리의 훈민정음 한글은 누가 무어라 해도 참으로 우수하고, 자랑스러운 훌륭한 글자라는 사실은 날이 가면 갈수록 더욱 뚜렷이 부각되어 가고 있다. 특히 컴퓨터를 통한 인터넷 시대로 접어들면서 한글의 뛰어난 우수성과 그 위력은 날로 더욱 빛이 나고 있는가 하면 다투어 한국어를 배우려는 사람들이 늘어나는 추세다.

이러한 경이적인 놀라운 일이 일어나고 있다는 사실은 실로 감격스러운 기쁨이며 경축할 일이라 아니할 수 없다.

이처럼 한국어가 세계인들의 관심과 주목을 받게 된 배경에는 여러 가지 복합적인 요인이 작용하고 있다고 보인다. 우선은 우리나라의 경제적 위상이 세계 상위권으로 향상됐는가 하면, 각종 문화 예술과 체육활동 등의 두드러진 활약이 몰고 온 한류의 열풍도 크게 한몫을 하여 주었다고 본다.

하지만, 무엇보다 한글이 세계에 널리 알려진 것은, 이해가 쉽고 사용하기에 편리한 그야말로 과학적인 문자이기 때문이 아닌가 싶다.

세상에는 수많은 나라가 있고 또한 수없이 많은 언어와 문자가 있지만, 우리 한국어처럼 배우기 쉽고 다양한 표현을 마음대로 나타낼 수 있는 말과 글은, 그 어디에서도 찾아보기가 힘들다. 이처럼 쉽게 배울 수 있고, 어느 나라도 갖지 못한 훌륭한 언어를 가진 우리나라는 너무나도 큰 복을 받은 나라라 아니할 수 없다. 이런 점에서 우리는 훈민정음을 창제하여 반포하신 세종대왕께 한없는 고마움을 가슴 깊이 느껴보게 된다.

아울러 한국어는 우리만이 사용하는 언어를 넘어 장차 세계인이 함께 공용으로 사용하는 통일어가 되었으면 하는 바람이다. 우리나라의 말과 글이 세계 통일어가 되었으면 하는 까닭은 그만큼 우리 한국어는 뛰어난 우수성을 두루 갖추고 있기 때문이다. 우선 한국어는 문자가 과학적인 조합으로 이루어져 있기에 누구라도 쉽게 배울 수 있다는 점이 가장 큰 장점으로 꼽을 수 있다. 동시에 한국어는 표현 못 할 말이 없고 어떤 말이라도 문자로서 다 담아낼 수 있으니 세상에 이보다 더 훌륭한 언어가 또 어디 있으랴 싶어서이다.

국가 간에 언어가 서로 다르고 사용하는 문자가 각기 다르다는 것은 지극히 불행한 일이 아닐 수 없다. 그러기에 세계가 하나가 될 수 있고, 인류가 원활히 소통하며 살아가려면 언어 통일은 필요한 일이다. 인류의 언어 혼란과 소통의 부재가 있게 된 까닭을 성서에서는 바벨탑 사건으로 거슬러 올라간다. 성서는 언어가 혼잡하게 된 원인을 인간의 생각이 교만함으로 인하여 사악한 우상을 섬기려 바벨탑을 쌓고자 할 때 서로 의사소통을 할 수 없도록 언어를 흩트려 놓았다고 기록되어 있다.

그 역사의 진실까지야 우리는 알 수 없는 일이지만, 나라마다 사용하는 말과 글이 다름으로 인하여 그에 따르는 불편과 고통은 이만저만이 아니다. 이러한 불편함과 고통스러움을 해결하기 위해서라도 필히 통일된 세계 공용어가 나와야만 한다고 보는 것이다. 사람과 사람 사이에 의사소통이 어렵다는 것은 지극히 답답한 일이며, 그 안타까움과 애로를 해소하기 위해서는 반드시 통일된 언어가 필요하기 때문이다.

세계 공용어의 필요성은, 국제화 시대로 접어들면서 더욱 절실하게 다가온다. 과거엔 한 나라 안에서 모든 일이 이루어진 좁다란 세상이었지만, 21세기를 살고 있는 오늘날 우리는 예전과는 판이한 현재를 살아가고 있다. 전 세계는 이미 일일생활권이 된 지 오래이며, 인류는 한 가족이라는 의식을 갖고 살지 않으면 아니 될, 공동운명체적 관계로 들어와 있는 세상이다.

이러한 놀라운 급변된 세상인 오늘날 나라말이 서로 다르다는 것은 지극히 불합리한 일이며 매우 불편스럽기 그지없는 일이다. 그러기에 공통된 하나의 통일어가 있다면 굳이 통역관도 필요치 않을 것이며, 세계 어느 나라라도 마음 놓고 자유롭게 다닐 수 있는 그런 날이 오지 않겠는가! 사람들은 누구나 자유를 갈망하고, 평화로운 이상사회를 염원한다. 그러한 자유와 평화의 이상세계는, 고통과 불편함이 없는 그런 세상이라야 한다.

이러한 시대적 요청과 언어 통일의 필요성을 놓고 볼 때. 속히 통일된 언어가 있어야만 하는 것은 너무나도 당연하다. 그런 관점에서 우리의 한국어가 세계인의 관심을 끌고 있고 앞다투어 배우고자 하는 바람이 일고 있다는 점은 매우 고무적이며 다행스러운 현상임은 틀림없다. 그러나 한편, 우리는 우리 스스로가 돌아보고 바로잡아야 할 일들도 많다는 생각에서 끝으로 몇 가지를 제안으로 남기고 싶다.

첫째는, 우리 한국어를 스스로 경시하는 풍조가 사라져야 한다고 본다.

예를 들면, 거리의 간판이나 상품의 이름을 우리말 대신 외래어를 더 선호한다거나 교육자나 선도해야 할 매스컴, 정치인들마저 외국어를 선호하고 남용한다는 점은 자제와 시정이 필요하다는 점이다.

둘째는, 괴상한 신조어의 남발이나, 저질적인 언어 구사도 자제가 필요하다.

언어사용과 문장력은 사람의 품격을 나타내기 마련이다.

저질적 언어를 아무렇지도 않게 사용한다거나, 무슨 뜻인지도 모를 괴상한 신조어는 아름답고 순수했던 우리말의 정체성을 훼손시킬 수가 있다.

그러므로, 우리는 우리말을 보다 고상하고 품격 있게 정비할 필요가 있다고 본다.

셋째는, 우리의 문법도 상식에 맞지 않는 건 고쳐나갈 필요가 있다는 생각이다.

예컨대, 진도 개를 굳이 진돗개로 표기해야 한다거나 등교 길과 하교 길을 등굣길, 하굣길 하는 것은 왠지 이상하고 거슬리게 들리는 말이기 때문이다.

우리도 이상하고 헷갈리는데, 외국인들은 오죽하겠는가 하는 점에서 국문학자들의 더욱 깊이 있는 연구와 판단이 필요하리라 보인다.

이상 몇 가지 지적을 마치면서, 우리의 한국어가 부디 세계의 공용어로 채택되는 그런 쾌거가 꼭 성사되기를 거듭 희망해 본다.

훈민정음을 아세요?

김필여

양구서예학원 원장
강원서예대전 추천작가
국가공인 대한검정회 양구지회장
(사) 충효예 실천운동 강원도 연합회 양구군지회장
사단법인 훈민정음기념사업회 양구지부장

요즘 아이들에게 서예를 가르치는 일은 매우 다채로운 일이 아닐 수 없다.

하얀 화선지에 먹을 갈아 먹물을 적신 붓으로 한 획 한 획 긋는 옛 서당 분위기는 아이들의 흥미를 오래도록 끌어 낼 수 없다. 한자서예로 시작하여 사군자 캘리그래피 그리고 소품 만들기까지 많은 것을 배울 수 있게 시도해야한다. 그리고 배놓을 수 없는 한글 서예도 필수중의 필수다. 아이들은 서예에 관하여 확실한 호불호가 있는듯하다. 서예를 좋아하는 학생, 서예를 왜 쓰는 거지? 라고 반문하는 학생. 그중에 서예를 좋아하는 학생 중 한문 쓰는 것을 좋아하는 학생, 한글 쓰는 것을 좋아하는 학생. 이렇게 크게 나눌 수 있다. 한문서예를 쓰면 한문도 많이 알 수 있을 뿐더러 어른들도 어려워하는 한자를 써내려가는 것은 아이들도 어른들도 뿌듯한 상황이 아닐 수 없다. 한글 서예는 감명 받은 문장을 골라 익숙한 획들을 한 자

한 자 바르게 쓸 때마다 아이들의 서예 만족도는 커져간다. 그래서 아이들과 서예 공부하는 일은 깊이도 깊이지만 다양하게 연구하여 많이 접하게 해야 하는 그런 어려움 아닌 어려움이 있다.

어느 날 한글서예를 하는 시간에 살짝 가벼운 마음으로 용비어천가를 체본으로 준비하여 수업을 시작했다. 불휘 기픈 남간 바라매… 의심 없이 읽어 내려가던 글이 유난히 낯설었다. 분명 가벼운 마음이었는데 하는 순간 아이들의 질문이 쏟아졌다. 'ㅎ'에 점하나가 없어요. 'ㅇ'이 두개나 붙어 있어요. 등등 획에만 신경 써서 썼던 나는 왜 의심이 없었을까. 그냥 항상 보았고 넘어갔고 다 안다고 생각했던 내가 한심스러웠다. 서울에서 오래생활한 사람이 광화문 세종대왕 동상은 처음 본다는 말에 그럴 수가 있나? 하는 생각이 든 적이 있었다. 딱 지금 내 입장이 그런 것 같았다. 외국사람이 나에게 'ㅂㄷ'이 붙어있는데 어떻게 읽는지 물어보면 뭐라 말할 것인가. 미국사람들도 영어단어 스펠링을 틀린다는 말에 놀랐던 내가 떠오른다. 당장 훈민정음에 대해 공부를 시작했다. 한글의 우수성 뭐 그런 건 알겠는데 어떻게? 어떤게? 다시 걸음마를 시작하는 마음으로 이곳저곳 도움이 될 만한 자료들을 공부하는데 꽤 재미있었다. 그중 신기했던 하나는 안 쓰게 된 반시옷이나 순경음 여린히읗 등을 살려서 영어발음이나 태국어 그리고 러시아어까지 표현할 수 있다는 사실이었다. 현재 발음은 가능하나 글로 표현할 수 없었던 발음을 쓰고 읽을 수 있다는 사실에 옛 선인들이 다시금 존경스러웠다.

왜 지금은 다시 꺼내어 쓰지 않을까. 혹자는 언어는 줄어들면 줄어들었지 늘어나지는 않을 거라고 한다. 하긴 지금 쓰는 간단한 말도 더 줄여서 앞 글자만 따서 사용하고 있지 않은가. 그렇지만 그것 또한 공부를 해야만 대화에 낄 수 있고 소통할 수 있다.

팝송을 배울 때 한번씩은 단어 밑에 영어 발음을 한글로 적어놓고 공부할 때가 있었을 것이다. 그때마다 꼭 발음대로 표현할 수 없는 단어가 꼭 있었다. 이런 경우를 생각하면 이 훌륭한 발음표현 문자가 있는데 왜 안 쓰는 것일까. 지금이라도 하나씩 천천히 넣어 교육한다면 가능하지 않을까 싶다. 그 가능성을 본건 자료 조사와 공부를 급하게 하고 아이들에게 세종대왕님의 이야기와 훈민정음 해례본과 언해본에 대해서 설명해주고 발음도 이야기해주니 어느 때보다도 흥미 있어 했다. 어려서부터 영어공부를 하고 일본어, 중국어를 배우는 아이들에게 한글로 발음을 쓸 수 없었던 옛글자를 알려주니 어찌나 좋아하고 신기해하는지 더 추가해서 공부 시키는 건 싫어하겠지 하는 걱정은 기우였다.

누군가 훈민정음 한글의 우수성이 무엇이냐고 질문을 해올 때 세종대왕님께서 불쌍한 백성을 위해서 만드신 우리 고유의 과학적인 언어라는 알 듯 모를 듯한 설명 말고 자신 있게 내가 감명 받았던 부분을 시작으로 이전보다는 조금 길게 설명할 수 있을 것 같다. 하지만 아이들을 가르치는 입장에서나 그렇고 일반 사람들이 쉽지만 깊게 받아들일 수 있는 동기가 될 만한 것들은 쉽게 볼 수 없다. 이런 현실을 알고 나니 답답함이 머리 한구석에 자리 잡는다. 어떤 방법이 없을까.

한류가 세계적으로 영향을 미치고 있는데 이 현상을 이용하면 좋을까? 한국을 궁금해 하고 여행하는 외국인을 위해 관광산업과 연결 하는 건 어떨까. 우리 모두가 고민하고 연구해야하는 과제 인 것 같다.

훈민정음과 우주

이태규

(주)스타스페이스월드 대표이사
전) 조흥은행 주요 지점의 지점장
국내 주요 대학, 기업체 등에서 '상생의 부자학' 강의
우주문화교육, 체험 사업
저서 『한국의 부자인맥』(청년정신) 외

'훈민정음은 우주철학을 담고 있는 전 세계 유일한 문자이다.'
2009년 세종학 국제학술회의에서 이어령 장관이 한 말이다.

세종대왕이 동양의 우주관인 음양오행陰陽五行의 원리에 입각해 훈민정음을 만들었고, 이 때문에 지혜로운 사람은 아침 나절이 되기 전에 그 원리를 깨닫고, 어리석은 사람도 열흘이면 배울 수 있는 게 훈민정음이라는 얘기였다. 디지털시대 들어 그 경쟁력을 드러내기 시작한 한글은 장차 세계 어느 문자보다도 사랑받을 것이라고 고故 이어령 장관은 예견 했다.

훈민정음이 담고 있는 우주철학은 『훈민정음해례본』 제자해制字解, 즉 글자 지은 뜻풀이를 보면 알 수 있다. 그 첫 문장이 "하늘과 땅의 이치는 음양陰陽과 오행五行일 뿐[天地之道 一陰陽五行而已]"이라고 되어 있다. 다소 어렵게 느껴지는 이 문장, 즉 훈민정음이 한자보다 더 뛰어난 문자 체계라는 세종의 논리를 여주대 세종리더십연구소 소장 박현모 교수의 책을 인용해 풀어보면 다음과 같다.(박현모 지음, 〈세종학개론〉 2019, 문우사)

첫째, 여기의 첫 문장은 우주를 관통하는 유일한 원리는 음양오행으로서, 하늘과 땅 사이에 있는 존재치고 이 원리를 벗어난 것은 없다는 주장이다. "하늘과 땅의 이치는 하나의 음양과 오행일 뿐"이라는, 당시 사람들 누구나 당연시하는 대★전제를 끌어들여 논리 전개의 출발점으로 삼은 것이다.

둘째, "무릇 생명을 지닌 무리로서 하늘과 땅 사이에 있는 자 음양을 두고 어디로 가랴[凡有生類在天地之間者 捨陰陽而何之]"라는 문장이다. 하늘과 땅 사이에 존재하는 인간의 목소리 역시 음양오행의 원리를 담고 있다는 논리를 전개하기 위해, 정인지 등 이 책의 저자들은 하늘과 땅의 원리가 되는 태극과 음양을 설명한 다음 이 세상의 어떤 것도 음양을 벗어나 존재할 수 없다는 논리로 나아갔다. 이 논리의 귀결로 생명 있는 무리 중 하나인 사람, 그리고 사람의 목소리 역시 음양의 이치를 담을 수밖에 없다[故人之聲音 皆有陰陽之理]고 주장한다. 여기까지 오면 그 다음부터는 논리적으로 어렵지 않게 이어진다.

셋째, 훈민정음은 인간의 목소리 나는 곳, 즉 음성구조를 본 따서 만들었으니 우주를 관통하는 하나의 이치, 즉 음양오행의 이치에 부합 된다는 논법이다. 훈민정음이 천지 음양의 이치를 담고 있는 사람의 목소리에 따라 만들어진 것이며[因其聲音而極其理], 따라서 하늘과 땅과 귀신들도 다 함께 호응할 정도로 훈민정음의 작용은 자연스럽고, 한문을 비롯해 어떤 문자체계보다 우수하다는 주장이다.

철학적 논변이라 다소 어렵게 느낄 수 있겠으나, 세종의 삼단논법은 분명하다. 누구나 받아들일 만한 보편 명제를 제시한 다음, 거기서 파생된 자연스런 연결고리를 끌어내고, 마지막으로 자신이 말하고자 하는 주장을 도출해내는 논법이다.

이 삼단논법에 의해서 비로소 당시 유교 지식인들이 '아, 훈민정음이라는 문자체계가 오랑캐들이나 사용하는 조잡한 문자가 아니라, 유교 철학의 핵심에 입각해서 만들어진 고도의 문자 체계구나'라고 인정했을 것이다. 국왕이라는 지위나 권위를 이용해서 내리는 명령이 아니라, 논리와 이성에 의거해 듣는 사람을 설득했음을 『훈민정음해례본』 제자해에서 발견할 수 있다.

이처럼 2009년 국제학술회의에서의 이어령 장관과 여주대 세종리더십 연구소 박헌모 교수의 세종학개론에서 보듯이 이런 우주 철학을 담고 있는 세종대왕 훈민정음의 여주에 우주정거장 미르호가 자리 한다는 것 또한 우주의 창조 섭리가 아닐까 생각한다.

우주에 첫발을 디딘 민족은 과연 어느 민족일까? 그 역사적인 뿌리와 자부심처럼 개천절이 있고, 훈민정음의 창조의 섭리가 있는 세종의 한국이 아닐까? 훈민정음과 우주의 창조의 섭리 대로, ST 우주테크 시대를 여는 세기의 명소가 훈민정음의 여주에 열리는 날을 기대해 본다.

한글도 진화가 필요한 때이다

김달호

(사) 한국시조협회 부이사장
전) 삼성물산(주) 특수 마케팅 팀장
경인여대 겸임교수 및 서울교대 강사 역임
전) 강남문인협회 감사
.전) 남강문학회 부회장

우리나라의 땅은 작지만, 세계 10대 강국반열에 서 있다. 거기다가 우리 말과 독창적인 글이 있어서 어떤 외국인을 만나도 큰 자긍심을 갖고 당당하게 설명할 수 있다.

70년대까지만 해도 해외여행 중에 가장 먼저 받는 질문은, '일본인이냐?' 아니라면, 그다음은 '중국인이냐?'라고 묻곤 했다. 어떤 이는 그럼 필리핀인이냐고 묻기까지 했다. 때로는 말과 글이 일본어를 쓰느냐? 중국어를 쓰느냐? 묻는 사람도 있었다. 78년 북아프리카 수출시장개척을 위해 열정적으로 일하던 때라서, 3년동안 매일 외국인과 만나 상담을 했다. 나는 우리 말과 글이 우수하고 독창적이고 배우기도 쉽다는 설명을 했다. 때로는 한글로 이름을 써 주곤 했는데, 글자가 쓰기가 너무 쉬워 보인다며 따라 써 보기도 했다. 88올림픽이 있기 전까지는, 한국이 어디에 있는지? 어떤 말을 쓰는지 모르는 외국인이 많았다.

『훈민정음해례본』이 국보 70호로 지정되고 1997년 10월 1일 유네스코 세계기록 유산으로 등재되어 우리의 어깨를 으쓱하게 했다. 2013년 니카라과의 고도 그라나다에서 열린 세계시인대회에 참석하는 길에 수도 마나과 대학에서 우리 말과 스페인어로 시를 낭독하며, 한글이 쓰기 쉽고 유네스코 세계문화유산으로 등재되었다고 하니 큰 박수를 받아 마치 내가 상을 받는 기분이었다.

우리 글 중에서 순치음이 없어서 외국어를 배울 때 어려움이 많은 경우가 있다. 순치음은 거의 모든 언어가 가지고 있는 매우 흔한 음가이지만 한국어, 일본어, 타갈로그어(필리핀), 마인어(말레이-인도네시아)에만 없는 것으로 알려져 있다. 일본인에게 'F'음가를 어떻게 낼 수 있느냐고 물으면, 숨을 크게 내쉬는 소리라고 한다. 하지만 완벽하지 않다.

영어는 이제 외국어가 아니라 세계공용어가 되었다고도 한다.

한글은 28자로 태어나서 1933년 조선어학회가 「한글맞춤법통일안」을 만들면서 아래아(·), 옛이응(ㆁ), 여린히읗(ㆆ), 반치음(ㅿ)이 사라지고 24자가 남았다. 시대의 요구에 따라 사라지기도 하고 진화하는 것은 자연스러운 일이다. 한글도 진화해야 한다고 생각한다. 해외에 많은 나라를 다니면서 만나는 외국인들의 대부분은 이 단어 때문에 외국인이 무척 당황해하는 경우가 많았다.

어느 날 서울 시내 큰 호텔에서 유럽에서 온 손님에게 나의 동료 한 사람이 '먼 길 오시느라 수고가 힘드셨지요'라고 표현한다는 것이, 'You must be very tired because of long (long을 wrong으로 발음) flight'라 한 것으로 들렸던 것 같다. 마치 '너 잘못 온 것 같아!'로 들릴 수 있어서 바로 수습했던 예도 있다.

식당에서 생선을 달라고 하면서 'fish'를 'pish'로 발음한다면 망신을 당할 수도 있다. 한글이 영어와 특별히 다른 음가와 사용 빈도가 높은 것이 영어의 'R'과 'F'라고 생각한다.

필자가 제안하고 싶은 것은 'R'자와 'F'에 대응하는 한글을 만들면 좋겠지만 우선은 . 'R' 음은 'ㄹㄹ'로 병서하고 'F' 음가는 'ㅍㅎ(영어식 ph')로 병서하면 자판을 그대로 두고 그 기능을 찾을 수 있을 것으로 본다. 'ㅍ'아래에 아래아(·)를 붙여 만들 수도 있겠지만 자판을 재구성해야 하는 문제가 있으리라 본다. 우선 쉬운 것부터 시작하면 좋겠다는 생각이다.

'우리 것이 가장 세계적이다.'라는 말이 있듯이, 우리 문화를 세계화하는데, 가장 먼저 알려야 할 것이 우리 고유의 전통시인 '시조'라고 본다. 겨레의 시로 일컬어지는 시조는 우리말 가락이 보통 3·4조이다. 고시조로 이어져 오는 것이 약 5천 수로 대부분 그 가락이 3·4·3·4 3·4·4·4 3·5·4·3 율격을 담고 있다. 시조를 세계화하는 것이라고 본다. 다행히도 시카고 세종문화회에서는 세계시조 경연대회를 매년 열고 있고, 지난해에는 약 18개국에서 온 1,500명 정도가 응시한다고 한다. 먼저 미국에서 우리의 시조가 미국의 문화가 될 수 있도록 하는 것이 우리 말의 아름다움을 만방에 펼치는 지름길이 될 것이라고 본다. 우리 말과 글도 잘 가꾸고 다듬어야 사랑받는 글이 될 것이다.

훈민정음 세계로 나가자

이현주

시가 흐르는 서울문학회 총괄본부장
용인시낭송협회 기획이사
전) 중구문인협회 이사
사임당문학회 이사
전국자연보호중앙회 공로상

세종대왕의 가장 큰 업적 중 하나는 훈민정음을 만든 것이다. 훈민정음이란 "백성을 가르치는 바른 소리"라는 뜻이다. 한자 대신에 알기 쉽게 쓸 수 있는 바른 소리가 필요해서 훈민정음을 만들었다고 해례본 서문에 있다. 한자를 읽고 쓰는 양반들은 훈민정음의 사용을 반대했지만, 훈민정음이 세상에 알려지자 평민과 여성들도 글을 사용할 수 있게 되었다.

세종대왕은 훈민정음을 세상에 펴면서 다음과 같은 말을 책머리에 썼다. "우리나라의 말이 중국말과 달라서 중국의 문자로는 서로 뜻을 통하지 못하므로 한문을 배우지 못한 어리석은 백성들이 하고 싶은 말이 있어도 말을 적는 문자가 없으므로 자기의 뜻을 충분히 표현 해내지 못하는 사람이 많은지라 나는 이를 안타깝게 여겨 이에 새로이 스물여덟 자를 만들었으니 쉽게 배우고 익혀서 일상생활에 널리 쓰기 편하게 하려 함이다." 훈민정음 창제의 초석이 되는 글이다.

훈민정음이 만들어지기 전에는 중국에서 들어온 글자인 한자를 쓰거나 신라 시대에 설총이 만든 이두라는 문자를 사용하였다.

한글이 세계 모든 나라의 문자 중에서 가장 으뜸이라고 세계 학자들에게 인정받는다. 독창적이고, 어느 나라의 문자보다 한글은 우리나라 말의 소리를 정확하게 표기할 수 있다.

세종 25년 1443년에 만든 훈민정음은 닿소리 17자, 홀소리 11자, 모두 28자이다. 이를 검토한 다음 훈민정음이라는 이름으로 세상에 반포한 것은 3년 뒤 세종 28년 1446년 9월이다. 오늘날 닿소리 3자, 홀소리 1자는 쓰지 않으므로 24자로 정리되었다.

발음기관을 본떠서 자음은 ㄱ, ㄴ, ㅁ, ㅅ, ㅇ 다섯 자를 기본자로 하였다. ㄱ과 ㄴ은 발음할 때의 혀의 모양, ㅁ은 입의 모양, ㅅ은 이의 모양, ㅇ은 목구멍의 모양을 본떠 만든 자음이다. 기본글자에 획을 더해 그 외의 자음을 만들었다.

모음은 ·, ㅡ, ㅣ가 기본이다. ·는 하늘의 모양, ㅡ는 땅의 모양, ㅣ는 사람의 모양이다. 기본글자에 획을 더해 그 외의 모음을 만들었다.

오늘날은 ㄱ, ㄴ, ㄷ, ㄹ, ㅁ, ㅂ, ㅅ, ㅇ, ㅈ, ㅊ, ㅋ, ㅌ, ㅍ, ㅎ의 자음자에 ㅏ, ㅑ, ㅓ, ㅕ, ㅗ, ㅛ, ㅜ, ㅠ, ㅡ, ㅣ의 모음자가 더해져 글자가 만들어진다.

한글은 참으로 사람과 가까운 문자인 것 같다. 초성, 중성, 종성이 합쳐지는 것은 사람과 사람이 연결되어 있는 형태인 것처럼 보인다. 아직 문자가 없는 나라가 있다면, 문자를 바꾸어야 하는 나라가 있다면, 한글을 사용하면 좋겠다. 세계 학자들에게 인정받고 있다.

한글의 위대함을 세계만방에 떨치자. 세계로 뻗어 나가는 고유의 28자 훈민정음, 우리글을 사랑하자. 훈민정음은 우리의 소중한 유산이다.

'옛 훈민정음과 가장 비슷한' 제주어 계승 보전 방안

김국우

(사) 삼일독립운동100주년기념사업회 이사장
월간 희망제주 발행인
새용산신문 논설고문

훈민정음은 1443년에 창제되어 1446년에 반포됐다. 그 창제원리에 대해서는 많은 학설이 있다. 훈민정음 해례본에는 'ㄱ', 'ㄴ', 'ㅁ', 'ㅅ', 'ㅇ'가 조음 기관을 본떠서 만들어졌다. 그 외의 자음은 이를 편집한 것이라 적혀져 있다.

현대 한글에 사용되지 않는 기본 자음이 다음과 같이 3개가 있다.

문자	이름	소리
ㅿ	반치음	z
ㆁ	옛 이음	ŋ
ㆆ	여린 히읗	ʔ

과거에는 ·라는 모음 자모도 있었다. ·와 ㅣ가 결합한 이중모음 자 ·ㅣ도 자주 쓰였다. 일명 '아래아'라고 한다. 지금도 아래아의 정확한 음가는 불

명이다. 현재도 제주어를 표기하기 위해 쓰이지만, 표준어 사용 지역에서 쓰인 아래아가 아니라 지역어 사용 지방에서 쓰이면서 구전된 발음이라 표준 아래아 발음은 정확히 모른다. 훈민정음 창제 당시의 고유 형태가 남아 있는 제주어는 '한글 고어(古語)의 보고'로서 계승 보전할 가치가 충분하다.

　제주어는 제주 방언을 일컫는 말이다. 아래아(·)와 쌍 아래아(··) 등 지금은 거의 사라진 훈민정음 창제 당시의 고유한 형태가 제주어에 남아 있다. 그러나 점차 사용 빈도가 줄어들면서 제주어는 사라질 위기에 직면해 있다.

　제주어에는 제주인의 삶과 문화가 녹아있다. 제주어를 복원하고 체계적으로 전승해야 할 책무가 있다. 2010년 12월에 제주어는 유네스코의 '소멸 위기의 언어' 5단계 중 4단계인 '아주 심각하게 위기에 처한 언어'로 분류돼 있다.

　제주어의 사례를 들어보자. "어서 오세요."라는 뜻의 "혼저 옵서예."의 '혼'에 아래아가 쓰이며, [ㅂ]에서 [ㅇ]로 발음된다. 언어학자들에 따르면 제주도가 오랜 시간 동안 육지와 떨어져 고립된 곳이 되어 언어의 변화가 적어서 제주어에 과거 중세 한국어의 특징이 많이 남아 있다고 한다. 대표적으로 아래아가 많이 사용된다. 제주어의 아래아 발음의 표기는 국어 교과서에서도 그렇게 표기한다. 그러나 핸드폰에서는 표기할 수 없다고 한다.

　'폭낭'(팽나무)을 '퐁낭'으로 표기하는 사례처럼 소리 나는 대로 사용하다가 잘못 표기하는 경우도 있지만, 대부분이 아래아와 쌍 아래아 표기를 잘못해 벌어진다. '모두'란 뜻의 'ㅁ+·+ㄴ+딱'을 '몬딱'으로, '야무지게'란 뜻의 'ㅇ+··+망지게'를 '요망지게'로 잘못 표기되기도 한다.

제주어는 지금은 한글에서 사라진 아래아(·)와 쌍 아래아(··) 등 중세 국어의 발음과 어휘가 많이 남아 있어 언어학적으로 가치가 크다고 평가받고 있다. 제주도 자체에서 단위 보전 계획이 2007년에야 본격 추진되고 있다.

제주에서 흔히 먹는 모자반국은 제주에서 '몸국'(정확히는 아래아 표기)으로 부르지만 우리말샘 사전에는 '맘국'으로 표기되어 있다. 이 같은 오기나 오류 등을 제대로 조사해 국립국어원은 바로 된 우리말을 정립해 가야 할 것이다.

제주 방언은 훈민정음 본래의 발음 비슷하게 쓰이는 제주 사투리이다. 그러나 제주어는 훈민정음보다 이전에 이미 있었다. 고려 시대에 있던 이두문의 자취를 알아볼 수 있는 보배스러운 말이다. 고려 말에 여몽 연합군에 의해서 삼별초의 난을 수습한 후에 100년 동안은 몽골의 지배를 받아야만 했다. 또 조선 시대에도 200년 동안을 육지 출입을 금지되어 갇혀 살았던 제주인들의 역사와 문화가 응집된 산물이다.

제주어 교육에 대한 정확한 목표 설정이 요망된다. 제주어가 표준어보다 하위 언어이며 저급한 언어이며 품위 없는 언어라는 그릇된 언어관에서 벗어나야 한다. 표준어는 표준어대로 제주어는 제주어대로 각각 별개의 언어적 가치를 지니고 있고, 서로 대등한 위치에 있다는 점을 유념해야 할 것이다.

지역어의 역사성, 지역인의 정체성에 관한 연구가 대두되면서 지역학에 관한 관심이 높아지고 있다. 그런 점에서 제주어는 언어학적 가치는 물론 제주문화의 실체를 보여준다는 점에서 매우 소중한 언어자원이라 할 수 있다. 제주 사회에서 제주어에 관한 관심이 높아진 것은 2002년 국제자유도시로 지정되는 시점이라 본다. 외국어(특히 영어) 공용어화에 대한 논란이 있었고, 제주어의 소멸위기에 대한 우려의 목소리들이 나타나고 소멸하지 않게 보존해야 한다는 상황이었기 때문이다. 제주어가 사라질 언어 대열에서 살아남는 언어가 될 수 있도록 제주 사회는 물론이고 국가적 차원에서 자생적인 언어정책이 필요한 시점이다.

어떤 지역어가 소멸하는 것은 전국적으로나 세계적인 추세며 자연스러운 현상이다. 무형의 언어를 유산으로 남겨두기 위해서는 채록하고 보존해야 한다. 시간이 흐를수록 제주어를 원형대로 보존하기 어려우므로 제주어의 소멸 원인보다는 보존과 활용 방안을 고민해야 할 시점이다.

제주어는 우리 한글과 함께 문화 언어적 생명력이 영속될 것이라 기대한다.

자랑스러운 우리 한글

장준석

한국미술비평연구소 대표
서울특별시 공공미술위원회 위원
용인일보 편집위원
서울대, 홍익대 외래 교수
인도미술사(세종 우수도서) 외 11권 저술

우리에게 만약 한글이 없다면 우리는 우리의 생각과 감정을 제대로 표현하기 위해 어떤 문자를 사용하고 있을까? 깊이 생각해 보지 않아도 한글의 소중함과 고마움을 새삼 느끼게 된다. 우리나라에서 가장 존경받는 인물이 누구냐고 물으면 많은 사람이 이순신 장군과 함께 세종대왕을 꼽는 것도 이런 까닭일 것이다. 훈민정음 창제 전에는 한자의 음과 뜻을 빌려 우리말로 표기했는데 한자는 우리말의 특성을 충분히 반영할 수 없었으며, 배우기에도 매우 어려운 글자였다. 우리의 독자적인 문자의 필요성이 절실했다.

훈민정음은 1443년에 창제한 우리나라 글자 이름이면서, 훈민정음을 만든 원리와 문자사용에 대한 설명과 용례를 상세하게 담은 책 이름이기도 하다. 훈민정음에는 해례본과 언해본이 있는데, 〈훈민정음해례본〉은 간송미술관 소장의 간송본(안동본)과 당시 연구자의 주석을 포함한 상주본이 있으며, 간송본은 국보 제70호로서 1997년에 유네스코 세계 기록 유산으로 등재되었다. 〈훈민정음언해본〉은 한문으로 쓰인 훈민정음해례 본 중에서 어제 서문御製序文과 예의例義 부분만을 언문으로 풀이한 것이다.

훈민정음해례본은 훈민정음 창제의 취지를 밝힌 어제 서문御製序文, 자음 자와 모음자의 음가와 운용 방법을 설명한 예의例義, 훈민정음을 해설한 해 례解例, 정인지 서序로 구성되어 있다. 예의例義는 훈민정음을 만든 이유와 한글의 사용법을 세종이 직접 간략하게 설명한 글이며, 해례解例는 집현전 학사들이 자음, 모음을 만든 원리와 용법을 상세하게 설명한 글이다. 어제 서문御製序文은 한자가 아닌 우리의 독창적인 문자가 필요하다는 자주정신, 한자를 모르는 백성이 제 뜻을 표현하지 못하는 것을 안타까워하는 애민 정신, 모든 사람이 쉽게 익혀 날마다 편리하게 쓰도록 하겠다는 실용 정신 을 담고 있다.

〈훈민정음해례본〉을 이야기할 때 빼놓을 수 없는 인물이 간송 전형필이 다. 부잣집에서 태어나 많은 재산을 물려받은 전형필은 서화와 고서, 도자 기, 불상, 석탑 등 우리 문화재를 지키는 데 자신의 재산을 아끼지 않았다. 일본이 빼앗아 간 문화재를 되찾기도 했으며, 귀한 유산을 되찾을 때는 흥 정조차 하지 않고 제시받은 금액을 훨씬 초월하는 값을 치렀다. 특히 그는 거금을 들여 구입한 『훈민정음해례본』을 늘 베개 밑에 두고 지켰으며, 한 국 전쟁 중 피난길에서도 품 안에 넣고 지켰다고 한다. 그는 우리 문화재를 보존하고 관리, 연구하는 데 일생을 바쳤다.

1910년대부터 우리는 훈민정음을 한글이라고 부르고 있다. 한글은 발 음기관의 모양을 본떠 만든 최초의 언어이며, 만든 사람과 반포일, 글자를 만든 원리까지 명확히 알 수 있는 유일한 문자이다. 세계 문자 중에서도 가장 과학적이고 체계적이며, 가장 수준 높은 글자라고 평가받고 있는 한글은 그 명성만큼이나 다음과 같이 많은 장점이 있다.

한글은 같은 위치에서 소리 나는 글자들의 모양이 비슷하며, 가획의 원리에 따라 만들어졌기 때문에 소리 나는 위치가 같은 글자들의 모양이 서로 비슷하다. 혀끝이 윗잇몸에 붙어서 나는 소리인 혀끝소리 ㄴ, ㄷ, ㅌ 등이 그 예로서, 로마자 알파벳과 다른 점이다. 소리와 글자의 상관관계까지 생각해서 만든 글자라는 것을 알 수 있다.

그뿐만 아니라 한글은 하나의 글자가 하나의 소릿값을 지니고 있어서 로마자 알파벳보다 더 쉽게 읽을 수 있다. 예를 들면 한글 'ㅏ'는 늘 [아]로 소리 나지만, 영어의 'a'는 apple, baby, father에서도 알 수 있듯이 [애], [에이], [아]와 같이 여러 가지로 소리 난다.

자음(닿소리)은 15세기 훈민정음 당시의 17자에서 현재는 ㆆ(여린히읗), ㅿ(반시옷), ㆁ(옛이응)을 제외한 14자, 모음(홀소리)은 15세기 훈민정음 당시의 11자에서 현재는 •(아래아)를 제외한 10자로서, 자음, 모음의 개수가 모두 24자이다. 한글은 이 24개의 적은 수의 자음과 모음만으로 수많은 음절을 표현할 수 있다.

특히 한글은 음절 단위로 모아쓰기를 하므로 정보를 효율적으로 입력할 수 있을 뿐만 아니라 정보를 빠르게 파악하여 전달하는 데 실용적이므로 요즘 같은 정보화시대에는 그 우수성이 더 두드러진다. 그 밖에도 한글은 '소리'를 나타내는 문자로, 글자와 소리가 거의 일대일로 대응한다.

한글은 1894년 갑오개혁 이후로 우리나라의 공식 문자로 인정받았고, 우리의 삶 속에 깊이 들어와 있다. 한류 열풍 등으로 해외에서 한국어를 배우려는 사람들도 많아지고 있고, 한국어과를 개설한 나라도 수십 개국이다. 이는 한글이 짧은 기간 동안 쉽게 배울 수 있는 문자이며, 표음문자表音文字라서 발음 기호가 없어도 말하는 대로 적을 수 있다는 장점 때문이다.

영국의 역사학자 존 맨 교수는 '한글은 모든 언어가 꿈꾸는 최고의 알파벳'이라고 하였고, 미국 하버드대 라이샤워 교수는 "한글은 세계 어떤 나라의 문자에서도 볼 수 없는 가장 과학적인 표기체계를 갖췄다."라고 했다. 일본 학자로서 저서 〈한글의 탄생〉으로 한글학회의 '주시경학술상'을 받은 노마 히데키는 "한글의 가장 큰 장점이자 매력은 문자 그 자체의 논리성, 그리고 문자의 배경에 있는 지적인 세계…앞으로는 한글과 한국어가 세계의 문화를 선도해 갈 수도 있다고 본다."라고 하였다.

이처럼 세계가 부러워하는 최고의 한글을 지닌 우리는 한글의 정확한 사용법을 알고 지키고 있을까? 최근에는 맞춤법과 뜻을 무시한 은어와 줄임말 사용 등 한글 파괴 현상이 심각한 수준이다.

우리의 자랑스러운 한글의 세계화는 한글을 바르게 사용하려는 우리의 노력에 달려있다. 우리글의 가치를 알고, 한글과 한국어의 위상을 높이기 위해 노력해야 한다. 아름다운 우리말을 찾아내고 살려 쓰며, 비속어 사용을 자제하고, 우리말 규범을 지켜야 하며, 공공언어에서 불필요한 외국어 사용을 줄여야 한다.

훈민정음, 왜 뛰어난가?
국보 제70호 귀중한 자산

송병승

수필가, 칼럼니스트
충효예실천운동본부 공동총재
이봉창의사 선양회 이사
한국문인협회 상벌제도위원
호국영웅 연제근 기념사업회 이사

조선왕조 제4대 왕 세종(1418~1450)은 약 32년의 재위 기간 중 공적이 가장 많은 성군이다.

첫 번째 공적이 훈민정음 창제이다. 당시에는 이웃 나라 명明이 유교 문화를 앞세우며 상전 노릇을 하여 조선의 많은 신하가 사대주의에 물들어 한자漢字를 익히는데 몰두했다. 세종은 이러한 시대 상황을 모르는 바 아니지만, 조선의 중흥에 무엇이 선행해야 하는가, 노심초사하던 중 문자혁명이 급선무임을 인지하고 드디어 훈민정음 창제를 이루어 냈다. 반대하는 신하들을 물리치고 조목조목 반박하며 그들을 설득했다. 훈민정음 반포를 『훈민정음해례본』(세종 28년 1446)에서 알게 하고 9월 29일 자 세종실록에서 자세히 기술하고 있다.

훈민정음 창제의 정신은 자주정신, 애민정신(민본정신), 실용정신이다.

이는 백성 우선주의로 왕은 백성 위에 군림하는 존재가 아니고 오로지 백성이 있으므로 해서 왕이 존재한다는 평등사상에 근거하고 있다. 훈민정음 창제의 원리와 반포에 관한 여러 설명을 생략하고 훈민정음이 왜 뛰어난가? 중요한 핵심을 밝힌다.

첫째, 억눌림이 없는 자주정신, 독립정신이다. 지정학적인 요건 속에 중국의 위협과 일본의 대륙침탈을 완전히 봉쇄코자 하는 세종의 당당한 통치술이다.

둘째, 흠이 없는 과학적 독창적 창제이다. 제자원리가 추상적이 아닌 구체적이고 무슨 소리든 완벽하게 소화할 수 있는 문자이다.

한자는 4만 자가 있고 일본 문자는 100자가 겨우 넘는데 우리 훈민정음은 28자(·, ㆁ, ㆆ, ㅿ의 네 글자 없어짐) 중 24자로 모든 발음을 할 수 있어 세계 언어학자가 경탄하고 있다. 그리고 왕을 보필하는 학자가 옆에 있어 훈민정음 창제가 원활히 진행되었고 둘째 딸 정의 공주가 끝까지 아버지 세종을 도와 순항할 수 있었다. 세종은 미우나 고우나 애국하는 충성심, 조상에게 어버이에게 지극정성 후손의 도리를 하는 신하를 등용, 이른바 효·충·예 사상 정립에 솔선수범하는 진실한 군주였다. 무릇 현대에 있는 위정자와 국민이 본받아야 한다.

훈민정음으로 간행한 문헌이 『용비어천가』, 『석보상절』, 『월인천강지곡』, 『월인석보』 등 다양하다. 한자를 배격하지 않고 국한문 혼용체의 성격을 살려 한자를 익히고 언해본으로 훈민정음을 배우게 했다. 조선왕조는 남존여비 사상이 팽배하여 여성을 비하하는 풍조가 있어 언문諺文 운운하여 낮추어 상민이 쓰는 말로 모독하기도 했다. 그 실례가 암클이다. 하지만 학식 있는 여성들이 앞다투어 『계축일기』, 『한중록』, 『인현왕후전』 등 내간체 문헌이 세상에 나왔다.

　노래로 표현된 문헌 「악장가사」, 「악학궤범」, 「시용향악보」가 있고 조선 중기 대학자 정철의 「관동별곡」, 「사미인곡」, 「속미인곡」, 「성산별곡」, 「훈민가」 등도 빼놓을 수 없다. 윤선도의 「어부사시사」, 「오우가」 그리고 최초의 한글 소설 허균의 「홍길동전」이 있고, 「춘향전」, 「심청전」, 「흥부전」 등 나열하기가 어렵다. 우리는 신경준, 유희, 유길준, 주시경, 이윤재, 최현배, 김윤경, 정인승 등 유명한 한글학자가 탄생 오늘의 훈민정음이 한글로 승화했다. 국어순화 운동을 펼쳐 외래어 남발 억제, 말모이를 이은 한글 사전 보급으로 한글사랑 나라 사랑으로 국립한글 박물관 확충과 사단법인 훈민정음기념사업회의 거국적인 사업에 적극 동참하기를 기대한다. 덧붙여 세종학당이 세계에 퍼져 있는데 더욱더 설립되기를 축원한다.

제목 : 훈민정음 노래 | 작사 : 경산 박재성(사단법인 훈민정음기념사업회 이사장) | 작곡 : 오병희(작곡가)
글씨 : 운곡 김동연(국립현대미술관 초대작가) | 서각 : 고산 성기태(전 국립한국교통대학교 총장)

논술 및 필기시험에서 좋은 성적을 원한다면
훈민정음 경필쓰기에 도전하세요

훈민정음 경필 쓰기 검정 요강

유네스코에 인류문화 유산으로 등재된 세계 최고의 문자인 훈민정음을 보유한 문자 강국의 자긍심 계승을 위한 범국민 훈민정음 쓰기 운동으로 《훈민정음 경필 쓰기 검정》을 시행함.

1. 자격명칭 : 훈민정음 경필쓰기 검정
2. 자격종류 : 등록(비공인) 민간자격(제2022-002214호)
3. 자격등급 : 사범, 특급, 1급, 2급, 3급
4. 발급기관 : 사단법인 훈민정음기념사업회(문화체육관광부 소관 공익법인 제2021-0007호)
5. 검정일시 : 정기검정과 수시검정 시행(정기검정 일정은 본 법인 홈페이지 참조)
6. 검정방법 : 『훈민정음 경필 쓰기[훈민정음(주)]』검정용 지정 도서에서 응시 희망 등급의 검정용 원고에 경필로 써서 사단법인 훈민정음기념사업회로 우편 등기 혹은 택배로 접수시키면 됨
7. 응시자격 : • 나이, 학력, 국적, 성별과는 무관하게 누구나 응시 가능
   • 단, 사범 응시자는 특급 합격자에 한하여 응시할 수 있음

8. 검정 범위 응시료 및 합격기준 :

급수	검정범위	응시료	합격기준
사범	훈민정음해례본전체(100)+실기(30)+훈민정음이론(20)	50,000원	총점의 70점 이상 취득자
특급	훈민정음 해례본 중 정인지 서문	30,000원	검정기준 총점의 60점 이상 취득자
1급	훈민정음 해례본 중 어제서문과 예의편	20,000원	
2급	훈민정음 언해본 중 예의편	15,000원	
3급	훈민정음 언해본 중 어제서문	10,000원	

9. 검정기준 : • 쓰기(필기규범 20점, 오자 유무 10점)
   • 필획(필법의 정확성 20점, 필획의 유연성 10점)
   • 결구(균형 15점, 조화 15점)
   • 창의(서체의 창의성 20점, 전체의 통일성 20점)

10. 시상기준 :

시상종류	급수	초등학생	중학생	고등학생	시상내용
세종대왕상	사범에 한함	90점 이상자 중 최고 득점자			매회 세종대왕상 및 장원급제의 장학금과 장원상 및 아원상의 상품은 훈민정음 평가원의 심의를 거쳐 정함.
장원급제	특급에 한함	90점 이상자 중 최고 득점자			
장원	1급	76점 이상	81점 이상	86점 이상	
	2급	76점 이상	81점 이상	86점 이상	
	3급	76점 이상	81점 이상	86점 이상	
아원	1급	71점 이상	76점 이상	81점 이상	
	2급	71점 이상	76점 이상	81점 이상	
	3급	71점 이상	76점 이상	81점 이상	

※ 세종대왕상 및 장원급제자의 장학증서와 장학금은 만 19세 미만의 초·중·고 학생에 한함

11. 응시회비입금처 : 새마을금고 9002-1998-5051-9 (사단법인 훈민정음기념사업회)
12. 응시료 환불 규정 : 1) 접수 기간 내 ~ 접수 마감 후 7일까지 ☞ 100% 환급
   2) 접수 마감 8일 ~ 14일까지 ☞ 50% 환급
   3) 접수 마감 15일 ~ 검정 당일까지 ☞ 환급 불가
13. 검정원고접수처 : (16978) 용인특례시 기흥구 강남동로 6, 401호(그랜드프라자)

문화체육관광부 소관 공익법인 제2021-0007호

사단 법인 **훈민정음기념사업회**

Tel. **031-287-0225** E-mail : hmju119@naver.com
www.hoonminjeongeum.kr

문자 강국 대한국인의 자긍심을 심어주는

훈민정음해설사 자격시험 요강

전 세계에 존재하는 70여 개의 문자 중에서 유일하게 창제자·창제연도·창제원리를 알 수 있는 독창성과 창작성으로 유네스코에 인류문화 유산으로 등재되어 세계에서 가장 우수한 문자로 인정받는 위대한 문자 훈민정음에 대한 바른 이해와 정확한 이론 실력 등을 갖춘 훈민정음해설사 자격시험을 다음과 같이 시행함.

1. 자격명칭 : 훈민정음해설사자격시험
2. 자격종류 : 등록(비공인) 민간자격(등록번호 제2021-003298호)
3. 자격등급 : 단일 등급
4. 발급기관 : 사단법인 훈민정음기념사업회(이사장 박재성)
5. 검정일정 : 홈페이지 공지(www.hoonminjeongeum.kr)
6. 검정과목 : 1) 훈민정음 해례본(본문, 제자해, 초성해, 중성해, 종성해, 합자해, 용자례, 서문)
              2) 훈민정음 언해본
              3) 훈민정음 일반상식
7. 출제문항 : 훈민정음 해례본, 훈민정음 언해본, 훈민정음 일반상식의 내용을 객관식(80문항)과 주관식(20문항) 총 100문항으로 객관식 시험문제 형태는 5지선다형으로 출제.
8. 응시료 : 200,000원
9. 응시료 환불 규정 : 1) 접수 기간 내 ~ 접수 마감 후 7일까지 ☞ 100% 환급
                    2) 접수 마감 8일 ~ 14일까지 ☞ 50% 환급
                    3) 접수 마감 15일 ~ 검정 당일까지 ☞ 환급 불가
10. 응시자격 : 나이, 학력, 국적, 성별과는 무관하게 누구나 응시 가능
11. 합격기준 : 1) 필기시험으로 객관식은 문항당 1점, 주관식은 문항당 2점으로 계산.
                 2) 점수 계산 결과 전 7조에 의한 출제 문항 총점의 60% 이상 득점자.
12. 응시료입금처 : 새마을금고 9002-1998-5051-9 (사단법인 훈민정음기념사업회)

문화체육관광부 소관 공익법인 제2021-0007호
사단법인 훈민정음기념사업회

Tel. 031-287-0225 E-mail : hmju119@naver.com
www.hoonminjeongeum.kr

한중인재개발원

(韓中人才开发院, 韓中人材開發院 Korea-China Text. 약칭 KCT)

묘춘성 설립자

1. 한국 중국의 인재를 양성하여 상호 한중 양국의 문화교류를 위해 2015년 6월에 설립되었다.

2. KCT의 MICE사업부는 국내외 기업의 전문적인 비즈니스 관리 및 국제적인 포럼, 세미나 및 설명회 기획 및 운영을 담당하고 있다.

3. 제8대 반기문 UN 사무총장이 설립한 '보다 나은 미래를 위한 반기문 재단 협력 단체로 활동하고 있다.

4. 유엔산업개발기구 협의 지위를 취득한 글로벌 중소기업연맹의 한국 대표로서 활동하고 있다.

5. KCT의 유학컨설팅사업부에서는 수도권 대학 중 80% 이상의 학교와 협업하여 인재 육성 및 개발 업무를 담당하고 있다.

6. KCT는 코로나19 팬데믹 당시 사회적으로 선한 영향력을 발휘하여, 한국으로 유학을 오는 유학생들에게 실질적 도움을 준 것 대해 인정을 받아 22년 5월 세계인의 날에 서울시장 표창장 수상.

7. KCT는 국제어학사업부를 통해 유학생의 어학능력 제고에 노력하기 위해 다양한 한국어교육 프로그램 운영하고 있다.

8. KCT의 SKY유학센터는 IELTS의 공식 시험장의 기능을 갖추고 있다.

9. KCT의 문화 및 학술교류 사업부에서는 매년 "글로벌 리더 견학 프로그램"을 기획 운영하여 글로벌 인재 육성과 유학 지원금 마련에도 큰 보탬이 되는 업무를 진행한다.

10. 설립자 묘춘성 원장 외 KCT 임직원들은 스스로가 양국의 중요한 브리지 역할임을 인식하여 매 순간 책임감과 사명감을 갖고 있다.

KCT 한중인재개발원

서울특별시 중구 퇴계로 141-7 뉴서울빌딩 2층, 15층 | Tel. (02)783-8999 Fax. (02)552-8995

붓글씨로 살아난 훈민정음 11,172자
한국을 대표하는 문화관광상품!

훈민정음
11,172자

유네스코(UNESCO)에서 유일하게 왕의 이름으로 시상하는 '세종대왕 문해상 King Sejong Literacy Prize'는 세종대왕이 창제한 훈민정음의 위대함을 대한민국을 넘어 전 세계가 인정하고 있다는 자랑스러움이다.

이처럼 위대한 훈민정음 28자가 창제된 지 600여 년이 흐르면서 우리는 현대 한글로 표현할 수 있는 11,172자 놀라운 확장력으로 인하여 IT 강국으로 급부상하는 밑거름이 되었지만, 이 모든 글자를 예술로 승화시킨 단일 작 작품이 단 한 점도 없음을 늘 안타까이 여기고 있었다.

그런데 (사)세계문자서예협회 이사장과 국립현대미술관 초대작가로서 평생을 붓과 함께 수많은 작품을 남기고 내보다는 서법의 본고장이라고 할 수 있는 중국에서 더욱 참모습을 평가받고 있는 운곡 김동연 선생님이 일생의 작으로 남기겠다는 사명감으로 11,172자를 아름다운 서체로 생명을 불어넣으셨다.

이 놀라운 작품을 본 순간 우리도 늦은 감이 있지만, 이제라도 '대한민국을 대표하는 문화관광 상품' 이 생겼다 생각을 하게 되었다.

왜냐하면, 인사동 거리를 걷다 보면 외국인에게 보이는 한국의 문화관광상품은 합죽선이나 한복 혹은 자개 등 류는 다양하지만, 상품의 한쪽에 붙어있는 작은 라벨 'Made in China' 가 부끄러움으로 남아 있기 때문이다.

정녕 하늘과 땅과 사람을 품은 훈민정음이 한글 11,172자로 대한민국 최고 서예가의 붓끝에서 서예작품으로 다 태어났다고 세종대왕이 기뻐하리라 확신하면서 추천사에 가름한다.

훈민정음 창제 578년 8월
(사)훈민정음기념사업회
이사장 교육학박사 박 재 성

작가 운곡 김동연

- 국립현대미술관초대작가('87~)
- 대한민국서예대전초대작가 및 심사위원, 운영위원장 역임
- 사)청주예총지회장(5, 6, 7대) 역임
- 재)운보문화재단이사장
- 사)해동연서회창립회장 (현)명예회장
- 사)세계문자서예협회이사장(현)
- 충청북도 도민대상, 청주시 문화상, 충북예술상, 원곡서예 한국예총예술문화상, 충북미술대전초대작가상, 청주문화지킴이상, 운초문화상 수상

구입문의 : 충북 청주시 서원구 사운로 169-1
(사)훈민정음기념사업회 충북지회
010-4619-5212